AF610672

Souscription.

ÉTUDES

SUR L'HISTOIRE

DE NAPOLÉON,

PAR J.-C. BAILLEUL,

ANCIEN DÉPUTÉ DE LA SEINE-INFÉRIEURE.

16 LIVRAISONS DE QUATRE FEUILLES CHACUNE.

La première paraîtra dans le courant de février.

Prix d'une livraison, 1 fr. 25 c.; franc de port par la poste, 1 fr. 50 c.

On ne paie rien d'avance.

On souscrit à Paris,

A LA LIBRAIRIE DU COMMERCE,

CHEZ RENARD, RUE SAINTE-ANNE, N° 71,

ET CHEZ LES PRINCIPAUX LIBRAIRES DE PARIS ET DES DÉPARTEMENS.

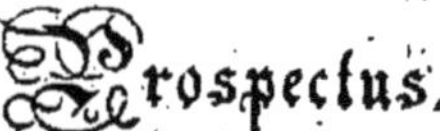

Prospectus.

On a déjà beaucoup écrit sur Napoléon; plusieurs de ces écrits sont sans doute très-recommandables; mais ce n'est point ainsi que l'auteur conçoit l'histoire de ce personnage extraordinaire, pour que l'on puisse prendre une juste idée de ses services comme militaire, des actes de sa politique et de son administration comme chef du gouvernement.

Lb44 66

Devenu maître de la révolution, le plus grand événement qu'ait offert l'histoire de tous les âges et de tous les peuples, la manière dont il l'a dirigée renferme nécessairement les plus hautes leçons; mais pour les obtenir, il est indispensable d'arriver jusqu'à la vérité, qui ne se trouve souvent qu'à de grandes profondeurs: c'est cette vérité que l'auteur a cherchée avec toute la bonne foi dont il est capable.

On peut accumuler dans un ouvrage beaucoup de faits matériels, même tous vrais, ce qui est très-difficile, pour ne pas dire impossible, et pourtant ces récits n'auront que l'intérêt du roman et ne comporteront pas plus d'instruction. Loin de là, il pourra arriver qu'ils ne soient qu'une source d'erreurs et d'injustes préventions. Il faut donc plus que des faits pour composer ce qu'on doit raisonnablement considérer comme une histoire. Pour atteindre ce but il faut nécessairement arriver au fait d'ensemble, au fait le plus général.

L'auteur s'est proposé de faire, sur l'*Histoire de Napoléon*, un travail semblable à celui qu'il a publié sous le titre d'*Examen des Considérations sur la Révolution française;* ouvrage qui, d'après de nombreux témoignages, même de la part des étrangers, a redressé bien des idées et fait tomber bien des préventions fâcheuses et nuisibles.

L'auteur ne s'est point astreint, comme il l'a fait pour l'*Examen*, à suivre tel ou tel écrivain. Il a traité chaque époque *ex professo;* il a écrit sur ce qu'il a vu, sur ce qu'il étudie depuis près de quarante années. Lui-même pourrait ajouter: *et quorum pars magna fui.*

NOTE

DES ÉCRITS PUBLIÉS ANTÉRIEUREMENT PAR M. BAILLEUL J.-C.,

ET QU'ON TROUVE A LA MÊME LIBRAIRIE.

POLITIQUE, HISTOIRE.

1796. Petit Almanach des prisons, in-18. . . . . épuisé.
1799. Sur les Finances et les Factions, in-8°. . . . . épuisé.
1814. De l'Esprit de la révolution, in-8°. . . . . épuisé.
1817. Sur les Écrits de M. Benjamin-Constant : Réfutation de ses doctrines sur la division des pouvoirs, etc., in-8°. . 2fr. 50 c.
1818. Sur les Royalistes de M. de Châteaubriant, in-8°. . . 1
1819. Situation de la France, 1 vol. in-8°. 7
1819. Sur la Chambre des Pairs, in-8°. 75
1818 et 1820. Examen critique des Considérations sur la révolution française, 2e édition, 2 vol. in-8°. 15

Ouvrage qui renferme ce qu'on a encore écrit de plus exact, en vue générales, sur la révolution ; il n'en reste qu'une centaine d'exemplaires.

1824. Doctrines religieuses et politiques, in-8°. 3 50

Développement des principes sur lesquels reposent la royauté et le gouvernement représentatif. Ouvrage très-utile dans les circonstances actuelles.

1824. La France sous le règne de Charles X, in-8°. 1
1826. Liberté des Cultes. Réfutation des doctrines professées à la tribune de la Chambre des Députés par M. l'évêque d'Hermopolis. Principes généraux qui doivent régler les rapports des gouvernemens avec les diverses religions, in-8°. 3
1826. Des Successions et des Substitutions considérées dans l'ordre politique, in-8°. 1 50
1828. Études sur l'Histoire de Napoléon, 16 livraisons, de quatre feuilles chacune in-8°. La livraison. 1 25

ÉCONOMIE POLITIQUE ADMINISTRATIVE.

1803. L'Année du Négociant et du Manufacturier, 2 vol. in-8°. 12
1814. De la Richesse et de l'Impôt, in-8°. 3
1818. Du Monopole du tabac, in-8° 1 25
1820. Principes généraux sur lesquels doivent reposer les établissemens de prévoyance, et divers écrits polémiques relatifs aux placemens de prévoyance de l'agence générale fondée par l'auteur, in-8°. 2

1823. Du Commerce des fonds publics, à propos de l'affaire de MM. Pardonnet et Forbin-Janson; sujet sur lequel on est tombé dans les plus graves erreurs; in-8°.

1825. Du Remboursement et de la réduction des rentes sur l'État, in-8°. . . . . 2 fr.

Autre sujet peu connu jusqu'ici, auquel on a entendu appliquer, comme un principe, l'exemple des banqueroutes successives de l'Angleterre.

LITTÉRATURE.

1792. Les Erreurs du temps, comédie en trois actes, jouée sur le théâtre du Havre, in-8°. . . . . épuisé.

1804. Sully, ou la Vengeance d'un grand homme, comédie en trois actes, jouée sur le théâtre de Louvois, in-8°. . . 2

1823. Les Représailles, comédie en cinq actes, in-8°. 2 50

TRAVAUX SCIENTIFIQUES.

1820. Élémens méthodiques de Géographie, 2e édition, in-12. 3 50

C'est en faisant ce travail que l'auteur s'aperçut du vice fondamental des traités publiés jusque là, d'où il résulte que la géographie n'avait pas eu le caractère d'une science. Les méditations auxquelles il se livre par suite de cette observation ont produit l'ouvrage suivant :

1824. Bibliomappe, ou livre-cartes, traité de géographie universelle avec 69 cartes, 2 vol. in-4°. 66

1827. Bibliomappe des Classes, pour mettre les élèves à même de suivre les leçons faites d'après le grand ouvrage; cinq livraisons. 16

1827. Bibliomappe du premier âge, géographie de la jeunesse, avec un abrégé de géographie ancienne et de géographie sacrée, 1 vol. in-8°, 9 cartes. 5

1827. Bibliomappe annuel, feuille périodique de Géographie, in-4° de 20 feuilles. 10

1827. Chronologie rédigée d'après un plan nouveau, in-4°. . . 6

1827. Tables chronologiques, in-4°. 2

Les deux derniers pris ensemble. 7

PARIS, IMPRIMERIE DE DECOURCHANT,
Rue d'Erfurth, n° 1, près l'Abbaye.

ÉTUDES

SUR L'HISTOIRE

DE NAPOLÉON.

PARIS, IMPRIMERIE DE DECOURCHANT,
Rue d'Erfurth, n° 1, près l'Abbaye.

ÉTUDES

SUR L'HISTOIRE

DE NAPOLÉON,

PAR J. C. BAILLEUL,

ANCIEN DÉPUTÉ DE LA SEINE-INFÉRIEURE.

The noblest study of man mind is man. POPE.

« La plus noble étude de l'homme est celle de l'homme. »

TOME PREMIER.

PARIS,

A LA LIBRAIRIE DU COMMERCE,

CHEZ RENARD, RUE SAINTE-ANNE, N° 71.

1828.

ÉTUDES

SUR L'HISTOIRE

DE NAPOLÉON.

PREMIÈRE PARTIE,

DEPUIS SA NAISSANCE JUSQU'A SA NOMINATION AU COMMANDEMENT DE L'ARMÉE D'ITALIE.

CHAPITRE PREMIER.

De l'histoire en général, et en particulier de l'histoire de Napoléon.

Des faits! des faits! répètent généralement les personnes avides de connaître l'histoire; elles feront grâce à l'écrivain de toute espèce de réflexions et d'observations, pourvu qu'on leur donne des faits; il semble qu'avec des faits elles sauront tout ce qu'elles peuvent, tout ce qu'elles veulent apprendre.

Dans la réalité, l'histoire ne se compose que

de faits : les réflexions qu'on peut y joindre seront utiles si elles sont sages ; cependant ce n'est qu'un accessoire qui n'est nullement une condition de l'histoire ; mais il faut bien concevoir la nature et le caractère des faits. Il est des faits isolés, individualisés en quelque sorte ; ce sont les premiers élémens de l'histoire. Il y a ensuite les faits composés, les faits généraux, qui résultent du rapprochement et de la combinaison des faits isolés, enfin la situation qui constitue ce que j'appelle le fait le plus général. C'est là qu'est la difficulté, parce qu'il n'y a qu'un point de vue pour la vérité, et que tout ce qui est à côté, soit plus près, soit plus loin, est *erreur*. Ce n'est que là aussi qu'on peut trouver cette instruction que tout bon esprit doit chercher dans l'étude de l'histoire. Sous ces indications, on écrit des annales, des chroniques, des biographies et non des ouvrages qui méritent le nom d'histoire. Ce n'en est que le roman, bon tout au plus pour des esprits légers et superficiels.

Les faits isolés et individualisés sont de deux espèces : ils sont patens et irrécusables comme les actes publics d'un gouvernement ; ou ils consistent dans des révélations, des anecdotes, tels que les travaux secrets du cabinet, des conseils, les conférences particulières, les conversations confidentielles, les intrigues des partis, les trames des factions.

On attache à ces derniers faits beaucoup d'importance, parce qu'on y cherche l'origine et la cause intime des événemens dont on est le plus frappé, ainsi que des résolutions qui ont plus particulièrement influé sur les destinées d'un peuple.

Les faits patens sont irrécusables ; mais sur les faits de la seconde espèce, les faits révélés, si je puis m'exprimer ainsi, presque toujours les opinions sont partagées. Des témoins oculaires et auriculaires les racontent diversement, et quelquefois d'une manière contradictoire. Rarement les contemporains sont d'accord sur des détails que chacun adopte ou rejette, interprète ou colore selon qu'il est affecté, au moyen de citations et d'autorités à sa convenance. Voyez combien déjà d'opinions et de versions différentes sur des époques dont nous avons été les témoins et que nous touchons encore, en quelque sorte, du bout du doigt.

Mais les faits patens et les faits révélés que

leurs propres auteurs modifient ou altèrent eux-mêmes, selon la passion qui les anime et le but qu'ils se proposent, quand on les supposerait également incontestables, ne formeraient pas encore la véritable histoire.

Rien n'est stationnaire dans la nature, ni au moral ni au physique ; un travail plus ou moins lent, plus ou moins rapide, agite l'un comme l'autre. La pensée, comme la matière, se décompose pour se recomposer d'élémens divers. Les empires sont sans cesse, et comme à leur insu, entraînés par une puissance invisible, vers des extrémités qui les détériorent ou les fortifient, qui les modifient ou même qui les renversent. La connaissance de cet agent secret, de cet esprit qui les anime, qui les dirige et les pousse vers une bonne ou une mauvaise fin, est indispensable à l'historien de toutes les époques. En second lieu, si la nature physique a ses lois invariables, la nature morale a ses règles qui ne le sont pas moins. La connaissance de ces règles et leur application aux faits sont encore une condition que doit remplir l'historien; elles sont le complément de l'hisoire.

Mais il est dans la vie des États, des secousses fortes et rapides qui en affectent toutes les parties comme elles troublent et bouleversent toutes les existences. Dans ces crises, chaque individu devient tour à tour, bon gré mal gré, sans qu'il puisse s'en défendre, instrument actif et passif. Au milieu de ce chaos des volontés les plus disparates, dans cette conflagration des passions les plus violentes, comment apprécier les faits? comment découvrir où sont les torts quand tout le monde s'accuse? comment marquer le point où se trouve la vérité quand chacun prétend en être exclusivement l'organe?

Et remarquez de quelle importance il est de parvenir à cette découverte, d'ouvrir le passage à cette lumière, sans laquelle tout reste dans la confusion et le chaos, puisque, à quelque époque que ce soit, ce sera la disposition des esprits à reconnaître ce qui est la vérité et en quoi consistent les intérêts réels de tous, qui seule permettra de replacer l'État sur sa base, tandis qu'une disposition contraire y perpétuera nécessairement les troubles, l'anarchie, et pourra même opérer sa ruine.

Quand on écrit l'histoire ou sur l'histoire, le premier point sur lequel l'attention doit se porter avant tout, est donc de bien déterminer ce qui doit être considéré comme la vérité; par ce moyen, on marquera jusqu'à quel degré la disposition des esprits et les mesures prises par les gouvernemens s'en sont écartées ou rapprochées; et ces nuances, saisies avec justesse, expliqueront comment de nouvelles catastrophes ont trouvé de nouveaux élémens dans des erreurs populaires, ou dans l'ignorance, la légèreté et l'imprévoyance de ceux qui gouvernent.

Si les écrivains eux-mêmes se trompent sur la nature et le caractère des événemens, ce sera une nouvelle cause de calamité, parce que ce seront encore des erreurs ajoutées à des erreurs par des organes qui ne doivent être que ceux de la vérité. C'est par ce motif que les écrivains assument sur leur tête une effrayante responsabilité. L'erreur d'un homme qui remplit un devoir, qui obéit à une nécessité, est excusable plus ou moins selon ses conséquences; l'erreur d'un écrivain qui remplit une mission qu'il s'est donnée à lui-même, ne l'est jamais.

On sent chaque jour davantage la nécessité d'étudier l'histoire. En effet, de quoi est-on capable sans un peu de cette expérience des choses de tous les temps? De ce sentiment est née la question de savoir comment on doit écrire l'histoire : on a fait de cette question un véritable problême. On demande si, pour écrire l'histoire, il faut peindre ou disserter; s'il faut imposer au lecteur une opinion, ou lui laisser le soin de se la faire à lui-même; si l'historien doit être un simple annaliste, ou s'il doit appliquer aux faits quelques grands principes qui en déterminent le caractère; s'il est permis de créer des systèmes et d'y coordonner tous les faits ainsi que toutes les opinions, etc.?

Je ne puis admettre toutes ces distinctions : l'histoire doit être le tableau d'une situation ou d'une série d'événemens considérés dans leur ensemble, leurs détails, leurs rapports et le but que la politique a dû se proposer d'après des principes constans et irrécusables indiqués par la nature de cette situation et de ces événemens. La manière dont je me propose de traiter mon sujet, expliquera mieux ma pensée que tous les développemens que je pourrais lui donner ici; mais je n'admets pas deux manières d'écrire l'histoire, sauf les formes du style et la méthode dans la distribution des matières. C'est l'histoire si c'est la chose vraie, sous quelque point de vue qu'on l'envisage; ce n'est plus l'histoire, si ce n'est pas cette vérité rigoureuse, exacte, complète.

Je ne m'arrêterai donc pas à toutes ces questions; seulement je m'étonnerai qu'on ait mis en doute s'il convenait de rapporter les faits à quelques grands principes qui doivent les dominer et servir de guide dans leur appréciation. Comment estimer un fait sans un terme de comparaison; à quel titre, sous quel point de vue même, le comprendre dans un récit, sans un jugement préalable? or, peut-on asseoir un jugement sans des principes, sans des bases?

Si l'on dit d'un peuple qu'il est barbare, c'est sans doute par comparaison avec un peuple que l'on regarde comme civilisé; si l'on dit du chef d'un Etat qu'il est despote, c'est nécessairement par comparaison avec le chef d'un autre Etat qui ne l'est pas; et si l'on préfère à la barbarie la civilisation, au despotisme un ordre politique réglé par des lois, cette préférence ne peut être que le résultat de quelque grand principe appliqué à deux manières d'être absolument opposées.

Pour qu'un travail historique puisse être utile,

et pour qu'il soit bien dirigé, il faut commencer par reconnaître qu'il n'y a aucune existence humaine sur la terre, qui ne soit soumise à un devoir. Les chefs des peuples, les princes, les rois, y sont assujétis comme l'individu le plus faible et le plus isolé. Ce principe une fois admis, la question est de savoir quel est ce devoir dans chaque situation où se trouvent l'individu ou les individus qui figurent à la tête des affaires, ou sur le théâtre des événemens; c'est au discernement, à la sagacité, aux méditations de l'historien à le découvrir. Du moment qu'il se place entre ces événemens et la postérité, du moment qu'il entend préparer et peut-être devancer ses arrêts, c'est à lui à se pénétrer à son tour de l'étendue du devoir qu'il s'impose; car j'ai dit tout-à-l'heure que ses erreurs et sa présomption pouvaient produire des désastres. Je sais qu'il faut faire la part des imperfections de notre nature, qu'à ce titre l'écrivain a droit à quelque indulgence; et pour mon compte j'en sens tout le besoin, puisque je vais m'occuper d'un homme et d'une époque sur lesquels déjà tant de jugemens si divers ont été portés. Mais je crois pouvoir dire d'avance que j'ai mis dans le travail que j'ai entrepris une indépendance absolue des autres et de moi-même; qu'aucun sentiment répréhensible ne s'est mêlé ni à mes appréciations ni à mes jugemens ; et s'il suffisait pour réussir d'être profondément pénétré de la sainteté des engagemens que l'on contracte envers soi-même et envers le public, quand on prend sur soi de l'entretenir de si grands intérêts, je serais certain du succès. Malgré cette conviction, je ne me dissimule pas que la tâche est effrayante.

Il n'y a pas de sujet d'étude qui soit d'un plus haut intérêt, et qui puisse offrir d'aussi puissantes leçons que celui qui va m'occuper, puisque la révolution française est l'événement unique dans l'histoire de tous les âges, puisque Napoléon est l'homme de l'époque qui a exercé l'influence la plus étendue, la plus redoutable, et sur la révolution et sur le monde entier. Dans la révolution et par la révolution, la nation française a déployé une force inconnue jusque là. Déjà la plus puissante des nations lorsque Napoléon est arrivé au pouvoir, dans les mains de Napoléon cette puissance s'est surpassée elle-même; dans les mains de Napoléon la France a été vaincue, elle a subi une double invasion;

lui-même, devenu captif, est allé terminer ses jours sur un rocher, au milieu des mers, sous un ciel étranger, dans une autre partie du monde.

Certes, il y a bien là matière à réflexion! Dans une existence qui est montée si haut, qui est tombée si bas, si brillante de gloire, si déchue et si misérable, peut-on tout louer ou tout blâmer? A cette existence sont sans cesse attachés et le grand événement qui l'a produite, et la nation qui lui servit d'instrument et de théâtre; la nation et l'événement ne peuvent perdre leurs droits. C'est cependant à travers ce dédale que l'historien est dans l'obligation de conduire son lecteur comme par la main, en lui montrant chaque objet séparé, réuni, agissant, réagissant, et produisant des résultats qui eux-mêmes deviendront des élémens de catastrophes nouvelles; jusqu'à ce qu'enfin tout soit précipité du même coup et en même temps dans l'abîme.

Napoléon se montre singulièrement préoccupé de la manière dont il sera traité par les historiens et par la postérité; on le voit frémir en quelque sorte de ce qu'il ne peut diriger leur plume à son gré; et dans les agitations qui le tourmentent, comme pour répondre d'avance aux écrivains qui voudraient attaquer sa mémoire, il va jusqu'à déclarer qu'il est impossible d'écrire son histoire.

« Napoléon venait de lire des adresses, des proclamations et actes du recueil de Goldsmith; quelques-uns l'ont remué; alors posant le livre, il s'est mis à marcher, il a dit : « Après tout, » ils auront beau retrancher, supprimer, mu- » tiler, il leur sera bien difficile de me *faire* » *disparaître tout-à-fait*. Un historien français » sera pourtant bien obligé d'aborder l'empire, » et, *s'il a du cœur*, il faudra bien qu'il me » restitue quelque chose, qu'il me fasse ma part; » et sa tâche sera aisée, car les faits parlent; ils » *brillent comme le soleil*.

» J'ai refermé le goufre anarchique et dé- » brouillé le chaos. J'ai dessouillé la révolution, » ennobli les peuples et raffermi les rois. J'ai » excité toutes les émulations, récompensé tous » les mérites, et reculé les limites de la gloire. » Tout cela est bien quelque chose! Et puis, sur » quoi pourrait-on m'attaquer, qu'un historien » ne puisse me défendre? Serait-ce sur mes in- » tentions? mais il est en fond pour m'absou-

» dre; mon despotisme? mais il démontrera » que la dictature était de toute nécessité. » Dira-t-on que j'ai gêné la liberté? mais il » prouvera que la licence, l'anarchie, les grands » désordres étaient encore au seuil de la porte. » M'accusera-t-on d'avoir trop aimé la guerre? » mais il montrera que j'ai toujours été atta- » qué; d'avoir voulu la monarchie universelle? » mais il fera voir qu'elle ne fut que l'œuvre » fortuite des circonstances, que ce furent nos » ennemis eux-mêmes qui m'y conduisirent pas » à pas. Enfin sera-ce mon ambition? Ah! sans » doute il m'en trouvera, et beaucoup; mais de » la plus grande et de la plus haute qui fut peut- » être jamais! celle d'établir, de consacrer enfin » l'empire de la raison, et le plein exercice, l'en- » tière jouissance de toutes les facultés hu- » maines! et ici l'historien peut-être se trou- » vera réduit à regretter qu'une telle ambition » n'ait pas été accomplie, satisfaite.... » Après une pause.... « Mon cher, en bien peu de mots » voilà pourtant toute mon histoire. » Plus loin, « il a traversé la révolution si jeune et avec » tant de fracas, sans avoir à redouter le Moni- » teur. « Il n'est point une phrase, disait-il, que

» j'aie à effacer ; au contraire, il demeurera in-» failliblement ma justification toutes les fois » que je pourrais en avoir besoin. »

Ailleurs il s'exalte sur le même sujet, toujours en parlant des écrivains qui déclament contre lui: « Je suis destiné à être leur pâture, dit-il, » mais je redoute peu d'être leur victime ; ils » mordront sur du granit. Ma mémoire se com-» pose toute de faits, et de simples paroles ne » peuvent les détruire. Pour me combattre avec » succès, il faudrait se présenter avec le poids » et l'autorité de faits à soi. Si le grand Fré-» déric, ou tout autre de sa trempe, se mettait » à écrire contre moi, ce serait autre chose ; il » serait temps alors de commencer à m'émou-» voir peut-être ; mais quant à tous les autres, » quelque esprit qu'ils y mettent, ils ne tireront » jamais qu'à poudre. Je survivrai.... et quand » ils voudront être beaux, ils me vanteront. »

Ainsi voilà une fin de non-recevoir contre tous les écrivains qui lui seraient peu favorables, et qui ne seraient pas le grand Frédéric ou quelque chose d'approchant; cependant ce même homme sent qu'il pourrait avoir besoin de justification, puisqu'il annonce qu'on la trouvera dans le Moniteur, et il lui échappe de dire une autre fois, toujours à propos des libelles et des diffamations que l'on publiait contre lui, particulièrement en Angleterre : « Une critique modérée de mes actions, bien » conduite, écrite sagement et sans exagéra» tion, me serait bien plus nuisible que toutes » ces sorties virulentes et furieuses. »

Je pourrais ajouter beaucoup d'autres traits pour démontrer cette inquiétude dont il était habituellement tourmenté relativement à l'opinion que prendra de lui la postérité ; mais j'en ai dit assez.

Seulement je crois devoir ajouter qu'à cet égard son appréhension est telle, qu'après tous les efforts qu'il fait pour tracer la ligne que l'on doit suivre en écrivant son histoire, il cherche à l'environner de nuages, qu'il prétend être impénétrables. Voici dans quels termes il s'exprime :

« Il faut en convenir, *les véritables vérités*, » mon cher, sont bien difficiles à obtenir pour » l'histoire. Heureusement que, la plupart du » temps, elles sont bien plutôt un objet de cu» riosité que de réelle importance. Il est tant

» de vérités!..... celles de M......, par exemple, » et autres intrigans de son espèce, celles même » de beaucoup d'honnêtes gens, différeront par- » fois de la mienne. Cette vérité historique, » tant implorée, à laquelle chacun s'empresse » d'en appeler, n'est trop souvent qu'un mot; elle » est impossible au moment même des événe- » mens, dans la chaleur des passions croisées; » et si, plus tard, on demeure d'accord, c'est » que les intéressés, les contradicteurs ne sont » plus. Mais qu'est alors cette vérité historique » la plupart du temps? une fable convenue. » Ainsi qu'on l'a dit fort ingénieusement, dans » toutes les affaires il est deux portions essen- » tielles fort distinctes : les faits matériels et les » intentions morales. » (Je crois plus exacte la distinction des faits que j'ai donnée en commençant.) « Les faits matériels sembleraient » devoir être incontroversables, et pourtant » voyez s'il est deux relations qui se ressem- » blent; il en est qui demeurent des procès » éternels. Quant aux intentions morales, le » moyen de s'y retrouver, en supposant même » de la bonne foi dans les narrateurs? et que » sera-ce s'ils sont mus par la mauvaise foi, l'in-

» térêt et la passion? J'ai donné un ordre, mais » qui a pu lire, au fond de ma pensée, ma vé» ritable intention? et pourtant chacun va se » saisir de cet ordre, le mesurer à son échelle, » le plier à son plan, à son système individuel. » Voyez les diverses couleurs que va lui donner » l'intrigant dont il gêne ou peut au contraire » servir l'intrigue, la torsion qu'il va lui faire » subir. Il en sera de même de l'important, à » qui les ministres ou le souverain auront con» fidentiellement laissé échapper quelque chose » sur le sujet; il en sera de même des nombreux » oisifs du palais, qui, n'ayant rien de mieux à » faire que d'écouter aux portes, inventent, » faute d'avoir entendu; et chacun sera si sûr » de ce qu'il racontera! et les rangs inférieurs, » qui le tiendront de ces bouches privilégiées, » en seront si sûrs à leur tour! et alors les mé» moires et les agenda, et les bons mots, et les » anecdotes de salon d'aller leur train!.... Mon » cher, voilà pourtant l'histoire. J'ai vu me dis» puter, à moi, la pensée de ma bataille, me » disputer l'intention de mes ordres, et pro» noncer contre moi. N'est-ce pas le démenti » de la créature vis-à-vis de celui qui a créé?

» N'importe, mon contradicteur, mon opposant » aura ses partisans ; aussi c'est ce qui m'a pré- » servé d'écrire mes mémoires particuliers, » d'émettre mes sentimens individuels, d'où » fussent découlées naturellement les nuances » de mon caractère privé. Je ne pouvais des- » cendre à des confessions à la Jean-Jacques, » qui eussent été attaquées par le premier venu ; » aussi j'ai pensé ne devoir vous dicter ici que » sur des actes publics. Je sais bien encore que » ces relations même peuvent être combattues ; » car quel est l'homme ici-bas, quels que soient » son bon droit, la force et la puissance de ce » bon droit, que la partie adverse n'attaque et ne » démente? Mais aux yeux du sage, de l'impar- » tial, du réfléchi, ma voix, après tout, vaudra » bien celle d'un autre, et je redoute peu la » décision finale. Il existe dès aujourd'hui tant » de lumières, que quand les passions auront » disparu, que les nuages seront passés, je m'en » fie à l'éclat qui restera. Mais que d'erreurs » intermédiaires ! On donnera souvent beaucoup » de profondeur, de subtilité de ma part à ce » qui ne fut peut-être que le plus simple du » monde ; on me supposera des projets que je

» n'eus jamais ; on se demandera si je visais » en effet à la monarchie universelle, ou non ; » on raisonnera longuement pour savoir si mon » autorité absolue et mes actes arbitraires déri- » vaient de mon caractère ou de mes calculs ; » s'ils étaient produits par mon inclination ou » par la force des circonstances ; si mes guerres » constantes vinrent de mon goût, ou si je n'y » fus conduit qu'à mon corps défendant ; si mon » immense ambition, tant reprochée, avait pour » guide ou l'avidité de la domination, ou la soif » de la gloire, ou le besoin de l'ordre, ou l'a- » mour du bien-être général : car elle méritera » d'être considérée sous ces diverses faces. On » se débattra sur les motifs qui me détermiè- » rent dans la catastrophe du duc d'Enghien, » et ainsi d'une foule d'autres événemens. Sou- » vent on alambiquera, on tordra ce qui fut » tout-à-fait naturel et entièrement droit. Il ne » m'appartenait pas à moi de traiter ici spécia- » lement tous ces objets ; ils seraient mes plai- » doyers, et je le dédaigne. Si dans ce que j'ai » dicté sur les matières générales, la rectitude » et la sagacité des historiens trouvent de » quoi se former une opinion juste et vraie sur

» ce que je ne mentionne pas, tant mieux ; mais » à côté de ces faibles étincelles, que de fausses » lumières dont ils se trouveront assaillis !.... » depuis les fables et les mensonges des grands » intrigans, qui ayant eu chacun leur but, leurs » menées, leurs négociations particulières, les- » quelles s'identifiant avec le fil véritable, com- » pliquent le tout d'une manière inextricable, » jusqu'aux révélations, aux *porte-feuilles*, aux » assertions même de mes ministres, honnêtes » gens, qui cependant auront à donner bien » moins ce qui était, que ce qu'ils auront cru : » car en est-il qui aient eu ma pensée géné- » rale tout entière ? leur portion spéciale n'é- » tait, la plupart du temps, que les élémens du » grand ensemble qu'ils ne soupçonnaient pas ; » ils n'auront donc vu que la face du prisme » qui leur est relative ; et encore comment » l'auront-ils saisie ? leur sera-t-elle arrivée » pleine et entière ? n'était-elle pas elle-même » morcelée ? et pourtant il n'en est probable- » ment pas un qui, d'après les éclairs dont il » aura été frappé, ne donne pour mon véritable » système le résultat fantastique de ses propres » combinaisons : de là encore la fable conve-

» nue qu'on appellera l'histoire ; et cela ne sau-
» rait être autrement : il est vrai que comme
» ils sont plusieurs, il est probable qu'ils seront
» loin d'être d'accord. Du reste, dans leurs af-
» firmations, ils se montreraient plus habiles
» que moi, qui, très-souvent, aurais été embar-
» rassé d'affirmer avec vérité toute ma pleine
» et entière pensée. On sait que je ne me but-
» tais pas à plier les circonstances à mes idées,
» mais que je me laissais en général conduire
» par elles ; or, qui peut, à l'avance, répondre
» des circonstances fortuites, des accidens ino-
» pinés ? Que de fois j'ai donc dû changer essen-
» tiellement ! aussi ai-je vécu de vues générales,
» bien plus que de plans arrêtés. La masse des
» intérêts communs, ce que je croyais être le
» bien du plus grand nombre, voilà les ancres
» auxquelles je demeurais amarré, mais autour
» desquelles je flottais la plupart du temps, au
» hasard, etc. »

J'ai cru pour deux raisons devoir rappeler ce passage, quoique très-long, du Mémorial de Sainte-Hélène ; d'abord, parce qu'il peint mieux que tout ce que je pourrais dire, à quel point il est difficile de trouver la vérité en écrivant l'histoire, lorsqu'on suit la marche généralement adoptée, et les difficultés que, selon Napoléon lui-même, on rencontrerait quand on entreprendrait d'écrire la sienne, d'après la manière dont il concevait qu'elle devait être écrite. Je ne me suis point dissimulé ces difficultés, et la tâche que je me suis imposée, qui est d'indiquer comment on peut les vaincre, ou, pour parler plus juste, comment on peut les éviter. Je tire encore de ce passage, et c'est surtout sous ce rapport qu'il était important de le rappeler sans en omettre un seul mot, j'en tire, dis-je, une conséquence rigoureuse et capitale; c'est que, les choses considérées ainsi, toute histoire est impossible; donc pour l'écrire et pour parvenir à la vérité, il faut découvrir d'autres voies. Ce sont ces voies que je crois avoir tracées.

En second lieu j'ai cité encore ce passage et ceux qui précèdent, parce qu'ils présentent un trait de physionomie caractéristique très-remarquable, qui dominera toutes les actions et toute la vie du personnage dont je m'occupe.

En effet, en entendant ce langage, ne semble-t-il pas que le monde ait commencé à Napoléon, qu'il n'y avait eu jusque là, ni France, ni état social, ni patrie ? et cependant avant lui le monde existait ; il y avait une France, il y avait eu même quelque chose dans cette France ; on y avait posé et reconnu des bases d'ordre social, on y avait, qui plus est, gagné des batailles par suite desquelles les limites de son territoire avaient été reculées.

Cette abstraction fort singulière de sa part, et qui consiste à compter le passé pour rien, m'oblige encore à quelques réflexions préliminaires que je dois me hâter d'autant plus de consigner ici, qu'elles trouveront leur application dans tout le cours de l'ouvrage.

Napoléon a tout dominé pendant son commandement : de là des diatribes sans mesure et des admirations sans bornes.

L'histoire des faits qui appartiennent à un homme, si on les isole des circonstances auxquelles ils se lient, n'est autre chose qu'une biographie, peu importe son étendue ; pour qu'il en soit autrement et pour que les faits prennent un caractère historique, il faut qu'ils soient considérés dans leurs rapports avec toutes les circonstances coexistantes, même les plus éloignées. Ils n'appartiendront à l'histoire qu'à cette seule condition.

Si un homme a de grands talens, du génie, et qu'il se soit signalé par des actions mémorables, en ne considérant ces actions qu'en elles-mêmes, on pourra le qualifier d'homme extraordinaire, de grand homme ; mais en replaçant l'homme et les actions dans le cadre de l'histoire auquel ils appartiennent, il ne suffit plus que les actions soient éclatantes en elles-mêmes, il faut encore les examiner dans leur principe et leur résultat. Il est indispensable de saisir le motif des déterminations de leur auteur et le but qu'il s'est proposé ; alors l'action pourra être extraordinaire, étonnante ; elle portera, si l'on veut, l'empreinte du génie, tandis qu'en réalité elle sera folle et peut-être criminelle dans son principe et dans sa fin.

On ne doit jamais oublier que les faits sont la partie brute de l'histoire : ce qui la constitue c'est, non l'intention, mais le caractère moral du fait.

D'un autre côté, avant de prononcer un jugement et de prodiguer des suffrages, il faut bien distinguer ce qui dans les moyens appartient à l'individu, de ce qui ne lui appartient pas ; dans l'emploi de ces moyens, distinguons encore l'abus et l'exagération, de la mesure juste dans laquelle il devait rester.

Un homme paraît extraordinaire, mais est-ce par lui-même, ou d'après la position dans laquelle des circonstances indépendantes de lui l'ont placé, ou y a-t-il tout à la fois quelque chose de fort extraordinaire, et dans les circonstances et dans la manière dont cet homme s'en est emparé, pour les maîtriser et les diriger ? Un homme extraordinaire, un grand homme en politique est un homme qui se crée en quelque sorte lui-même en créant tout autour de lui, pour une fin juste et grande; accordera-t-on ce caractère à celui qui a trouvé tout créé ?

Qu'est-ce que Napoléon ? un produit de la révolution. Comment est-il arrivé au pouvoir ? par la révolution. Qu'avait-il à manier ? les matériaux de la révolution, pour parvenir à la fin qui était marquée par ce mémorable événement. On le signale comme une existence prodigieuse, immense; mais c'est avant tout, avant lui, avant toute autre créature humaine, la révolution qui est prodigieuse, immense. Sa plus grande fortune ne serait-elle pas d'avoir placé son nom dans ce grand événement ? Nous verrons si c'est pour le plus grand succès de l'événement.

Une cause principale des plus notables erreurs qui se sont propagées dans le cours de la révolution, et que l'on retrouve dans la plus grande partie des écrits qui ont paru pendant cette période, vient, quand il s'agit de l'appréciation des hommes, de ce que l'on compare des hommes à des hommes, tandis que c'est aux choses qu'il faut les comparer. Tel qui paraît un géant placé à côté d'un nain, ne sera plus lui-même qu'un pygmée, si on le met en face des choses.

Or, ici, la chose c'est la révolution. La première condition pour reconnaître la vérité dans l'histoire de Napoléon, c'est d'avoir des idées justes, rigoureusement justes sur toutes les parties, sur toutes les époques de la révolution ; autrement si on se trompe sur l'état vrai de la France lorsqu'il est arrivé au pouvoir et sur les causes qui l'y ont amené, sur le but qu'on s'est proposé en le lui conférant, sur les devoirs qui lui sont imposés, sur la responsabilité dont il se charge, sur les espérances que fait naître la catastrophe qui l'a porté au pouvoir, alors il sera impossible de retrouver par la suite le fil qui devait servir de guide, le type qu'il fallait avoir sans cesse sous les yeux comme terme de comparaison pour discuter, apprécier et juger ses actes. Ainsi que dans la plupart des histoires, pour ne pas dire toutes, les actions auront tous les caractères que voudra leur donner l'écrivain qui les décrit, selon son goût, ses fantaisies, ses systèmes propres, ses passions, ses préventions personnelles.

Je ne veux point rapetisser le colosse, je me propose seulement d'éclairer chacune de ses parties, de prouver que l'historien, pour les montrer sous leur véritable jour, doit leur appliquer des principes reconnus pour invariables, et je donnerai l'exemple de cette application.

Je serai fidèle à la vérité en ce qui concerne Napoléon, comme en ce qui concerne les choses. C'est toujours aux choses que je le comparerai, seul moyen de le bien apprécier et de le faire connaître. Quoique les difficultés soient grandes, ainsi que je l'ai déjà dit, les élémens de cette époque se réduisent toutefois à deux : d'un côté la France considérée comme existence sociale, de l'autre Napoléon. Quels étaient les droits de la France, quels étaient les devoirs de Napoléon? Les uns ont-ils été respectés? les autres ont-ils été remplis? Voilà en peu de mots et en dernière analyse, les questions dont l'histoire de l'époque doit donner la solution.

Mon travail ne sera ni une diatribe, ni un panégyrique. C'est d'après les règles de la justice et du devoir que tout sera pesé; si le résultat est favorable à Napoléon, tant mieux; s'il lui est contraire, tant pis : ce ne sera pas ma faute. On ne saurait trop répéter aux hommes chargés des destinées des peuples, qu'ils ne peuvent assez redouter les jugemens de la postérité, qui en définitif juge avec équité, et ses arrêts seront encore ceux de l'Eternel, qui est le principe de toute justice.

Je n'examinerai point la question tant rebattue de savoir si les contemporains peuvent écrire leur histoire. A mes yeux l'histoire est un grand fait : et qui peut en déposer si ce ne sont ceux qui en ont été témoins? On dira que les écrits des contemporains ne peuvent être considérés que comme des dépositions d'après lesquelles la postérité prononcera. Je défie bien que la postérité découvre la vérité, si elle ne lui est révélée par ceux qui ont été témoins des événemens; et le moyen de lui faire connaître la vérité, c'est de lui montrer ce qui est regardé comme la vérité par chaque opinion dominante dans l'époque dont on lui retrace les souvenirs; par suite, quelle est celle de ces opinions qui se trouve conforme aux besoins de la société comme aux seuls principes d'ordre qui doivent la régir, ou qui s'en trouve la plus rapprochée; car il peut y avoir, dans les révolutions, des crises où toutes les opinions, qui sont en évidence et qui se combattent, sont plus ou moins égarées : or, qui peut saisir les caractères divers, les influences réciproques, cette oppression de l'opinion vraie ou l'ascendant qu'elle reprend, si ce ne sont ceux qui ont vécu dans la mêlée, qui ont senti le poids des événemens, et qui, par cela même, ont été à portée d'en discerner la nature et la cause. Si dans cette position ils n'y ont rien compris, qui pourra donc alors les expliquer?

Aussi je n'ai point annoncé une histoire de Napoléon, quoique je retrace chronologiquement tous les faits qui le concernent et qui ont rempli sa carrière depuis sa naissance jusqu'à sa chute; j'ai seulement annoncé des études, c'est-à-dire la recherche et l'indication des élémens que je croie indispensables pour composer son histoire et celle de la France pendant son commandement.

Je ne me dissimule pas qu'au moment où j'écris je me trouve encore en face de la galerie si nombreuse d'hommes qui n'ont cessé de l'entourer, et qui ont pris une part immédiate à tous les actes de son gouvernement; que parmi ces hommes il s'en trouve du plus grand mérite, et qui sont consommés dans les affaires.

Je sens tout le poids d'une semblable situation; je me rassure cependant : que l'on juge de mes motifs. J'ai connu personnellement Napoléon; je l'ai entendu, je l'ai entretenu nombre de fois; je l'ai vu simple officier à peu près sans emploi. J'ai vu sa réputation commencer et grandir. Je me suis trouvé tout au milieu des événemens qui l'ont porté au pouvoir. Une fois arrivé à ce poste éminent, ses actes appartiennent à tout le monde. D'une autre part, je crois avoir acquis une connaissance assez approfondie de la révolution et de la France. J'ai eu peut-être à me plaindre de Napoléon; je n'en ai éprouvé aucun ressentiment dans le temps, par conséquent je ne puis en conserver aujourd'hui. Aucune passion ne peut donc égarer mon jugement, je n'ai à craindre que sa faiblesse; mais ce n'est point à nous à apprécier notre capacité. Je n'ai jamais écrit et je n'écris point pour écrire. Je ne cours pas plus après la réputation, que je n'ai couru après la fortune et les honneurs. Tout ce que j'ai lu sur Napoléon ne me satisfait point. Je n'y trouve trop souvent que ce qui peut propager ou entretenir des erreurs; et les erreurs de cette nature seront toujours fatales au bien du pays; il n'y a de bon, il n'y a d'utile sur la terre que la vérité. Je crois voir plus juste, et pouvoir tracer la voie qui y conduit; c'est ce que j'essaie de faire. J'écris uniquement, ainsi que je l'ai toujours fait, pour l'acquit de ma conscience, et pour remplir un grand devoir envers la patrie.

CHAPITRE II.

Naissance, études, éducation, caractère, facultés, etc.

Napoléon Buonaparte, ou mieux Bonaparte, est né à Ajaccio, dans l'île de Corse, le 15 août 1769, de *Charles Bonaparte* et de *Letizia Ramolini*, l'une des belles femmes du temps. Cette famille est originaire de la Toscane, où elle tenait un rang distingué, et d'où elle fut proscrite par suite des guerres civiles entre les Guelphes et les Gibelins.

Napoléon était le nom que l'on avait donné, depuis plus de deux siècles, au second fils de la famille Bonaparte, en mémoire d'un *Napoléon des Ursins* qui avait obtenu une grande célébrité en Italie.

Plusieurs individus du nom de Bonaparte avaient rempli de hauts emplois dans divers états de cette contrée. Divers monumens et de grandes alliances attestent l'ancienneté et la noblesse de l'origine de cette famille. La branche qui se réfugia en Corse y fut reconnue comme noble; par suite, le gouvernement français lui conserva le même rang, en réunissant la Corse à la France.

En 1779 Charles Bonaparte fut envoyé à Versailles, comme député de la noblesse des états de Corse; il amena avec lui son fils Napoléon, âgé de dix ans, et sa fille Élisa. Napoléon fut placé à l'école militaire de Brienne, et sa sœur à Saint-Cyr.

En 1783 M. de Keralio, officier général, inspecteur des douze écoles militaires, désigna le jeune Napoléon pour l'école de Paris. Premier mathématicien de la maison de Brienne, d'après le témoignage même du père Patrault, son professeur, il n'avait pas fait les mêmes progrès dans les autres parties de ses études, ce qui fait que les moines, probablement pour l'honneur de leur maison, voulaient le garder encore un an; ils se prévalaient d'ailleurs de ce qu'il n'avait pas l'âge exigé pour entrer à l'école militaire de Paris. M. de Keralio insista: « Je sais ce que » je fais, répondit-il aux moines; si je passe ici » par-dessus la règle, ce n'est point une faveur » de famille, je ne connais point celle de cet

» enfant, c'est tout à cause de lui-même ; j'a-» perçois ici une étincelle qu'on ne saurait trop » cultiver. » Il fut en effet envoyé à Paris par M. Regnaud, qui avait succédé à M. Keralio, mort presque aussitôt.

Le 1er septembre 1783, Napoléon fut nommé lieutenant en second dans le régiment d'artillerie de La Fère ; il avait alors quinze ans.

Napoléon, rêveur, silencieux, méditatif, ennemi des jeux et des dissipations du premier âge, se montra passionné pour l'étude des sciences. Si dans les autres cours il parut moins empressé, moins avide d'apprendre, en revanche il se livrait à la lecture avec une sorte de fureur, particulièrement à la lecture de l'histoire. Plutarque était son auteur de prédilection. Les études classiques ne sont que des études de forme, à le bien prendre ; d'après la nature de son esprit, il lui fallait du positif, autrement des faits, et les bons moines, en voyant ce qu'ils regardaient comme le peu de progrès de leur élève, ne s'étaient pas aperçus que son esprit était plus avancé que leurs leçons.

Ses succès en tout genre à l'école de Paris furent plus marqués encore qu'à Brienne ; tous les professeurs, moins un lourd maître d'allemand, étaient étonnés de la force de son jugement, de la vivacité de son esprit, et de l'étendue de son intelligence. On peut dire qu'ils rivalisaient dans les éloges qu'ils ne cessaient de lui donner. Le professeur d'histoire, L'Eguille, se vantait d'avoir prédit « une grande carrière » à son élève, en exaltant, dans ses notes, la pro» fondeur de ses réflexions et la sagacité de son » jugement. » Il y dit en effet : *Corse de nation et de caractère, il ira loin si les circonstances le favorisent.* Domairon, professeur de belles-lettres, disait de ses amplifications, qu'il trouvait fort extraordinaires, que *c'était du granit chauffé au volcan.*

Dans ce que j'écris, je cherche partout des leçons et ce qui peut être profitable au lecteur ; je ne puis donc m'empêcher de remarquer ici, que, quelques dons que Napoléon eût reçus de la nature, jamais carrière semblable à la sienne ne se fût ouverte devant lui, sans cette application extrême, sans cette fureur d'apprendre qui lui valut une connaissance anticipée des hommes et des choses.

Je ne confonds pas l'enseignement avec l'éducation, quoique ces deux choses paraissent inséparables. Il y a eu en tout temps en France plus ou moins d'instruction ; mais il n'y a jamais eu d'éducation réglée. C'est toujours le hasard qui en a fait les frais. Quand on a mis un enfant aux pieds d'un prêtre, et sans doute c'est par là qu'il faut commencer; le sentiment religieux est le premier qu'on doit inspirer à une créature qui a pu concevoir l'idée d'une intelligence supérieure, unique, infinie. A Dieu ne plaise que je veuille faire de mon observation une épigramme, elle ne porte que sur nos idées relatives à l'éducation ; quand donc on a mis un enfant aux pieds d'un prêtre, et qu'on lui a donné un maître à danser, on croit avoir tout fait pour ce qu'on appelle son éducation ; mais entre ces deux extrémités se trouve la vie à peu près tout entière; le vide est grand. Il faut bien le dire, les seuls hommes qui l'aient aperçu dans nos temps modernes, ce sont les jésuites; ils ont imaginé, pour le remplir, des superstitions, des pratiques religieuses sans nombre et de tous les instans, qui enveloppent de tous les côtés l'individu qu'on y a soumis; maîtres du sujet ainsi élevé, par une conséquence nécessaire, ils devaient tendre sans cesse à se rendre maîtres de la société. Sans cette domination comment fermer toutes les issues par lesquelles on aurait pu introduire d'autres idées qui auraient troublé un ordre aussi compact et aussi rigoureux? Cet ordre apparent a séduit quelques esprits qui n'ont pas aperçu d'abord une autre conséquence, c'est qu'il établit une théocratie substituée à toute autre forme de gouvernement, par suite la plus épouvantable tyrannie. Il en résulte l'anéantissement de l'état politique; par le fait, il n'y a plus d'autorité que la leur; tout le reste n'est plus que nominal. Cette observation n'est pas étrangère à mon sujet, comme on le verra plus tard.

L'éducation, chez nous, n'est que l'effet du hasard : on la prend dans la famille, auprès des personnes que l'on fréquente, au moyen des exemples fortuits qui frappent nos yeux, au milieu de mille circonstances qui successivement nous environnent; enfin dans nos égaremens. De cette confusion naissent des idées telles quelles, trop souvent incomplètes, fausses, incohérentes, avec lesquelles cependant nous parcourons à tort et à travers la carrière de la vie. De là tant d'erreurs, de fautes, de méprises, de diversité, de contradiction dans la manière de voir les choses les plus simples et les plus habituelles. Napoléon fut heureux sous bien des rapports, dans cette éducation de rencontre; mais si ses idées en furent plus grandes et plus fortes, en reçurent-elles plus d'ensemble et plus de justesse? Pour avoir voulu prendre son vol de plus haut, en a-t-il été plus droit vers un but raisonnable et utile?

Les premiers sentimens que nous éprouvons au moment des premiers développemens de notre intelligence dans la famille, forment aussi les premiers élémens de notre éducation.

Il dit lui-même en parlant de son père: « Mon père était plein de courage et de péné- » tration. Il cultivait la poésie, avait de l'élo- » quence : il eût marqué s'il avait vécu. » Il y avait dans ce souvenir un puissant motif d'émulation; mais les exemples, les leçons, et qui plus est, les corrections de sa mère, avaient dû frapper bien autrement son imagination.

Napoléon s'entretient souvent à Sainte-Hélène, avec le docteur Antomarchi, de la Corse, leur patrie commune, et de sa famille. En rappelant les derniers mois qui avaient précédé sa naissance, il admirait la force d'âme qu'avait alors déployée sa mère, et elle était très-jeune. « Les » pertes, les privations, les fatigues, elle supportait tout, disait-il, bravait tout : c'était une tête » d'homme sur un corps de femme...... Restée » sans guide, sans appui, après la mort de l'archidiacre Lucien, qui avait dirigé les affaires » de la maison depuis la perte qu'elle avait faite » de son mari, ma mère fut obligée de prendre » la direction des affaires ; elle conduisit tout, » administra tout avec une sagesse, une sagacité » qu'on n'attendait ni de son sexe, ni de son » âge. Ah! docteur, quelle femme! où trouver » son égale ?.... » Une autre fois il disait : « Sa » tendresse était sévère ; elle punissait, récompensait indistinctement le bien, le mal ; elle » nous comptait tout. Mon père, homme éclairé, » mais trop ami des plaisirs pour s'occuper de » notre enfance, cherchait quelquefois à excuser » nos fautes. — Laissez, lui disait-elle, c'est moi » qui dois veiller sur eux. Elle y veillait, en effet, avec une sollicitude qui n'a pas d'exemple. » Les sentimens bas, les affections peu généreuses étaient écartés, flétris ; elle ne laissait

» arriver à nos jeunes âmes que ce qui était » grand, élevé. Elle abhorrait le mensonge, » sévissait contre la désobéissance; elle ne nous » passait rien. » Pour prouver l'exactitude de ces paroles, Napoléon rappelle une espiéglerie de son enfance, pour laquelle il fut châtié sévèrement.

L'archidiacre Lucien, qui avait servi de père à la mère de Napoléon et à toute sa famille, était bon, généreux, éclairé. On peut juger, par un seul trait, de la justesse de son tact et de la force de son discernement. « A ses derniers mo» mens, il nous fit approcher, dit Napoléon, » nous donna des avis, des conseils; il prononça » ensuite ces paroles en quelque sorte prophéti» ques : Il est inutile de songer à la fortune de » Napoléon, il la fera lui-même. Joseph, tu es » l'aîné de la famille, mais Napoléon en est le » chef, aie soin de t'en souvenir. »

Qu'on juge des impressions que dûrent laisser d'aussi heureuses influences sur un esprit tel que celui de Napoléon.

Sa famille était ou est, si l'on veut, noble et d'une ancienne origine. Il y a un principe d'éducation dans l'idée que l'on prend de soi-même, par cela seul qu'on est né noble. Ce sentiment peut et doit avoir des conséquences souvent très-fâcheuses. Je m'en expliquerai plus particulièrement quand je traiterai de la noblesse nouvelle créée par Napoléon. Je ne parle ici que du fait; il est certain que la noblesse, surtout à cette époque, et encore aujourd'hui dans tout le reste de l'Europe, est de l'avancement tout préparé; elle donne un premier rang dans la société, et l'individu que le hasard a ainsi favorisé a un grand avantage, à mérite égal, même inférieur, sur celui qui n'a que son mérite personnel, et qui prétend se placer sur la même ligne. Le premier n'éprouve aucune contestation; il a déjà fait bien des pas en avant, que l'autre n'a pas encore atteint son point de départ, et même, sous de certains rapports d'opinion, il ne l'atteindra jamais.

Les dispositions morales sont d'ailleurs bien différentes. L'un a en soi, sans même s'en rendre compte, une confiance que l'autre ne peut avoir. Comme noble, il est accueilli partout sans difficulté, et il se trouve toujours à sa place; celui qui ne l'est pas, n'est jamais sûr de son fait; il lui sera toujours difficile de garder une juste mesure. Où il montrera cet embarras, cette humble timidité qui gauchissent les manières et rapetissent les idées, ne fût-ce que dans leur expression, ou cette fierté roide qui les fausse et les exagère, qui par conséquent déplaît et déconsidère.

Napoléon n'éprouva aucune de ces alternatives. Cependant il paraît n'attacher aucune importance à son origine; il se refuse sur ce point à tous les empressemens de la flatterie, même aux pressantes sollicitations de l'empereur d'Autriche devenu son beau-père, qui prétendait avoir fait à cet égard la plus heureuse découverte, et qui y mettait la plus grande importance. Napoléon ne voulut entendre à rien. « Je veux être le Rodolphe de Habsbourg de » ma famille, répondait-il; ma noblesse à moi » date de Millésimo, de Rivoli, du 18 bru» maire.» Il ajoutait en plaisantant: «Celle de ma » famille est plus ancienne; elle se perd dans » la nuit du moyen âge. Il n'y a que le généa» logiste Joseph qui puisse en assigner l'origine. » Je ne sais de combien de petits tyrans obscurs » il prétend être issu. » On a tenu compte à Napoléon de cette sorte d'abnégation ou d'indifférence, comme d'une preuve de bon esprit. Je ne partage pas cette opinion. Ce n'est certes pas sans dessein qu'il dit : « Celle (la noblesse) de ma » famille est plus ancienne ; » façon de parler tout-à-fait originale, et qui le met ainsi en dehors des siens.

Napoléon, avec ce tact qui ne l'abandonnait jamais quand il s'agissait de préparer et d'assurer le succès de ses propres idées, avait bien senti qu'une origine italienne ne serait pas pour lui une grande recommandation auprès des Français ; que son premier intérêt était de s'identifier avec la nation à la tête de laquelle il se trouvait placé, et que son premier soin devait être d'écarter tout ce qui pouvait faire naître une autre pensée. D'un autre côté, avec le projet de se rendre égal aux rois, même de les dominer, il n'était pas homme à se méprendre, il ne se fût jamais fait illusion au point de croire que le nom de sa famille, quel qu'il fût, pût figurer auprès des noms des familles royales européennes. Il devait placer son origine dans les batailles et la victoire, dans les nuages de la renommée. C'est ce qu'il a fait, et il a eu raison.

Je ne puis toutefois me refuser à rappeler une réflexion qu'il faisait sur son rocher de Sainte-Hélène, en parlant des refus qu'il avait fait éprouver à l'empereur d'Autriche : « Il en fut » blessé. Il avait cru me faire une surprise agréa- » ble. Sa peine et ses soins étaient perdus. Je mé- » prisais les titres : je n'eusse été après mes re- » vers qu'un jacobin, si je me fusse prêté à ces » momeries. Qui sait ? peut-être nous eussions » trouvé cent mille hommes de moins dans les » plaines de Leipsick. »

Ce mépris prétendu ou réel des titres ne détruit pas mon observation ; oui, des titres qui n'étaient pas ceux d'empereur ou de roi. J'aurai plus d'une occasion de répéter qu'il faut bien se garder de prendre à la lettre ces conversations de Sainte-Hélène.

Quelques circonstances de sa jeunesse exercèrent encore une grande influence sur son intelligence, son jugement et son caractère. J'en citerai quelques-unes qui me semblent dignes d'être particulièrement remarquées. « J'entrai à Brienne, » dit-il, j'étais heureux. Ma tête commençait à » fermenter ; j'avais besoin d'apprendre, de sa- » voir, de parvenir ; je dévorais les livres. Bientôt

» il ne fut bruit que de moi dans l'école. J'étais » admiré, envié. J'avais la conscience de mes » forces, et je jouissais de ma suprématie. Ce » n'est pas que je manquasse dès lors d'âmes » charitables qui cherchaient à troubler ma sa- » tisfaction. J'avais, en arrivant, été reçu dans » une salle où se trouvait le portrait du duc » de Choiseul. La vue de cet homme odieux, » qui avait trafiqué de mon pays, m'avait ar- » raché une expression flétrissante. C'était un » blasphème, un crime qui devait effacer mes » succès. Je laissai la malveillance se donner » ses larges, je devins plus appliqué, plus stu- » dieux ; j'aperçus ce que sont les hommes, et » me le tins pour dit. » Napoléon devait avoir alors dix à douze ans!

L'enseignement militaire, l'exercice du maniement des armes et du commandement, renferment un grand principe d'éducation. L'esprit militaire obtient sur le moral l'influence la plus puissante et trop souvent la plus fâcheuse. L'esprit militaire comprend tout ce qui peut grandir les sentimens, exalter l'âme, puisqu'à l'idée du sacrifice continuel de la vie, il joint celle de disposer à son gré de la vie des autres, et qu'en

BIBLIOTHÈQUE ROYALE

même temps qu'il fait contracter l'habitude d'une obéissance sans bornes, il présente un commandement qui n'en a pas davantage. C'est le plus haut degré où puisse s'élever une créature humaine. Aussi la tenue militaire offre-t-elle une assurance, une confiance en soi-même, un aplomb qu'on ne peut recevoir d'aucune autre position sociale. Le militaire courageux et éclairé est un homme complet, si je puis parler ainsi. Il semble qu'il manque toujours quelque chose aux autres, de quelques avantages qu'ils puissent d'ailleurs se prévaloir ; ils peuvent offrir de sages conseils au prince et à la patrie ; mais la force et les bras qui les soutiennent n'excluent pas, dans le même sujet, la profondeur des vues qui peuvent les éclairer : aussi en tout temps et partout, les hauts grades militaires ont donné le premier rang dans la société.

En considérant les différentes positions sociales, j'ai pensé souvent que tout homme qui se destine ou que l'on destine à de hauts emplois, ses études classiques une fois terminées, devrait se faire militaire, ne fût-ce que comme simple soldat, ne fût-ce que pendant trois ans.

Tel, avec de l'esprit et des talens, a fait en conduite cent pauvretés, qui aurait conservé toute sa dignité, s'il avait contracté l'habitude, pendant un temps quelconque, de voir un sabre nu. Mais il est bien entendu que l'éducation civique doit être telle qu'elle modifie sans cesse et réprime toujours les saillies de l'esprit militaire, le plus dangereux de tous les esprits quand il est abandonné à lui-même.

Ce genre d'éducation ne manqua point à Napoléon, et l'on sait s'il y a répondu.

L'accueil qu'il reçut de l'abbé Raynal qui l'avait assez distingué pour l'inviter à ses déjeûners, les encouragemens qu'un écrivain qui avait acquis une aussi grande célébrité donna au jeune Napoléon, doivent être comptés au nombre des causes qui excitèrent son émulation.

Pascal Paoli était, à l'époque de la jeunesse de Napoléon, le premier homme de la Corse. « Il était grand, dit Napoléon, d'une attitude » noble et fière, parlait bien, connaissait les » Corses, et exerçait sur eux une influence illi- » mitée. Aussi habile à saisir *l'importance d'une* » *position, que celle d'une mesure administra-*

» *tive, il combattait, gouvernait* avec une sagacité, un tact que je n'ai vu qu'à lui. Je l'accompagnais dans ses courses pendant la guerre de la liberté. Il m'expliquait, chemin faisant, les avantages du terrain que nous parcourions, la manière d'en tirer parti, celle de remédier aux accidens qu'il présentait. Je me rappelle qu'un jour nous nous rendions au Port-Neuf, à la tête d'un détachement nombreux. Je lui soumis quelques observations sur les idées qu'il avait émises. Il m'écouta avec beaucoup d'attention, et me regardant fixement après que j'eus fini : « Oh ! Napoléon, me dit-il, tu n'es pas de ce siècle, tes sentimens sont ceux des hommes de Plutarque. Courage, tu prendras ton essor. »

La familiarité et la bienveillance d'un homme tel que Paoli doivent être considérées comme une grande circonstance dans l'éducation de Napoléon, dans le développement de ses idées et de ses sentimens.

Nous avons vu Napoléon studieux, appliqué, observateur curieux, déjà profond, saisir tout ce qui se présente, pour en faire le sujet de ses méditations et l'aliment de sa précoce intelligence ; mais aussi nous l'avons vu sombre, solitaire, sauvage. Avec beaucoup d'idées sur les hommes et sur les choses, il lui manque ces formes et ces manières que donnent l'usage de ce qu'on appelle le monde et la fréquentation de la société. Une occasion favorable lui fut offerte, il sut en profiter. Aussitôt arrivé à Valence, avec le grade de sous-lieutenant dans un régiment de son arme, il fut présenté chez madame Du Colombier, femme du premier mérite, qui donnait le ton à la ville. Madame Du Colombier l'accueillit, le distingua, le vanta partout, en conçut la plus haute idée, le prit dans la plus grande affection, et l'introduisit chez les personnes de sa société. Napoléon répondit parfaitement à des soins aussi flatteurs ; ce fut au point que ses camarades en conçurent de la jalousie. D'un autre côté, mademoiselle Du Colombier fit naître dans son cœur un sentiment innocent et passager à la vérité, mais qui, avec les attentions de la mère, a dû laisser des impressions jusque là inconnues, et concourir singulièrement à modifier, à compléter en quelque sorte, une existence qui devait être si extraordinaire.

L'esprit, le savoir, les talens ne sont que des

moyens; c'est le caractère, la volonté qui font l'homme. L'esprit conçoit, le caractère exécute. Aussi les hommes sans caractère, quelles que soient d'ailleurs leurs facultés intellectuelles, ne prennent point, dans la société ou dans la classe à laquelle ils appartiennent, le rang auquel ils semblent avoir droit. Napoléon était doué d'une intelligence prodigieuse, sans nul doute; mais c'est par le caractère qu'il est bien autrement étonnant, bien plus exclusivement lui; car trop souvent son caractère a dominé, même égaré son intelligence. L'on doit observer que la nature et la force de ce caractère se sont montrées dès ses plus jeunes ans. Je ne conçois pas comment on a pu dire et comment on a répété que son enfance n'avait eu rien de remarquable, qu'il était entêté et curieux comme tous les enfans, quand lui-même s'exprime ainsi : « J'étais entêté, rien » ne m'imposait, rien ne me déconcertait; j'étais » querelleur, lutin; je ne craignais personne. Je » battais l'un, j'égratignais l'autre, je me ren» dais redoutable à tous. Mon frère Joseph était » celui à qui j'avais le plus souvent affaire; il » était battu, mordu, grondé; j'avais déjà porté » plainte, qu'il ne s'était pas encore remis. »

L'archidiacre Lucien y voyait plus clair, quand il le désignait comme chef de la famille.

Dans un hiver où la neige fournissait abondamment aux élèves de l'école de Brienne des projectiles et des élémens faciles de constructions militaires, le jeune Napoléon donnait les plans, dirigeait les travaux, commandait tantôt l'attaque, tantôt la défense. La supériorité et le commandement ne lui étaient point disputés; ses camarades étaient toujours étonnés des ruses et des ressources qu'il savait employer pour assurer la victoire au parti sous ses ordres.

Un maître de quartier de l'école de Brienne, brutal, sans discernement, le condamna à porter l'habit de bure et à dîner à genoux à la porte du réfectoire; c'était une espèce de déshonneur. Le moment de l'exécution fut celui d'un vomissement subit et d'une violente attaque de nerfs. Heureusement le supérieur, qui passa par hasard, l'arracha au supplice, et le père Patrault accourut, se récriant que, sans nul égard, on dégradât ainsi son premier mathématicien.

On demandait à Pichegru si l'on ne pourrait pas entraîner le général de l'armée d'Italie dans sa défection : « N'y perdez pas votre temps,

» répondit-il, je l'ai connu dans son enfance;
» ce *doit être un caractère inflexible*; il a pris
» son parti, il n'en changera pas. »

« Le cœur d'un homme d'état, répétait-il
» souvent, doit être dans sa tête. » D'autres fois :
« Je suis d'un caractère bien singulier, sans
» doute, mais on ne serait point extraordinaire
» si l'on n'était d'une trempe à part. Je suis
» une parcelle de rocher lancée dans l'espace.
Une réflexion du docteur Antomarchi rentre
tout-à-fait dans ce sens : « Malgré l'aménité flat-
» teuse de ses manières, une observation me
» frappa souvent : il paraissait de bronze. »
On attribue à sa mère un propos entièrement
conforme à cette observation : « Ce n'est pas un
» cœur que j'ai mis dans sa poitrine, mais un
» *boulet de canon*. »

Je pourrais faire beaucoup d'autres citations ;
c'en est assez pour expliquer le principe de cette
puissance de volonté qui asservit en un instant
et pour un instant l'Europe.

Le temps entre pour beaucoup dans les affaires humaines ; gagner du temps, c'est ajouter
à la vie. Napoléon en connaissait nécessairement
tout le prix. Aussi disait-il : « Demandez-moi de

» l'argent, des places, des honneurs, tout ce qu'il » vous plaira, excepté du temps, je n'en ai point » à ma disposition. » A cette appréciation du temps il joignait des facultés que la nature n'a peut-être accordées qu'à lui seul, et ces facultés concouraient toutes à doubler, à tripler le temps en sa faveur.

On a prétendu qu'il n'avait pas une forte constitution, parce que sa fibre était molle, qu'il était toujours enrhumé, qu'il était soumis aux plus légères influences de l'humidité, d'une odeur désagréable, etc. Qu'est-ce que cela prouve, lorsque lui-même dit : « De ma vie je n'ai senti ma » tête ni mon estomac. » Ailleurs : « Je suis bâti, » corroyé, maçonné pour le travail. J'ai connu » les limites de mes jambes, j'ai connu les limites » de mes yeux, je n'ai jamais pu connaître les » limites de mon travail; aussi j'ai manqué de » tuer ce pauvre Maineval, etc; » lorsqu'il pouvait dicter à la fois, sur des sujets différens, à quatre et cinq secrétaires qui écrivaient aussi vite que possible; lorsque souvent il travaillait quinze heures par jour, sans un moment de distraction et sans prendre de nourriture; lorsque dans une occasion il avait continué ses travaux pendant trois jours et trois nuits, soixante-douze heures, sans se coucher ni reposer; lorsqu'à la suite de l'exercice le plus violent, il a pu travailler de suite au cabinet pendant trente-six heures; lorsqu'il a pu faire à franc-étrier trente-cinq lieues d'Espagne en moins de cinq heures et demie, plus de sept lieues à l'heure, et que dans d'autres circonstances il a donné les mêmes preuves de force? On prétend que son moral seul le soutenait. Sans doute le moral exerce un grand empire sur nos facultés physiques; mais il ne les donne pas à qui la nature les a refusées. Bien des gens, en apparence très-forts, auraient beau avoir recours à leur moral, ils ne se livreraient pas impunément à de semblables excès. A cette rapidité de la foudre qui a dû si bien le servir dans ses longues guerres, à cette capacité, à cette aptitude au travail qui lui avaient permis de placer dans sa tête tout son gouvernement, il faut joindre d'autres facultés non moins surprenantes: il dormait quand cela lui convenait; il lui suffisait de le vouloir et de fermer les yeux. On lui observait qu'il lui était arrivé de dormir pendant la bataille: « Il le fallait bien, répondait » Napoléon; quand je donnais des batailles qui

» duraient pendant trois jours, la nature devait » avoir aussi ses droits, je profitais des plus petits » instans, je dormais où et quand je pouvais. » Il dormait même en dedans de la portée des boulets; il ajoutait « qu'indépendamment de » la nécessité d'obéir à la nature, ces sommeils » offraient au chef d'une grande armée le pré- » cieux avantage d'attendre avec calme les rap- » ports et la concordance de toutes ses divisions, » au lieu de se laisser emporter peut-être par le » seul objet dont il serait témoin. »

Une autre faculté bien singulière mais infinie dans ses conséquences, est celle dont parle M. de Las-Cases dans son Mémorial de l'île Sainte-Hélène : « Il nous expliquait la netteté de ses » idées et la faculté de pouvoir, sans se fatiguer, » prolonger à l'extrême ses occupations, en di- » sant que les divers objets et les diverses affaires » se trouvaient casées dans sa tête, comme elles » eussent pu l'être dans une armoire. « Quand » je veux interrompre une affaire, disait-il, je » ferme son tiroir, et j'ouvre celui d'une autre. » Elles ne se mêlent point, et ne me gênent ni » ne me fatiguent jamais l'une par l'autre. Je » n'éprouve point non plus d'insomnies par la

» préoccupation involontaire de mes idées. Veux-
» je dormir, je ferme tous les tiroirs et me voilà
» au sommeil. Et il observait qu'il avait tou-
» jours dormi quand il en avait besoin, et à peu
» près à volonté. »

On peut, après ces rapprochemens et ces citations, juger de ce que la nature avait fait pour Napoléon, et de ce qu'il avait fait pour seconder la nature.

Il fut en outre favorisé dans sa carrière par des hasards heureux ; lui-même en signale quelques-uns.

« Il s'était souvent arrêté, disait-il, sur le
» concours singulier des circonstances secon-
» daires qui avaient amené sa prodigieuse car-
» rière.

» Si mon père, qui est mort avant qua-
» rante ans, eût vécu, il eût été nommé député
» de la noblesse de Corse à l'Assemblée consti-
» tuante. Il tenait fort à la noblesse et à l'aris-
» tocratie ; d'un autre côté, il était très-chaud
» dans les idées généreuses et libérales ; il eût
» donc été ou tout-à-fait du côté droit, ou au
» moins dans la minorité de la noblesse : dans
» tous les cas, quelles qu'eussent été mes opinions

» personnelles, j'aurais suivi sa trace, et voilà » ma carrière entièrement dérangée et perdue.

» 2° Si je m'étais trouvé plus âgé au moment » de la révolution, j'eusse peut-être moi-même » été nommé député. Ardent et chaud, j'eusse » marqué infailliblement, quelque opinion que » j'eusse suivie ; mais dans tous les cas, je me » serais fermé la route militaire, et alors encore » voilà ma carrière perdue.

» 3° Si même ma famille eût été plus connue, » si nous eussions été plus riches, plus en évi- » dence (il pouvait ajouter : seulement si ma fa- » mille eût habité le territoire français), ma qua- » lité de noble, même en suivant la route de la » révolution, m'eût frappé de nullité ou de pros- » cription. Jamais je n'eusse obtenu la confiance, » jamais je n'eusse commandé une armée, ou, » si je l'eusse commandée, je n'eusse jamais osé » tout ce que j'ai fait ; supposant même tous mes » succès, je n'aurais pu suivre le penchant de mes » idées libérales à l'égard des prêtres et des no- » bles ; et je ne fusse jamais parvenu à la tête du » gouvernement.

» 4° Il n'est pas jusqu'au grand nombre de » mes frères et de mes sœurs qui ne m'ait été

» grandement utile, en multipliant mes rapports » et mes moyens d'influence. »

Ailleurs il dit, à la vérité : « Il est sûr que j'ai » été peu secondé des miens, et qu'ils ont fait » bien du mal à moi et à la grande cause. » Je dois faire observer que c'était plus tard ; ces deux opinions, en apparence opposées, ne se contredisent pas, en les appliquant chacune aux époques différentes auxquelles elles se rapportent.

« 5° La circonstance de mon mariage avec » madame de Beauharnais m'a mis en point de » contact avec tout un parti qui m'était néces» saire pour concourir à mon système de fusion, » un des principes les plus grands de mon ad» ministration et qui la caractérise spécialement. » Sans ma femme, je n'aurais jamais pu avoir » avec ce parti aucun rapport naturel.

» 6° Il n'y a pas jusqu'à mon origine étran» gère, contre laquelle on a essayé de crier en » France, qui ne m'ait été bien précieuse ; elle » m'a fait regarder comme un compatriote par » tous les Italiens ; elle a grandement facilité » mes succès en Italie. Ces succès une fois ob» tenus, ont fait rechercher partout et par tous » les circonstances de notre famille tombée de-

» puis long-temps dans l'obscurité. Elle s'est » trouvée, au su de tous les Italiens, avoir joué » long-temps un grand rôle au milieu d'eux ; elle » est devenue à leurs yeux et à leurs sentimens » une famille italienne, si bien que quand il a été » question du mariage de ma sœur Pauline avec » le prince Borghèse, il n'y eut qu'une voix à » Rome et en Toscane, dans cette famille et tous » ses alliés : *C'est bien*, ont-ils tous dit, *c'est* » *entre nous, c'est une de nos familles.* Plus » tard, lorsqu'il a été question du couronnement » par le pape, à Paris, cet acte, de la plus haute » importance, ainsi que l'ont prouvé les événe- » mens, essuya de grandes difficultés. Le parti » autrichien dans le conclave y était violem- » ment opposé ; le parti italien l'emporta en » ajoutant aux considérations politiques cette » petite considération de l'amour propre na- » tional : *Après tout, c'est une famille ita-* » *lienne que nous imposons aux barbares pour* » *les gouverner, nous serons vengés des Gau-* » *lois.* »

Cette considération est flatteuse pour la France ! il faut convenir qu'il y a de la part de Napoléon de la bonne foi et même de la naïveté à la rappeler ; car, outre son sens direct, elle contient une prédiction qui s'est réalisée d'une manière bien cruelle.

« Aussi est-il bien sûr, continuait Napoléon, » que Rome sera un asile naturel et très-favorable » pour ma famille ; on y croira qu'elle est chez » elle. Enfin, terminait-il en riant, il n'est pas » même jusqu'au nom de *Napoléon*, peu connu, » poétique, redondant, qui ne soit venu ajouter » quelques petites choses à la grande circon- » stance. »

Tombé dans l'infortune, on a prétendu que Napoléon descendait d'un huissier ou d'un avocat ; d'autres ont dit d'un meunier. Pour prouver combien son éducation avait été vicieuse, on a dit, on a imprimé qu'il ne *savait pas même l'orthographe*, et cent autres niaiseries de cette force. Ce n'est pas assurément par ce côté qu'il est vulnérable. Indépendamment de la supériorité qu'il avait acquise dans l'étude des hautes sciences, supériorité qui lui avait valu le surnom de *géomètre des batailles*, dans l'Institut dont il était membre, il avait, dans les diverses parties des autres sciences, notamment en histoire, les connaissances les plus étendues et les plus détaillées, dont, dans l'occasion, il faisait les applications les plus heureuses. Quant au fait de son ignorance en orthographe, il est essentiel que l'on comprenne une bonne fois sur quoi repose une aussi misérable imputation; ce sera encore le *Mémorial de Sainte-Hélène* qui nous l'apprendra.

« Il en était de même de l'orthographe; la » plupart du temps il n'en écrivait pas un mot, « et *si nos copies lui eussent été portées en* » *faute, il s'en fût plaint.* » Voilà une observation qui déjà n'a pas besoin de commentaire.

« Un jour, il me disait (à M. de Las Cases): « Vous n'écrivez pas l'orthographe, n'est-ce » pas? » ce qui fit sourire malignement le voisin, » qui prenait cela pour un jugement; Napoléon, » qui s'en aperçut, reprit: « Du moins je le sup- » pose; car un homme public, dans les grandes » affaires, un ministre, ne peut, ne doit pas écrire » l'orthographe. Ses idées doivent courir plus » vite que sa main, il n'a le temps que de jeter » des jalons; il faut qu'il *mette des mots dans* » *des lettres, et des phrases dans des mots;* » c'est ensuite aux scribes à débrouiller tout » cela. » Or, il laissait beaucoup à faire aux scri-

BIBLIOTHÈQUE

» bes, reprend M. de Las Cases, il était leur » désolation; son écriture composait de véri» tables hiéroglyphes; elle était illisible sou» vent pour lui-même. »

Il n'y a pas de figure plus connue que celle de Napoléon. Tout le monde sait qu'il était d'une petite taille, et fort mince étant jeune. L'ensemble de sa personne, au premier coup d'œil, offrait même quelque chose de chétif; il avait le parler bref, saccadé, et tout-à-fait sur le bord des lèvres; sa voix était grave sans être forte; quoiqu'il n'eût pas précisément d'accent, sa prononciation paraissait un peu singulière; son élocution était facile, sa conversation vive, spirituelle, quelquefois épigrammatique; il dissertait volontiers; si on l'interrompait, il faisait semblant de ne pas entendre, seulement il haussait la voix et continuait. On a fait cette remarque avant qu'il arrivât au suprême pouvoir; car alors il parlait tout à son aise, personne ne s'avisait de lui couper la parole. Sa physionomie, habituellement sévère et réfléchie, devenait gracieuse, même séduisante, quand cela lui convenait. La première fois que je le vis, il était à peu près sans emploi; il se trouvait dans une position fort équivoque, et très-fâcheuse. Ce qu'il y a de piquant, quand il s'agit de Napoléon, c'est qu'il avait été frappé comme terroriste par Aubry, membre alors du comité de salut public, chargé de la guerre. Avec une réputation flatteuse dans les corps où il avait servi, Napoléon n'était d'ailleurs nullement connu.

Invité dans une société où il devait se rendre, je n'avais jusque là pas même entendu prononcer son nom, je ne pouvais donc avoir sur son compte aucune prévention, soit favorable, soit défavorable. Seulement le maître de la maison où je devais le rencontrer m'avait dit que c'était un jeune officier de beaucoup d'esprit, et qui donnait les plus belles espérances; qu'on lui devait la reprise de Toulon, et que je serais flatté de le connaître. Je voyais tant d'autres officiers chaque jour, qui avaient une célébrité acquise, que tous ces éloges ne me firent aucune impression; ils me parurent uniquement des preuves de bienveillance de la part de celui qui les donnait, et je n'en étais nullement préoccupé; toutefois je l'avoue, à peine je l'eus aperçu, que sa physionomie me frappa singulièrement. J'en reçus une impression telle que, encore aujourd'hui, après trente-trois ans, je le vois tel que je le trouvai là, assis à côté de la dame du logis : il y avait tout sur cette figure, du calme, de l'intelligence, de la fermeté, une perspicacité qui vous pénétrait, sans qu'il y eût de sa part aucun effort, aucun signe qui manifestât que telle fût son intention. Je l'ai vu plus tard, après ses victoires d'Italie, dans les premiers temps du consulat et de l'empire, au milieu des fêtes dont il était l'objet, et des triomphes dont il était le héros; il montrait le même calme, la même imperturbabilité; son maintien, sans affectation ni de modestie, ni de dignité, semblait annoncer qu'il était là comme dans son élément, comme dans son état naturel. J'ai aussi été témoin de ses grandes colères, j'ai entendu plusieurs de ces mots piquans qu'il se permettait contre tel ou tel individu qui lui avait déplu; il disait souvent à Sainte-Hélène, que ces colères et ces mots, dont il se reprochait bien quelques-uns, étaient calculés pour éviter d'avoir recours à des moyens de répression plus sévères. Je le crois, je le sentais en l'écoutant; c'est au point que j'ai été une fois au moment de le lui dire. Je l'ai vu, pour arriver au même but, avoir recours en quelque sorte à de véritables tours de gibecière. J'aurai occasion d'en citer un exemple que l'on trouvera, je crois, assez curieux.

Je ne chercherai point ici à donner une idée générale de l'emploi que Napoléon a fait des dons extraordinaires de la nature, développés par le travail le plus opiniâtre. Après l'étude la plus réfléchie, sa vie, qui offre à chaque instant des leçons si grandes et si terribles, restera encore un mystère en quelque sorte impénétrable; tant il est difficile de concilier une intelligence aussi profonde, avec une conduite aussi aventureuse et des résultats aussi désastreux.

Il voyait les choses de haut et de loin, quoiqu'on ait pu lui reprocher bien des petitesses; je pense que le fonds de son caractère n'était pas mauvais; cependant je n'ai jamais douté que l'exemple des excès qui avaient précédé le 9 thermidor ne lui eût été très-utile, et n'eût arrêté en bien des occasions sa main prête à frapper. Comment cet exemple ne lui a-t-il pas appris qu'il ne fallait pas moins ménager les nations que les individus, et que tout ce qui est indéfini, tout ce qui est violent, tout ce qui est vague, conduit au néant?

Napoléon a été élevé par la révolution et par la France; mais son point de départ appartient à lui seul. Là, se trouve donc la première partie, une partie obligée de son histoire. C'est la raison pour laquelle je crois que tout historien doit commencer par bien établir les élémens caractéristiques de cette existence qui a rempli le monde pendant un espace de dix-huit années, et qui épouvantait encore tous les gouvernemens de l'Europe, lorsque, enchaîné sur un rocher au milieu de l'Atlantique, un vautour, sous le nom de Hudson-Lowe, était chargé de dévorer son cœur et son foie pièce à pièce, à tous les instans du jour. La victime a succombé sous ce nouveau supplice, qui ne fut dans l'antiquité qu'une fable, qu'un emblême, et qui de nos jours devint une réalité.

CHAPITRE III.

Napoléon lieutenant en second et en premier. — A Valence. — Écrit une histoire de la Corse. — Obtient un prix à l'académie de Lyon. — Noyé dans le Rhône. — En Corse. — A Paris aux 24 juin et 10 août. — De nouveau en Corse. — Obligé de fuir avec sa famille. — Rejoint son régiment à Nice. — A l'armée du général Cartaux. — A Avignon. — Souper de Beaucaire. — A Paris. — Au siége de Toulon. — Nommé chef et général de brigade. — A l'armée d'Italie. — Nommé dans l'infanterie. — De retour à Paris.

A l'âge de dix-sept ans, Napoléon fut nommé lieutenant en second dans le régiment d'artillerie de La Fère. Son brevet portait la date du 1er septembre 1785. Presque aussitôt il reçut un brevet de lieutenant en premier dans un régiment de la même arme, qui tenait garnison à Valence.

C'est là, comme je l'ai déjà dit, qu'il fut introduit chez madame du Colombier, dont la fréquentation changea entièrement ses habitudes et sa manière d'être ; de sombre et sauvage

qu'il était, il devint gai, même plaisant; il vivait habituellement dans le monde, où il avait un grand succès; cependant il ne perdait pas de vue les choses sérieuses. Il avait composé dans ce temps une *Histoire de la Corse.* Voici comment il s'explique sur cette production : « Lorsque je n'avais que dix-sept ans, je com-
» posai une petite histoire de la Corse, que je
» soumis à l'abbé Raynal. Il lui donna des élo-
» ges et désira que je la publiasse. Il ajouta que
» cet ouvrage me ferait beaucoup d'honneur,
» et servirait beaucoup la cause dont il était
» question. Je suis bien aise de n'avoir pas suivi
» ses conseils, parce qu'il était écrit suivant l'es-
» prit du jour, dans un temps où la *rage du ré-*
» *publicanisme* existait *partout*, et qu'il conte-
» nait les doctrines les plus fortes en sa faveur.
» Il était rempli de maximes républicaines, il
» respirait la liberté d'un bout à l'autre, et même
» trop; je l'ai perdu depuis. »

Ailleurs il dit : « J'étais tout feu alors, j'avais
» dix-huit ans, la lutte était encore ouverte. Je
» brûlais de patriotisme pour la liberté; le ré-
» publicanisme s'échappait par tous mes pores.
» Je ne suivis pas le conseil de Raynal; j'eus

» raison. A l'âge où j'étais, j'avais dû me traî-
» ner dans l'ornière, tordre, supposer des inten-
» tions. J'étais neuf, encore étranger à la guerre,
» à l'administration ; je n'avais pas le secret des
» affaires, je jugeais ceux qui les avaient ma-
» niées, avec la *même impertinence qu'on me*
» *juge aujourd'hui*. Ce livre contenait les plus
» forts argumens contre les gouvernemens mo-
» narchiques. »

Toute cette effervescence républicaine avait été apparemment par lui importée de la Corse, et avait pris sa source dans la haine que lui avait, dès sa première jeunesse, inspiré le gouvernement français, en s'emparant de vive force, et sous l'apparence de vouloir le délivrer, de son pays natal. De telles idées alors n'étaient nullement répandues en France, même parmi la jeunesse, comme il veut le faire entendre. Elles ne se trouvaient tout au plus que dans quelques esprits, entraînés par l'exemple de ce qui se passait dans l'Amérique du Nord, ou échauffés par le spectacle des abus que présentait sans cesse un gouvernement absolu, soumis à des influences non moins humiliantes qu'odieuses ; mais la vérité oblige de dire que si une telle opinion existait dans quelques têtes, elle était complètement inaperçue. De telles préventions de sa part méritent d'être remarquées, parce que certainement plus tard nous les verrons agir sur ses rsolutio ns.

A la même époque, Napoléon fut couronné sous l'anonyme, par l'académie de Lyon. Je vais encore le laisser parler lui-même sur ce triomphe d'un genre unique pour lui. « Étant » à Lyon en 1786, je remportai au concours » le prix d'une médaille en or sur le thême » suivant : *Quels sont les sentimens que l'on » doit le plus recommander, afin de rendre » l'homme heureux?* » (C'est ainsi qu'il cite à Sainte-Hélène ; mais voici les termes exacts dans lesquels la question était posée : *Déterminer les vérités et les sentimens qu'il importe le plus d'inculquer aux hommes pour leur bonheur.*) « Quand je montai sur le trône, bien des années » après, je parlai de cet ouvrage, par hasard, à » Talleyrand. Il envoya un courrier à Lyon pour » se le procurer. Il y parvint facilement. Un » jour, comme nous étions seuls, Talleyrand tira » le manuscrit de sa poche, et croyant me faire » la cour, il me le remit entre les mains, en me

» demandant si je le connaissais. Je reconnus » aussitôt mon écriture, et je le jetai au feu, » où il fut consumé en dépit des efforts de Tal- » leyrand pour le sauver. Comme il n'avait pas » pris la peine de le faire copier auparavant, il » parut très-mortifié de cette perte. J'en fus au » contraire fort satisfait, attendu qu'il y avait » dans cet opuscule quelques principes libéraux » que je n'aurais pas été flatté qu'on pût m'ac- » cuser d'avoir eus dans ma jeunesse, et qu'il » abondait en idées républicaines. »

Une copie de ce manuscrit a été conservée par M. d'Hauterive, et publiée par le général Gourgaud.

Le stile en est vif, rude, original ; on voit à chaque mot que l'ouvrage est d'un homme jeune et sans expérience : c'est un mélange de principes presque toujours faux et de sentimens vrais et élevés.

A cette époque, accompagné de son fidèle Desmazis, qui ne le quittait, dit-on, jamais, il fit le voyage du *Mont-Cenis*, voyage qu'il eut un instant le projet de rédiger sous le titre de *Voyage sentimental*, à l'imitation de Sterne. Il abandonna presque aussitôt ce projet. On voit par ces exemples qu'il y avait également dans cette tête de la pensée et du mouvement, et que si Napoléon n'eût pas été un guerrier fameux, il pouvait encore devenir un écrivain célèbre.

C'est à cette même époque qu'on rapporte la réponse que fit Napoléon à une dame qui blâmait Turenne d'avoir incendié le Palatinat : « Eh ! qu'importe, Madame, si cet incendie » était nécessaire à ses desseins ! » Cette réponse fit bruit alors. Elle est tout à la fois un trait de caractère et une sorte de maxime ; maxime hardie et très-remarquable, surtout dans la bouche d'un homme de dix-sept ans, surtout dans la bouche de Napoléon, qui en fit sa règle de conduite à peu près dans tout le cours de sa vie. Toutefois si une action est bonne parce qu'elle est nécessaire à *des desseins*, reste à savoir ce que sont ces desseins, s'ils sont utiles, et s'ils peuvent être avoués par la justice et par l'honneur.

C'est encore vers ce temps que Napoléon disparut dans le Rhône en s'y baignant. On le crut noyé, et lui-même, quand il se vit entraîné par le courant, contre lequel une crampe ne lui permettait plus de se défendre, se regarda comme perdu; d'autres disent que cet accident arriva lorsqu'il était à Auxonne. Ce serait alors beaucoup plus tard; car il ne dut aller à Auxonne qu'après 1789, vu que dans les premiers momens de la révolution il *était bien certainement à Valence*, où madame du Colombier lui prédit de grandes destinées, s'il ne lui arrivait pas malheur.

Il adopta avec chaleur les opinions nouvelles. Il rejeta toutes les suggestions qui avaient pour objet de lui faire abandonner son régiment et son pays. Sa détermination exerça la plus grande influence sur le parti que prirent plusieurs des officiers de son corps. Il a dit depuis : « Si j'avais été général, j'aurais suivi le parti de la cour; simple officier, je dus prendre une résolution contraire. »

Dans ce cas, son opinion n'aurait été dictée que par une convenance purement personnelle; on ne sait à quoi attribuer une semblable réflexion, si ce n'est qu'il voulait faire entendre qu'un officier général est bien plus fortement engagé envers le gouvernement qui l'emploie. Le fait est qu'il y avait alors dans son esprit quelque chose de plus élevé que de simples calculs d'intérêt ou d'ambition. On peut citer en preuves la lettre qu'il adressa en 1790 à M. Buttafuoco, maréchal de camp, député de la noblesse corse à l'Assemblée constituante. Qu'on juge, par les résultats, de l'énergie, pour ne pas dire de la violence des opinions professées dans cette lettre, et des reproches qu'elle contenait; la société patriotique d'Ajaccio, à laquelle l'auteur en avait envoyé cent exemplaires, en ordonna la réimpression, et arrêta que le titre d'*infâme* serait ajouté au nom de M. Buttafuoco.

Lors de la conquête de la Corse par les Français, Paoli, vaincu et obligé de s'expatrier, s'était réfugié à Londres. Cette île fut réunie définitivement à la France en 1789; aussitôt Mirabeau proposa de rappeler les patriotes corses proscrits. Paoli vint à Paris, où il fut accueilli particulièrement par le général Lafayette. Il repassa en 1790 dans son pays, où il fut reçu comme un homme qui avait tout *sacrifié pour l'indépendance de la patrie*. Toutefois ce ne fut qu'en 1792 que Paoli fut nommé lieutenant-général, et que la Corse, qui formait la 26e division militaire, fut placée sous son commandement.

Bonaparte, promu au grade de capitaine le 6 février de la même année, se trouvait alors en Corse par congé. On plaça temporairement sous ses ordres un bataillon de gardes nationales soldées, levé dans l'île, pour y apaiser des troubles excités par d'anciens partisans de l'indépendance. Bonaparte, qui les avait réprimés, dénoncé comme en étant l'auteur, par Peraldi, l'un des chefs des mécontens, se trouva dans la nécessité, pour sa justification, de se rendre à Paris.

Il y fut témoin des événemens des 21 juin et 10 août. Ce spectacle, quoi qu'il en ait dit depuis, loin de refroidir son patriotisme, ne fit que l'exalter, à en juger par sa conduite ultérieure; seulement il est à croire que les impressions qu'il en reçut furent profondes, et qu'elles influèrent plus tard, d'une manière toute particulière, sur ses opinions et sur ses déterminations : mais il n'en fut pas ainsi à cette époque.

De retour en Corse au mois de septembre 1792, il était en semestre à Ajaccio en 1793, lorsqu'une escadre commandée par le contre-amiral Truguet y arriva; elle était dirigée contre la Sardaigne. Bonaparte fut chargé de faire une diversion au nord de cette île, avec deux bataillons de garde nationale mobilisée, tandis que l'amiral se porterait sur Cagliari. L'expédition fut sans succès, et Napoléon rentra en Corse avec sa troupe.

Dans ce même temps, Paoli leva l'étendard de la révolte. « Nous étions à Corte, dit Napoléon, quand il prit la funeste résolution » de faire passer la Corse sous la domination » des Anglais. Il m'en fit d'abord un mystère: » Gentili ne m'en parla pas non plus. Quelques » mots lâchés par méprise me donnèrent l'éveil..... Je ne doutai plus de leur dessein..... » Il fallut bien me mettre dans la confidence. » Ils ne désespéraient pas, d'ailleurs, de triompher de mes idées, de mon antipathie. Ils me » proposèrent d'agir de concert avec eux. Je » n'avais garde : je ne respirais que la France; » je ne voulais pas débuter par la trahir; » mais il fallait échapper..... » Il y réussit, non sans danger, et il parvint à rejoindre, à Calvi, les représentans du peuple La Combe, Saint-Michel et Salicetti. Paoli, par un arrêté de la *Consulta* qu'il avait formée, le proscrivit, lui et sa famille, dont il livra les biens au pillage et à l'incendie. Cependant Napoléon conserva toujours pour Paoli un tendre et respectueux attachement.

Les révoltés maîtres de tous les points de l'île, il fut impossible de faire tête à l'orage. Napoléon conduisit à Marseille sa famille, qui s'y trouva dans un entier dénûment, et sans autre ressource que les secours accordés par la Convention nationale aux Corses que cet événement avait forcés de se réfugier en France.

Napoléon rejoignit son régiment, le 4e d'artillerie, à Nice, où il était sous les ordres du général Dugard, commandant l'artillerie de l'armée d'Italie.

Lyon, insurgé par suite des événemens du 31 mai, était cerné par les troupes conventionnelles. D'autres insurgés occupaient les villes du midi jusqu'à Orange, et se disposaient à porter des secours aux Lyonnais. Les représentans du peuple près l'armée d'Italie, Ricord et Robespierre jeune, envoyèrent au général Cartaux, placé entre Lyon et Marseille, pour intercepter les communications entre ces deux villes, un corps de deux mille hommes avec de l'artillerie; Napoléon faisait partie de ce corps.

BIBLIOTHÈQUE ROYALE

Les insurgés étaient maîtres d'Avignon; leur artillerie était supérieure à celle du général Cartaux. Celui-ci, le 25 juillet 1793, somma Avignon de se rendre. Sur son refus, Napoléon fut chargé de l'attaquer. Il pointa lui-même ses pièces, démonta les batteries de l'ennemi, et lui tua des canonniers. Les insurgés, épouvantés, abandonnèrent la ville et se portèrent sur Saint-Rémi. On regarde cette attaque comme le premier fait d'armes de Napoléon. Il eut presque aussitôt dans l'armée la réputation d'un officier d'artillerie très-distingué; au moins c'était l'opinion qu'il s'en était faite. Raisonnablement, il faut réduire ce *très-distingué* à de très-bonnes notes données sur son compte par ses chefs.

Le 28 il se porta d'Avignon sur Tarascon, et de là sur Beaucaire, toujours en poursuivant les insurgés. A Beaucaire il soupa dans une auberge avec des négocians de plusieurs villes du midi. La conversation fut très-animée : chacun soutenait ses opinions avec chaleur; et l'on peut aisément le croire, puisqu'il s'agissait d'opinions pour lesquelles on se battait dans ce moment-là même et sur les lieux. En quittant Beaucaire, Napoléon rejoignit l'armée de Cartaux à Saint-Martin, où elle était arrêtée. L'armée continua sa marche sur Marseille, en poussant sans obstacle les insurgés devant elle. Elle y fit son entrée le 25 août. Les principaux insurgés qui se trouvaient dans la ville, ayant pris la fuite, gagnèrent Toulon, et de concert avec ceux des habitans qui se trouvaient dans la même position, ils livrèrent aux Anglais et aux Espagnols le port, la flotte, les arsenaux, les forts, etc...

Napoléon n'avait point suivi l'armée. Il était revenu à Avignon, pour y jouir de quelque repos nécessaire à sa santé. Là il rédigea et publia un écrit sous le titre de SOUPER DE BEAUCAIRE. C'était un résumé des conversations auxquelles il avait pris part au souper dont je viens de parler ; ou plus exactement, en voyant quelle était la divergence des opinions sur les événemens dans lesquels il se trouvait engagé, il saisit cette occasion de justifier et de faire prévaloir les siennes.

Bonaparte était alors tout-à-fait du parti de ce qu'on a appelé dans la Convention, *la Montagne*. On ne peut sur ce point élever aucun doute en lisant ces paroles qui sont de lui : « Dubois-Crancé et Albite, constans amis du

» peuple, n'ont jamais dévié de la ligne droite ;
» ils sont scélérats aux yeux des mauvais, mais
» Condorcet, Brissot, Barbaroux aussi étaient
» scélérats lorsqu'ils étaient purs, etc. »

C'est bien aussi là le langage et le style de l'époque.

Je ne condamne nullement Napoléon pour avoir, dans de telles circonstances, adopté ce parti, qui certes n'était pas le mien. Loin de là, je conçois qu'il en devait être ainsi.

En général, le militaire doit obéir au pouvoir existant, autrement, qu'en arriverait-il ?

Napoléon n'était pas présent aux événemens qui avaient fait passer exclusivement le pouvoir dans une fraction de la Convention nationale. Il ne pouvait en avoir aucune idée juste.

Depuis, il avait été habituellement en contact immédiat avec des représentans du peuple envoyés par le parti vainqueur ; il n'avait ni vu, ni entendu les vaincus.

Un pouvoir décidé, même terrible, qui ne paraît dirigé que contre les ennemis extérieurs et intérieurs de l'État, convenait bien mieux à son caractère et à l'esprit de sa profession que des résistances, des opinions dictées par la prévoyance et par la crainte de maux auxquels le grand nombre ne croit que quand ils se font sentir.

Ce devait être là pour lui de la métaphysique, et l'on sait assez qu'il n'a jamais aimé ni la métaphysique ni les métaphysiciens, particulièrement dans la conduite des affaires.

Il faut bien faire attention à la guerre que faisait dans ce moment Napoléon ; c'était la guerre civile, la plus grande des calamités en thèse générale, non pas la guerre civile de la révolution contre les ennemis de la révolution, comme dans la Vendée, mais la guerre civile entre les partisans de la révolution divisés en deux grandes factions ; ce qui faisait deux guerres civiles simultanées, indépendamment de la guerre avec l'étranger, qui occupait tous les points de nos frontières.

Napoléon avait un esprit trop réfléchi pour ne pas sentir toute la gravité d'une position aussi affreuse et pour ne pas s'y arrêter. En effet, que serait devenue la France, si sa force régulière eût été employée à se battre dans l'intérieur pour soutenir, en se divisant, des opinions contradictoires, qui, à ses yeux et dans le moment, ne pouvaient être considérées que comme tendant au même but. Pour la France, le premier besoin était la conservation du pays, par conséquent sa défense. Ce sentiment l'empêcha de se révolter généralement contre l'opinion et contre les hommes qui avaient conservé le maniement du pouvoir. La guerre de la Vendée ne produisait pas la même impression. La Vendée était un auxiliaire de l'étranger; c'était là une chose claire. Napoléon avait donc cédé à la force de sa situation; il voulut encore prouver ostensiblement que le parti qu'il suivait était non-seulement nécessaire, mais encore qu'il était le seul juste. Ces preuves méritent qu'on les examine : voici comment il les établit, et dans quels termes il s'exprime; il prend la forme d'un dialogue, et fait parler un Marseillais et un Montagnard :

« Mais Brissot, Barbaroux, Condorcet, Buzot,
» Vergniaud, sont-ils aussi aristocrates? Qui a
» fondé la république? qui a soutenu la patrie
» à l'époque périlleuse de la dernière campa-
» gne? » Le Montagnard, ou Bonaparte, répond:
« Je ne cherche pas si ces hommes, qui avaient
» bien mérité du peuple dans tant d'occasions,

» ont conspiré contre lui ; ce qu'il me suffit de » savoir, c'est que la Montagne, par esprit pu- » blic ou par esprit de parti, s'était portée con- » tre eux aux dernières extrémités, les ayant » décrétés, emprisonnés » (A cette époque ils n'avaient pas encore été condamnés) ; « je veux » même vous le passer, les ayant calomniés. Les » Brissotins étaient perdus *sans une guerre ci- » vile qui les mît dans le cas de faire la loi à » leurs ennemis* ; c'était donc pour CELA SEUL » QU'UNE GUERRE CIVILE ÉTAIT UTILE ; s'ils » avaient mérité leur réputation première, ils » auraient jeté leurs armes à l'aspect de la con- » stitution » (Malheureusement il n'y en avait pas) ; « ils auraient sacrifié leur intérêt au bien » public : mais il est aujourd'hui plus facile de » citer Décius que de l'imiter. Ils se sont aujour- » d'hui rendus coupables du plus grand des » crimes ; ils ont par leur conduite justifié leur » décret ; le sang qu'ils ont fait répandre a » effacé les vrais services qu'ils avaient ren- » dus, etc. »

La conclusion est sévère, et cependant, en la supposant juste, elle ne peut au moins atteindre ceux qui, à l'instant même, avaient été arrêtés et mis en prison, et qui par conséquent n'avaient point provoqué la guerre civile.

Il faut convenir que ce raisonnement est peut-être le plus spécieux que l'on ait fait en faveur de la Montagne; toutefois il pèche par sa base et n'en est pas moins faux. Rien ne peut justifier la Montagne, comme rien ne peut légitimer la condamnation de ce qu'on a appelé les Girondins. Ce n'était pas là que Napoléon devait puiser les bonnes raisons du parti qu'il avait suivi. Ceci mérite d'être l'objet d'une étude particulière, parce qu'en même temps que je ferai voir les vices de son argumentation, je jetterai peut-être quelque jour sur l'un des points de l'histoire de la révolution qu'il est le plus essentiel d'éclaircir. Reprenons.

Les Brissotins étaient perdus sans une guerre civile qui les mît dans le cas de faire la loi à leurs ennemis; *c'était donc pour cela* SEUL *qu'une guerre civile était utile!* Dans ce cas, les Brissotins n'auraient pas été plus coupables que leurs adversaires; je dis plus, ils l'auraient été moins. Les événemens du 31 mai, ouvrage de la Montagne, considérés dans leur essence, avaient tous les caractères d'une guerre civile, puisqu'ils n'ont eu lieu qu'avec le secours d'une force armée. Indépendamm m et des masses insurgées qui se trouvaient sous le commandement d'Henriot, n'avait-on pas fait séjourner aux environs de Paris, et notamment à Courbevoie, des soldats de la ligne qui arrivèrent au moment même, cernèrent la Convention et assiégèrent ses portes? Il m'en souvient, car j'eus une violente altercation avec un de leurs officiers, qui voulut m'empêcher et qui m'empêcha de sortir.

Deux sections de la garde nationale de Paris, bien intentionnées pour la Convention, ne se battirent pas, à la vérité; mais l'assemblée dut à leur présence dans la cour des Tuileries d'être préservée des derniers excès.

C'est donc le parti de la Montagne, et non celui des Girondins, qui avait provoqué la guerre civile; et cet état de guerre civile ne cessa, à le bien prendre, qu'au 9 thermidor. Jusqu'à cette époque tout fut violence et iniquité dans l'intérieur de la part d'un gouvernement qui en était le produit. La représentation nationale décomposée et outragée, des conspirations supposées, des jugemens commandés par l'abus de la force et rendus par la complicité, étaient autant d'actes d'hostilité contre le vœu de la population et contre ses droits. Tout moyen qui aurait pu faire rentrer la France dans ces mêmes droits, loin d'être criminel et digne du dernier supplice, eût donc été légitime.

De ce que les Brissotins étaient perdus sans une *guerre civile qui les mît dans le cas de faire la loi à leurs ennemis*, en conclure que c'était pour *cela seul*, c'est-à-dire pour les sauver, que la guerre était utile, c'est fort mal raisonner; attendu que parce qu'elle leur eût été utile, même nécessaire, il n'en résulte pas qu'elle n'eût été utile qu'à eux seuls. Avant de tirer une semblable conséquence, il eût fallu prouver qu'en effet eux seuls devaient en profiter.

Loin de là, tous les intérêts comme tous les vœux appelaient une résistance à des entreprises faites par des hommes dont les antécédens causaient l'effroi, à des entreprises qui par elles-mêmes étaient évidemment criminelles; il y avait nécessité de réintégrer dans la représentation nationale ceux qui en avaient été violemment et injustement expulsés, d'en garantir l'intégrité et la sûreté pour l'avenir; il y avait nécessité de prévenir les maux inévitables dont une semblable usurpation menaçait la France entière : mais par quels moyens ?

Voici, dans cette situation cruelle, les véritables questions : les poser, c'est les résoudre.

Pouvait-on, devait-on engager ou continuer un combat qui allait développer en France les terribles effets de deux guerres civiles ? Devait-on introduire une guerre dans les opinions mêmes de la révolution ?

Pouvait-on enlever sans le plus grand danger, à leur véritable destination, les troupes qui défendaient nos frontières ?

Voici un nouveau point de vue bien autrement important, bien autrement décisif : c'est qu'en soulevant les masses de la population, il était impossible d'avoir à l'appui des deux opinions opposées, des opinions homogènes. Les partisans de l'opinion modérée pouvaient être certains d'avoir en tête ou en queue les ennemis de la révolution et les auxiliaires de l'étranger, comme il arriva à cette époque dans le Calvados, à Lyon, à Marseille, à Toulon, etc. Ce troisième motif de s'abstenir n'était pas susceptible de la plus légère observation. Périssons, disaient les hommes raisonnables; mais, quelque effrayant qu'il soit, ne détruisons pas le centre qui gouverne, qui défend la France contre l'étranger et ses partisans dans l'intérieur.

Il devint évident que, quelque épouvantables que dussent être les résultats du 31 mai, il fallait les subir, attendu qu'ils ne menaçaient que des individus, quel qu'en fût le nombre, tandis que le parti contraire compromettait la sûreté de l'État et entraînait la ruine de la patrie, qui comprend tout. Tel était le principe dicté par la nécessité.

Ainsi les Montagnards se rendirent coupables d'un grand attentat, en violant la représentation nationale, et en attribuant le pouvoir à une faction. Il est cependant bien entendu qu'il faut faire une part large aux circonstances, que tout ce qui exista dans la Convention ne fut pas criminel, et que tout ce qui fut criminel n'était ni dans la Convention ni même dans Paris.

La situation de la France bien examinée et justement appréciée, les Girondins seraient en effet, malgré l'attentat qui les proscrivait, devenus criminels en continuant la guerre civile.

Il n'en est pas moins évident que Napoléon suivit le parti le moins désastreux en conséquence d'un très-mauvais raisonnement.

Il paraît que d'Avignon Napoléon s'était rendu à Paris, où il se trouvait lorsque l'on reçut la nouvelle de la défection de Toulon.

Le Comité de gouvernement sentit au même instant la nécessité de confier la direction du siége à un officier d'artillerie dont la capacité fût reconnue, et d'après des notes conservées dans le bureau de cette arme, le choix tomba sur Napoléon, qui reçut à la fois le grade de chef de bataillon et l'ordre de partir aussitôt pour Toulon.

Cartaux, dont l'armée était de douze mille hommes, en avait laissé quatre mille à Marseille, et s'était avancé avec les huit autres sur Toulon. Six mille hommes détachés de l'armée d'Italie, sous les ordres du général La Poype, y arrivèrent en même temps; mais ces deux corps, séparés par les montagnes du Farou, ne purent communiquer d'abord.

La Poype s'occupa de réarmer les batteries de la rade d'Hyères. Cartaux s'empara le 8 septembre des gorges d'Ollioules, occupées par les Anglais : il établit son quartier-général au Bausset. Il venait d'être nommé commandant en chef de l'armée de siége, lorsque le 12 du même mois, Napoléon lui présenta la commission par laquelle il était chargé de diriger les opérations de l'artillerie. On rapporte que le général, homme superbe, qui était doré de la tête aux pieds, lui répondit en caressant sa moustache : « C'est bien » inutile ; nous n'avons plus besoin de rien pour » reprendre Toulon. Soyez pourtant le bien » venu ; vous partagerez la gloire de le brûler de» main, sans en avoir partagé la fatigue. » Napoléon n'était pas homme à se laisser étourdir par cette fanfaronnade. Il ne lui fallut pas beaucoup de temps pour reconnaître qu'il avait affaire à un homme qui n'avait pas la première idée de la science militaire. Il n'y avait ni matériel ni personnel d'artillerie pour une entreprise de cette importance. Des batteries à deux et trois portées de la rade, des fourneaux placés à de grandes distances des pièces, sans aucun moyen de transporter les boulets, qu'on faisait chauffer avec des soufflets de cuisine ; enfin, rien n'était prévu, rien n'était préparé et tout restait à faire.

En moins de six semaines, Napoléon fit construire des batteries, établit des fourneaux, et parvint à réunir cent pièces de canon de gros calibre, et des mortiers à grande portée ; quelques-uns disent deux cents; c'est sans doute y compris les pièces de différens calibres. On manquait d'officiers du génie, il en fit les fonctions; il montrait une activité jusque là sans exemple. Il appela auprès de lui des officiers tels que Gassendi, Marescot, Muiron, etc. D'après des explications aussi franches que hardies qu'il eut en présence du représentant du peuple Gasparin, homme d'esprit et ancien officier de cavalerie, Cartaux fut renvoyé et remplacé par Doppet, ancien médecin, tout aussi incapable, et qui, après avoir fait manquer la prise de Toulon, céda bientôt lui-même la place au général Dugommier. Ce brave et excellent officier prit le commandement le 30 brumaire (22 novembre); il sut apprécier promptement le commandant de l'artillerie, en qui il plaça la plus entière confiance.

En s'occupant de la construction d'une nouvelle batterie, Bonaparte demanda un homme qui sût écrire. Un sergent s'avança et se mit à l'œuvre sur l'épaulement de la batterie; au moment où il finissait, un boulet couvre son papier de poussière et de terre. *Bon*, dit le sergent avec le plus grand sang-froid et en riant, *je n'aurai pas besoin de sable.* C'était Junot. C'est encore à ce siége que Napoléon remarqua Duroc, alors jeune officier du train d'artillerie.

Le 15 octobre on reçut du Comité de salut public un plan d'attaque rédigé par le général d'Arçon. Bonaparte démontra que l'exécution en était impossible, et en proposa un autre tout-à-fait opposé, qui fut adopté tant par un conseil de guerre extraordinaire tenu devant Toulon, que par le Comité de salut public.

Ce fut pendant ce siége que Napoléon gagna une gale très-maligne. Mal guérie d'abord, il la conserva long-temps, ce qui lui occasiona cette maigreur et ce teint hâve qu'on remarquait en lui. Il s'était mis lui-même à une pièce, en se servant d'un refouloir que quittait un canonnier qui venait d'être tué. Il fut reconnu que le canonnier était infecté de cette maladie.

Le 10 décembre les Anglais firent une sortie. Leur général, O'Hara, fut fait prisonnier, et ils furent repoussés; mais sans autre résultat. Rien ne semblait avancer, et tout, jusque là, s'était passé en préparatifs; ce qui donnait lieu à des critiques assez amères du plan du commandant de l'artillerie. Mille autres causes faisaient sentir chaque jour plus vivement la nécessité d'en finir; mais il fallait montrer la plus grande vigueur. Napoléon employa, entre autres, un moyen que l'on a beaucoup vanté. Il fit placer sur la batterie qui offrait le plus de dangers un grand écriteau qui portait : BATTERIE DES HOMMES SANS PEUR; lui-même se plaça sur l'épaulement et commanda le feu, qui fut terrible pendant plusieurs jours. C'était fort bien sans doute; mais l'idée d'avoir recours à cette influence morale si puissante sur des braves, et particulièrement sur l'esprit des Français, n'était point nouvelle, d'autres l'avaient fait auparavant, d'autres les ont imité depuis, et toujours avec un égal succès.

Enfin l'attaque du fort Murgrave ou du petit Gibraltar commença le 14 décembre; elle continua les 15, 16, 17; le 18 le fort fut emporté.

Napoléon a dit qu'aussitôt que l'affaire fut terminée, on vit paraître les représentans, *le sabre à la main, avec un air décidé et luron.* De son côté le général écrit au Comité de salut public, que les représentans *marchèrent à la tête des colonnes.* Lequel croire? Je ne me fais nullement le champion des représentans; d'ail-

BIBLIOTHEQUE ROYALE

leurs beaucoup d'autres membres de la Convention ont montré le plus grand courage sur les champs de bataille; mais je crois devoir faire remarquer qu'en général Napoléon supportait difficilement tout pouvoir qui était au-dessus de lui, et qu'il laissait rarement échapper l'occasion de rabaisser ceux qui en étaient revêtus.

Napoléon se disposait à attaquer le fort Malbosquet. C'est alors qu'il dit aux généraux: « Demain ou après-demain au plus tard vous » souperez dans Toulon. » Selon d'autres ce fut au général en chef qu'il s'adressa en lui disant: « Allez vous reposer, après-demain vous entrerez » dans Toulon. » En effet, les Anglais évacuèrent la ville, et l'armée y fit son entrée le 19.

Les Anglais, avant de sortir, firent sauter la plupart des forts, incendièrent la flotte, les établissemens publics, etc. Napoléon fit beaucoup pour la conservation des objets qui pouvaient encore être arrachés aux flammes.

La reprise de Toulon fut un événement incalculable dans ses résultats. S'il ne fut pas généralement apprécié dans le temps, cela vint de la position cruelle où la terreur, toujours croissante, tenait les esprits.

Au moment où la place fut livrée aux Anglais, Lyon avait arboré le drapeau blanc; l'esprit qui animait cette ville faisait les plus grands ravages dans le midi; les Espagnols avaient franchi les Pyrénées; les Piémontais se trouvaient en-deçà des Alpes, devant Antibes et Chambéry; les insurgés de l'ouest redoublaient d'efforts. La moitié de la France était donc envahie par le fait. Les coalisés chassés de Toulon, Lyon soumis, la France dégagée ainsi du nord au sud, les armées retrouvèrent un point d'appui qui leur permit d'agir avec sécurité sur l'ouest, au nord et à l'est.

Les représentans, dans leurs lettres à la Convention sur l'occupation de Toulon, ne nommèrent même pas Bonaparte; mais le général, dans son rapport au Comité de salut public, le signala comme le principal auteur du succès: «Ré» compensez et avancez ce jeune homme, dit-il, » car *si on était ingrat envers lui, il s'avancerait* » *tout seul;* » toutes les bouches de l'armée de siége confirmèrent ce suffrage. Il fut en conséquence nommé général de brigade le 6 février. Cependant, tant il est vrai que la position influe sur le succès, selon qu'elle est plus ou moins élevée, le bruit de ce premier triomphe en sous-œuvres resta circonscrit dans le cercle de l'armée qui en avait été le théâtre. Il ne faut pas s'y tromper, cette réputation intrinsèque ne put résulter que de l'appréciation des hommes du métier. D'après certains récits, il semblerait que Napoléon a pris Toulon tout seul; il a bien jugé la situation, il a conçu une idée juste, heureuse, d'où dépendait le sort de la place; mais une armée de trente mille hommes était sous ses murs, et c'est au courage de cette armée, officiers et soldats, à l'intrépidité bien connue de leur chef, le général Dugommier, que l'on dut attribuer, et que l'on attribua en effet, le succès du siége et les victoires qui préparèrent ce succès.

CHAPITRE IV.

Napoléon arme les côtes de la Méditerranée. — Passe à l'armée d'Italie.—Est mis en arrestation.—Nommé dans l'infanterie. — Se rend à Paris. — Démissionnaire. — Attaché au bureau topographique de la guerre. — Divers projets.

En quittant Toulon, le général Dugommier fut prendre le commandement en chef de l'armée des Pyrénées. D'après l'idée qu'il avait conçue des talens de Napoléon, il voulut l'emmener avec lui; mais celui-ci, indépendamment des vues qu'il avait probablement déjà sur l'Italie, reçut des ordres qui ne lui permirent pas d'accepter les propositions du général.

Il fut chargé d'armer les côtes de la Méditerranée, et particulièrement Toulon, avec l'ordre, aussitôt cette opération terminée, de se rendre à l'armée d'Italie, dont Dumerbion était le général en chef, pour y prendre le commandement de l'artillerie.

L'armée d'Italie et l'armée des Alpes formaient

un ensemble de soixante-quinze mille hommes; elles agissaient séparément. L'armée piémontaise n'en avait que quarante mille; mais elle attendait des renforts en Autrichiens et en Napolitains, qui l'auraient portée à soixante-six mille hommes.

Napoléon arriva le 25 mars 1794 (germinal an 2) à Nice, où était le quartier-général depuis deux ans. Il s'assura des positions de l'armée, et reconnut la force de celle de l'ennemi; il proposa un plan d'attaque qui fut examiné et délibéré dans un conseil de guerre où se trouvaient le général en chef Dumerbion, les généraux Masséna, Rusca, Vial, et deux représentans du peuple. Le 18 germinal (7 avril), Bonaparte, après avoir culbuté une division d'Autrichiens, entra dans Oneille. Ormea capitula; le 19 (8 avril), l'armée entra dans Garessio; dans le courant de mai, elle occupait toute la chaîne des Alpes maritimes, et son extrême gauche atteignit le premier poste de l'armée des Alpes.

La vieillesse du général en chef, et les infirmités dont il était accablé, ne lui permirent pas de donner suite à ce brillant début.

L'un des représentans du peuple auprès de cette armée était Robespierre jeune. Rappelé à Paris un peu avant le 9 thermidor, il voulait absolument déterminer Bonaparte à l'accompagner; il en était devenu enthousiaste.... Napoléon lui-même, depuis l'événement, a très-bien jugé que ce voyage eût pu lui être funeste: « J'étais encore bien jeune, dit-il (pour le cas » où on lui aurait donné un commandement), » et je n'avais point mes idées arrêtées comme » je les ai eues depuis; je crois que je n'aurais » pas accepté; mais dans le cas contraire, et » même victorieux, quels résultats aurais-je pu » espérer? En vendémiaire an 4, la fièvre de la » révolution était tout-à-fait apaisée; au 9 thermidor an 2, elle était encore dans toute sa » force, dans la rage de son ascension et de ses » excès.....»

On a prétendu qu'il avait montré plus d'indulgence pour Robespierre aîné que pour ses complices. Il n'est pas trop permis aux esprits vulgaires de deviner comment les idées s'arrangeaient dans une tête qui dit en parlant de l'incendie du Palatinat par Turenne: « Qu'importe, si cela convenait à ses desseins! » Ils rapportent toutes les actions à de certaines règles de morale et d'humanité dont le génie, à ce qu'il paraît, peut s'affranchir.

Ici se place tout naturellement une petite anecdote qu'il raconte lui-même, et que je dois rappeler, parce qu'il en fait sortir une grande leçon. Un autre représentant du peuple, non moins enthousiaste de Bonaparte que Robespierre jeune, avait conduit à l'armée sa femme, qui était jolie. Le général commandant l'artillerie cherchait à lui plaire : « Voyez, dit-il, » *comme on abuse de l'autorité*, et à quoi *tient* » *le sort des hommes!* Promenant un jour ma» dame T. au milieu de nos positions, dans les » environs du col de Tende, il me vint subite» ment à l'idée de lui donner le spectacle d'une » petite guerre, et j'ordonnai une attaque d'a» vant-poste. C'était une pure fantaisie; nous » fûmes vainqueurs, cependant sans résultat, et » il y resta quelques hommes. Aussi plus tard, » toutes les fois que je m'en suis ressouvenu, je » me le suis fort reproché. »

Quel divertissement pour une femme! mais quelle barbarie des deux parts! aussi la dame a-t-elle nié que le combat eût été donné exprès pour elle; seulement on l'avait avertie qu'on allait se battre, ainsi qu'elle en avait prié.

Les Autrichiens se concentraient sur Dego, et les Anglais se disposaient à faire un débarquement à Vado. Le but de ces mouvemens était de forcer Gênes à se déclarer contre la France. Bonaparte déjoua ces entreprises. Le général Dumerbion lui rendit une entière justice, en écrivant aux représentans du peuple : « C'est aux talens du général Bonaparte que je » dois les savantes combinaisons qui nous ont » assuré la victoire. » Napoléon dit lui-même que déjà, par suite de la réputation qu'il s'était faite, *l'opinion l'appelait au commandement en chef*. Cela est possible, même vraisemblable, pourvu qu'il soit bien entendu qu'il ne s'agit que de l'opinion de ceux qui étaient en contact immédiat avec lui.

Napoléon était occupé à différens armemens sur les côtes depuis Vado jusqu'au Var, lorsque les représentans du peuple le firent arrêter à Nice. Sa détention dura quinze jours. On ignore également et la cause de son arrestation et ceux des représentans qui l'ordonnèrent. On croit cependant que ce furent Albitte et Salicetti.

Il inspecta de nouveau plusieurs points de la côte de la Méditerranée. Marseille n'était pas tranquille, et on craignait que les agitateurs ne s'emparassent des poudres. Sur la demande d'un représentant du peuple, Napoléon donna un plan de construction pour les garantir d'un coup de main. Le colonel d'artillerie Sugny, chargé de diriger cette construction, est dénoncé et mandé à la barre de la Convention. Il dit que ce plan qu'on prétend dirigé contre les patriotes, n'est pas de lui. Bonaparte, en conséquence, est mandé de son côté. L'ennemi faisait des mouvemens. Les représentans du peuple écrivirent que la présence du commandant d'artillerie leur était indispensable. Cette affaire n'eut pas de suite. Napoléon quitta l'armée vers le mois de mai, et rencontra dans le midi, Kellermann qui allait remplacer Dumerbion dans le commandement de l'armée d'Italie.

Différens projets, soit pour reprendre l'offensive, soit pour employer une partie de cette armée à des expéditions maritimes dont on ne connaissait pas le but, furent mis successivement en avant et aussitôt abandonnés. L'armée resta dans l'inaction.

Dans le nombre de ces projets, je dois remarquer celui d'une descente sur le territoire de Rome, dont le but était de venger l'assassinat de Basseville. Napoléon en démontra tout le danger, et il n'eut pas plus de suite que les autres.

Napoléon dut quitter l'armée au mois de mai.

Un corsaire amena dans le port de Marseille une prise espagnole, à bord de laquelle se trouvaient une vingtaine d'émigrés, presque tous de la famille Chabrillant. Des rassemblemens se formèrent; on poussait des vociférations, on voulait les égorger. Napoléon parvint à apaiser le tumulte, ce que n'avaient pu faire les représentans du peuple, dont les paroles étaient toujours interprétées défavorablement. Napoléon les fit sortir pendant la nuit dans des caissons d'artillerie; ils furent transportés sur la côte, et embarqués aussitôt.

Aubry, l'un des proscrits au 31 mai, nommé membre du Comité de salut public, n'eut pas peu de part à la réaction qui causa beaucoup de ravages après le 9 thermidor, surtout dans le midi; il remplaça beaucoup de généraux d'artillerie qui restèrent sans emploi. Bonaparte, alors âgé de vingt-cinq ans, fut du nombre; il réclama, mais sans succès. Alors il prit le parti de se rendre à Paris; il se présenta à Aubry, lui rappela les services qu'il avait rendus, et toujours dans l'arme de l'artillerie. Aubry lui répondit que beaucoup de généraux d'artillerie se trouvaient dans le même cas que lui, et qu'il était le plus jeune. « On vieillit promptement sur le » champ de bataille, lui répondit Napoléon, et » j'en arrive. »

L'épigramme était sanglante pour Aubry, qui, capitaine d'artillerie lorsqu'il était entré au Comité de salut public, venait de se donner à lui-même trois grades sans avoir jamais vu le feu. Il ne la pardonna point.

Le Comité de salut public fit intimer à Napoléon l'ordre de partir pour la Vendée, et d'y prendre le commandement d'une demi-brigade d'infanterie. Sa réponse fut sa démission.

Napoléon, sans fortune, sans traitement, se trouva dans une position très-pénible. Il occupait très-modestement un petit appartement, rue des Fossés-Montmartre, dans un hôtel tenu par un nommé Grégoire; d'autres disent qu'il était logé auprès du théâtre du Vaudeville, et qu'il mangeait dans le voisinage, à vingt-cinq sous par repas, chez une bonne femme qu'il ne payait pas toujours. Ses amis étaient alors le général Tilly, Bourrienne, et notre célèbre Talma, pour lequel il conserva toujours beaucoup de bienveillance.

Les affaires de l'armée d'Italie, commandée alors par Kellermann, allaient au plus mal. Sur l'indication des représentans qui avaient été auprès de cette armée, Bonaparte fut appelé au Comité de salut public, et attaché au bureau topographique de la guerre.

Les instructions qui furent données à l'armée fixèrent toute l'attention de l'état-major, qui en devina bientôt l'auteur.

C'est alors que Napoléon conçut ce beau et vaste plan qu'il exécuta lui-même plus tard avec tant de succès et de gloire. Il dit dans ses mémoires, qu'ayant passé au mois de janvier une nuit sur le col de Tende, d'où, au soleil levant, il découvrit les belles plaines du Piémont, ce plan devint particulièrement l'objet de ses méditations.

Kellermann ne l'adopta point; il en proposa un autre, qui fut rejeté par le Comité de salut public. Kellermann fut remplacé par Scherer, qui débuta par des succès.

Quoique Napoléon fût employé dans la section de la guerre du Comité de salut public, sa position le désolait; il en témoignait la plus vive impatience. Sa famille était dans la détresse à Marseille. Encore bien qu'il eût un traitement, ce traitement, payé en assignats, ne pouvait suffire même pour lui seul; il se vit réduit, pour faire ressources, à vendre une collection précieuse de livres relatifs à l'art de la guerre.

Déjà accoutumé au commandement sur les champs de bataille, il se trouvait là trop à l'étroit et subordonné d'une manière qui lui devenait chaque jour plus insupportable. Pour sortir de cet état, il roulait dans sa tête mille projets qu'il communiquait à ses amis, celui entre autres de se rendre en Turquie. Il a dit à Sainte-Hélène : « Jamais je n'en eus même l'i-
» dée, pas plus que d'aller me faire Turc à
» Constantinople; tous ces récits sont des ro-
» mans. » M. Thibaudeau, dans son Histoire générale de Napoléon, rapporte textuellement une note signée de lui, Bonaparte, par laquelle il demande en effet l'autorisation de se rendre en Turquie. Voici dans quels termes elle est conçue : « *Note du général Bonaparte,* 13 fruc-

» tidor an 3 (30 août 1795). — Dans un temps
» où l'impératrice de Russie a resserré les liens
» qui l'unissent à l'Autriche, il est de l'intérêt
» de la France de faire tout ce qui dépend d'elle
» pour rendre plus redoutables les moyens mi-
» litaires de la Turquie. Cette puissance a des
» milices nombreuses et braves, mais ignorantes
» sur l'art de la guerre.

» La formation et le service de l'artillerie, qui
» influe si puissamment, dans notre tactique
» moderne, sur le gain des batailles, et presque
» exclusivement sur la prise et la défense des
» places fortes, est encore dans son enfance en
» Turquie.

» La Porte, qui l'a senti, a plusieurs fois de-
» mandé des officiers d'artillerie et du génie;
» nous en avons effectivement quelques-uns
» dans ce moment-ci, mais ils ne sont ni assez
» nombreux ni assez instruits pour produire un
» résultat de quelque conséquence.

» Le général Bonaparte, qui a acquis quelque
» réputation, en commandant l'artillerie de nos
» armées en différentes circonstances, et spé-
» cialement à Toulon, s'offre pour passer en
» Turquie, avec une mission du gouvernement.

» Il mènera avec lui six ou sept officiers, dont
» chacun aura une connaissance particulière des
» sciences relatives à l'art de la guerre.

» S'il peut dans cette nouvelle carrière rendre
» les armées turques plus redoutables, et per-
» fectionner la défense des places fortes de cet
» empire, il croira avoir rendu un service si-
» gnalé à la patrie, et avoir, à son tour, bien
» mérité d'elle. — *Signé* BONAPARTE. »

Un projet d'arrêté était joint à cette note, ce qui prouve combien il était pressé. Je remarque dans ce projet les articles suivans, parce qu'ils prouvent que ses succès ne l'éblouissaient point, et à quel point son application dans l'étude de son art était constante.

Il débute dans cet article comme César, qui commence toujours par les subsistances et les fourrages : « 1° Arrête que la commission des re-
» lations extérieures fera remettre au général Bo-
» naparte six mois d'appointemens *en argent*...

» 2° Que la neuvième commission fera faire
» une caisse de différens intrumens de mathé-
» matiques, dont la note lui sera remise par le
» général Bonaparte.....

» 3° Que la commission d'instruction publique

fera faire une caisse de livres relatifs à l'artillerie et à l'art de la guerre, dont la note lui sera remise par le général Bonaparte. Le tout sera envoyé à la commission des relations extérieures, qui le fera passer à l'adresse dudit général à Constantinople. »

Ces pièces m'autorisent à accorder une grande confiance à des détails sur Napoléon, que je tiens du représentant du peuple Fréron, détails qu'il m'a donnés chez moi, rue Grange-Batelière, et que je crois d'un assez grand intérêt pour devoir les consigner ici. Ils sont également en pleine contradiction avec ce que dit, au moins en partie, Napoléon sur cette époque importante de sa vie.

« On croit généralement, me disait Fréron, » que Barras a connu Bonaparte dans le midi, » que, par suite de leurs anciens rapports et de » leurs liaisons, il l'a nommé au commande- » ment pour l'affaire du 13 vendémiaire. C'est » une erreur; c'est moi qui le lui proposai et qui » le lui présentai dans la soirée du 12.

» J'avais, moi (c'est toujours Fréron qui parle), » beaucoup connu Bonaparte au siége de Toulon » et dans le midi. Une fois arrivé à Paris, pour

BIBLIOTHÈQUE ROYALE

» réclamer contre les mesures prises par Aubry; » il ne me quitta plus; il me suivait partout, il » semblait qu'il me tînt par le pan de mon ha- » bit; bref, il était devenu mon ombre. Déses- » péré de sa situation, il ne me laissait pas un » instant de repos. Dès qu'il supposait quelque » occasion qui pouvait lui être favorable, vite il » fallait marcher. Un beau jour il lui vint dans » la tête de se rendre à Constantinople pour » enseigner aux Turcs l'art de la guerre, sur » lequel ils étaient fort ignorans. Il me com- » muniqua ce projet, dont il paraissait fort en- » thousiaste: «Tu es fou, lui dis-je. Quelle idée » d'aller en Turquie! tu y seras empalé, mal- » heureux. Au nom du ciel, aie donc un peu de » patience. Laisse là ces extravagances. Tu te re- » gardes comme perdu, sans ressources: tu ne » sais donc pas ce que c'est que les révolutions? » quoi, tu ne sais pas que la chute de la veille » devient souvent la cause du triomphe du len- » demain? d'un instant à l'autre ton sort peut » changer, et il changera. »

» Sur ces entrefaites arrivèrent à Paris des » envoyés du gouvernement Batave, chargés de » demander au Comité de salut public un géné-

» ral pour organiser leur armée : j'en fus instruit, » et aussitôt j'en prévins Bonaparte en lui disant : « Voilà tout juste ton affaire ; veux-tu que je » fasse des démarches ? » On entra en négocia- » tion ; on tomba d'accord sur les conditions, » sauf que Bonaparte demanda qu'on lui comp- » tât trente mille francs avant de quitter Paris, » attendu, disait-il, que sa famille se trouvait » dans un état fâcheux à Marseille, et qu'il ne » pouvait pas partir sans lui envoyer des secours. » Les trente mille francs sont accordés. On con- » vient d'un dîner pour le 12 vendémiaire.

» La situation de Paris et les événemens ne » permirent pas que ce dîner eût lieu. »

Encore une fois je crois à ce récit, qui prouve de plus en plus à combien peu de chose tient la destinée des hommes et même des États. Supposons que ce marché ou cet arrangement eût été conclu huit ou quinze jours plus tôt, et que Bonaparte se fût rendu sur-le-champ en Hollande, il manquait au 13 vendémiaire, et surtout le 13 vendémiaire lui eût manqué. Les conséquences sont incalculables et indéfinies.

CHAPITRE V.

Événement du 13 vendémiaire an 3.—Napoléon nommé commandant en second, puis général de l'armée de l'intérieur.—Son mariage.—Sa nomination au commandement en chef de l'armée d'Italie. — Son départ de Paris.

Tout le monde se souvient encore que les premiers auteurs du 9 thermidor furent en partie ceux-là mêmes qui avaient institué et développé le système de terreur lequel avait si cruellement pesé sur la France depuis le 31 mai jusqu'à cette dernière époque. L'événement n'eût donc offert qu'un changement de noms, ou plutôt qu'une diminution dans le nombre des individus qui dirigeaient cette espèce de gouvernement. Heureusement, son action un peu relâchée par l'effet d'une catastrophe aussi violente, donna à des esprits plus sages la facilité de réagir peu à peu sur les intentions et les plans des successeurs de ceux qui avaient succombé. L'opinion de toute la France suivait et appuyait cette réaction indispensable pour revenir à un ordre de choses que l'humanité comme la patrie pussent avouer.

L'Assemblée eût pu rester dans une juste mesure, diriger et modérer les effets de cette réaction sur les divers points de la France, si elle fût restée maîtresse de marcher d'un pas égal, et de bien marquer chacun de ses progrès; mais les partisans des excès auxquels il s'agissait de remédier, et dont on voulait détruire la cause, suscitèrent les événemens des 12 germinal, 1er, 2 et 3 prairial an 3. Alors il fallut un grand développement de forces pour défendre la Convention : dans une semblable position une telle force ne pouvait être prise que dans les classes moyennes, aisées et riches; mais à l'extrémité, comme je l'ai déjà fait observer, se trouvait le parti contre-révolutionnaire, parti toujours prêt soit à égarer les craintes des uns, soit à irriter les fureurs des autres.

Je dis contre-révolutionnaires, et non pas *royalistes*, dénomination dont je me garderai bien de me servir, parce que, ainsi appliquée, elle ne comporte que les idées les plus fausses, que les erreurs les plus dangereuses.

Les contre-révolutionnaires une fois en mouvement ne s'arrêtèrent plus; ils s'emparèrent de toutes les formes sous lesquelles on publiait des écrits, de tous les lieux où l'on pouvait faire entendre la parole. Ils se constituèrent les plus chauds, les seuls défenseurs de la république; ils ourdirent toutes sortes de trames; ils exploitèrent surtout avec un art infernal tant de souvenirs si cruels, et les dangers si récens auxquels on venait d'échapper.

La Convention, qui ne savait plus où s'appuyer d'une manière certaine, préparait la constitution dite de l'an 3. Des élections annoncées comme prochaines étaient devenues, pour les contre-révolutionnaires, l'objet de toutes les espérances, comme le but de toutes les intrigues; mais éclairée par la faute qu'avait faite l'Assemblée constituante, en abandonnant son ouvrage à des mains inexpérimentées, et qui lui avaient été étrangères; bien au fait de toutes les trames des contre-révolutionnaires, correspondans et complices de l'étranger, l'Assemblée rendit les décrets des 5 et 13 fructidor, par lesquels elle statuait que des membres de la Convention nationale entreraient pour les deux tiers au moins dans la composition des deux conseils législatifs institués par la Constitution, et que ces décrets seraient également soumis à la sanction du peuple, condition qui répondait à toutes les objections que Napoléon lui-même rappelle avec une sorte de complaisance. Ces décrets devinrent dans Paris le prétexte du soulèvement de la très-grande majorité des sections, qui prirent les armes, et se portèrent contre la Convention. Ce fut l'occasion de ce 13 vendémiaire, qui ouvrit à Bonaparte la carrière que nous allons lui voir parcourir.

Les sections présentaient sous les armes une force de trente à quarante mille hommes environ, commandés par le général Danican. La Convention n'avait à leur opposer que six à sept mille hommes tout au plus. Le feu commença un peu après quatre heures. Les sections furent vaincues et dispersées, après deux heures de combat; l'affaire terminée, on ne tira plus que de loin en loin quelques coups de canon à poudre, pour empêcher de nouveaux rassemblemens.

Napoléon fait lui-même, dans ses dictées de Sainte-Hélène, le récit de ce grand événement, dont les détails n'entrent nullement dans le plan de cet ouvrage. Voici dans quels termes il s'exprime sur ce qui tient essentiellement à sa personne :

« La capitale fut ainsi mise en fermentation » (par les décrets des 5 et 13 fructidor). Après » le 9 thermidor, on avait organisé la garde » nationale : on avait eu en vue d'en éloigner » les jacobins ; mais on était tombé dans un ex» cès contraire, et les contre-révolutionnaires » s'y trouvèrent en assez grand nombre. »

Ce nombre n'était rien par rapport à la masse de la garde nationale ; si les contre-révolutionnaires se fussent présentés comme tels, ils eussent été abandonnés et chassés sur-le-champ. Encore une fois les calomnies, les fausses imputations, la perfidie des suppositions, la peur, la vanité, et ce qui est bien plus inconcevable, l'influence directe de quelques membres de la Convention, égarés ou pervers, furent les véritables causes de cette déplorable catastrophe. Continuons.

Après avoir exposé ce qui se passait dans la section Le Pelletier, centre de l'insurrection, Napoléon dit :

« Le général Bonaparte, attaché depuis quel-

» ques mois à la direction du mouvement des » armées de la république, était dans une loge à » Feydeau » (C'est possible, mais peu vraisemblable, ainsi que l'indiquent une foule de circonstances); « lorsque de ses amis le prévinrent de » la scène singulière qui se passait. » (Cette scène durait depuis plusieurs jours, et notamment ce jour-là depuis le matin. Comment l'aurait-il ignoré, surtout lorsqu'il ne pouvait entrer à Feydeau sans passer à travers?) « Il fut curieux » d'observer les détails d'un si grand spectacle. » Voyant les troupes conventionnelles repoussées... » (Elles ne furent point repoussées; elles se retirèrent par suite d'une sorte de transaction, mesure aussi ridicule que dangereuse : mais enfin telle fut la cause de la *retraite* et non de la *défaite*.) « il court (Napoléon) aux tribunes de » l'Assemblée pour y juger de l'effet de cette » nouvelle, et suivre les développemens et la » couleur qu'on y donnerait. »

La nouvelle fut d'abord portée aux Comités du gouvernement, et ce ne fut que plus tard que l'Assemblée put s'en occuper.

« La Convention était dans la plus grande » agitation. Les représentans, pour se disculper,

» se hâtèrent d'accuser Menou. On attribua à la » trahison ce qui n'était dû qu'à la malhabileté. » Il fut mis en arrestation.

» Alors différens représentans se montrèrent » successivement à la tribune ; ils peignirent l'é- » tendue du danger. Les nouvelles qui arrivaient » à chaque instant des sections ne faisaient voir » que trop combien il était grand. Chacun des » membres *proposa le général qui avait sa* » *confiance* ; ceux qui avaient été à Toulon, à » l'armée d'Italie, et les membres du Comité » de salut public qui avaient des relations jour- » nalières avec Napoléon, le proposèrent comme » plus capable que personne de les tirer de ce » pas dangereux, par la promptitude de son » coup d'œil et l'énergie de son caractère. On » l'envoya chercher dans la ville. »

Il faut le dire franchement, il n'y a pas dans tout cela un seul mot qui soit vrai, ni même qui approche de la vérité. Personne ne prononça le nom de Bonaparte, dont qui que ce soit n'a- vait entendu parler, excepté quelques députés qui avaient été au siége de Toulon et à l'armée d'Italie.

Plusieurs membres de la Convention, dans

la séance du 12, entretinrent l'Assemblée de ce qui se passait dans les sections ; aucun ne proposa de nommer des généraux de *sa connaissance*. Le député Bentabole seul proposa de charger Barras de la défense de la Convention dans cette occurrence dangereuse, et la Convention ne s'occupa point de cette proposition. Quelques heures après, sur la proposition du Comité de salut public, la nomination de Barras au commandement des forces de la Convention et de l'armée de l'intérieur fut décrétée, et la nomination fut faite ainsi par la Convention elle-même, à raison de la circonstance ; car on ne nommait point, comme semble l'indiquer Napoléon, les généraux *à la criée*.

Dans la séance du 14 vendémiaire, Merlin de Douai fit un premier rapport sur les événemens de la veille, à la suite duquel il propose de déclarer que les soldats, grenadiers, officiers de tout grade et de toutes armes, n'ont pas cessé de bien mériter de la patrie dans les journées des 12, 13 et 14 vendémiaire. Bonaparte n'est pas nommé dans ce rapport.

Dans la séance du 18, Barras annonce que le calme est rétabli, et présente les officiers de la brave armée qui a combattu la révolte des sections de Paris. Ils sont à la barre, et demandent à exprimer les sentimens de leur dévoûment. Le général Berruyer porte la parole au nom de la députation. Le nom de Bonaparte ne paraît point encore.

A cette occasion, le député Fréron prend la parole pour se plaindre que beaucoup d'officiers employés dans les deux dernières campagnes, qui furent si brillantes, ont été disgraciés par suite de l'esprit réactionnaire qui s'est manifesté dans ces derniers temps, et afin de rendre ses observations plus frappantes, il dit : « N'oubliez » pas que le général d'artillerie Bonaparte, » nommé dans la nuit du 12, pour remplacer » Menou, et qui n'a eu que la journée du 13 » pour faire les dispositions savantes dont vous » avez vu les heureux effets, avait été retiré de » son arme pour le faire entrer dans l'infan- » terie. »

Enfin, le 30 du même mois, Barras prononça un long discours, toujours sur les événemens du 13. Dans ce discours, qui est un historique de l'événement, il s'attribue tous les ordres qui ont été donnés, toutes les dispositions qui ont été faites ; seulement il ajoute : « Le général Bonaparte, connu par ses talens militaires et son » attachement pour la république, fut nommé, » sur ma proposition, commandant en second. » C'est-à-dire nommé par le Comité de salut public ou par la Commission spéciale de défense, attendu que bien certainement il ne le fut pas par la Convention, qui avait déjà chargé Barras de sa défense.

Si l'on en croit Fréron, c'est lui qui le proposa à Barras. « Celui-ci, disait Fréron, eut une » idée lumineuse ; il faisait l'observation que de » bons généraux ne lui manquaient pas, mais » que c'étaient des généraux de plaine, tandis » qu'ici il s'agissait par le fait d'un siége, d'un » plan de défense, et que c'était par conséquent » un bon officier d'artillerie qui lui était néces- » saire. » Fréron, qui l'écoutait, lui répondit aussitôt : « J'ai ton affaire, et je vais t'en amener un » dont tu seras content. » Il ne se fit pas attendre, et il présenta Bonaparte. Après quelques explications, il fut agréé ; et Fréron prétend que Barras lui dit en sortant : « Il est bien petit, ton of- » ficier ! » et qu'il lui répondit : « Sois tranquille, » j'en réponds ; souviens-toi du siége de Toulon. »

Il est bien constant que Napoléon, pour le cas dont il s'agit, ne fut point nommé par la Convention; il est également constant que Barras ne l'avait point connu dans le midi; d'où l'on peut induire que son suffrage était suggéré et n'était qu'indirect.

Lors donc que l'un des historiens de Napoléon attribue à un défaut de mémoire l'erreur dans laquelle il est tombé à cet égard, il s'est montré trop généreux ou au moins trop poli. Un tel homme n'a rien fait, rien dit, sans des raisons bonnes au moins pour lui. Il est vraisemblable qu'il a voulu se montrer à la postérité comme fixant déjà tous les regards, comme exerçant déjà sur les esprits un ascendant qui lui donnait titre à sa grandeur future. Une nomination par quelques membres obscurs d'un comité, sur la proposition d'un député qu'il aurait reconnu lui-même comme son chef, lui aura paru indigne du futur empereur et du vainqueur de l'Europe; en conséquence il en a imaginé une autre, en se faisant proclamer comme le plus digne, par une assemblée nationale; et ce fait une fois transmis par lui, il a pensé que nul n'oserait le combattre, ou qu'au moins il n'obtiendrait pas confiance. Loin donc que ce soit ici une absence de mémoire, c'est un calcul, un trait, un grand trait de caractère. J'ai dû le noter dans ces études.

Je reprends son texte.

On vient de voir qu'on *l'avait envoyé chercher dans la ville*. Qui fut chargé de cette commission ? D'ailleurs, dans une petite ville comme Paris, rien n'est si aisé que d'y trouver quelqu'un que l'on cherche ; la preuve, c'est qu'il fut trouvé tout aussitôt.

« Napoléon, qui avait tout entendu, et qui sa-
» vait ce dont il était question, délibéra près
» d'une demi-heure avec lui-même sur ce qu'il
» avait à faire. Une guerre à mort éclatait entre
» la Convention et Paris. Était-il sage de se dé-
» clarer, de parler au nom de toute la France ?
» Qui oserait descendre seul dans l'arène pour
» se faire le champion de la Convention ? La
» victoire même aurait quelque chose d'odieux ;
» tandis que la défaite vouerait pour jamais à
» l'exécration des races futures.

» Comment se dévouer ainsi à être le bouc
» émissaire de tant de crimes auxquels on fut
» étranger ? Pourquoi s'exposer bénévolement

» à aller grossir en peu d'heures le nombre de » ces noms qu'on ne prononce qu'avec horreur?

» Mais d'un autre côté, si la Convention suc- » combe, *que deviennent les grandes vérités de* » *notre révolution?* Nos nombreuses victoires, » notre sang si souvent versé, ne sont plus que » des actions honteuses. L'étranger, que nous » avons tant vaincu, triomphe et nous accable » de son mépris... Les contre-révolutionnaires » reparaissent triomphans, nous reprochent nos » crimes, exercent leurs vengeances, et nous » gouvernent en ilotes par la main de l'étranger.

» Ainsi la défaite de la Convention ceindrait » le front de l'étranger, et scellerait la honte et » l'esclavage de la patrie.

» Ce sentiment, vingt-cinq ans, la confiance » en ses forces, sa destinée!... il se décida et se » rendit au Comité. »

Voici quelque chose de bien étrange; Napoléon démontre au Comité l'impossibilité d'agir avec trois représentans, qui par le fait exerçaient tous les pouvoirs. Ces représentans eux-mêmes, contre lesquels il parlait, sentent la force de ses raisons. Pour tout concilier, *le Comité détermina de prendre le général dans l'assemblée même. Il proposa Barras à la Convention comme général en chef, et* (le comité) *donna le commandement à Napoléon;* de manière que c'est sous l'influence de Bonaparte, nommé, dit-il, par la Convention, que Barras lui est proposé comme général en chef, et que lui Bonaparte, déjà nommé, se trouve renommé par le comité. Voilà ce qu'on nous donne pour de l'histoire! et de l'histoire véritable, puisqu'elle est rédigée par celui-là même qui en est le héros.

Il paraît, par le passage que je viens de citer, que Napoléon s'était fait bien promptement, sur la Convention nationale, d'autres idées que celles qu'il avait professées jusque là. Il suffit, pour s'en convaincre, de se rappeler l'esprit dans lequel était écrite la brochure qu'il avait publiée peu de temps auparavant, sous le titre de *Souper de Beaucaire;* sa correspondance à l'armée d'Italie, toujours favorable à la Montagne, et les motifs de sa disgrâce, tous pris dans ses écrits et ses liaisons; motifs dont je n'adopte nullement les conséquences, c'est-à-dire qu'il dût être disgracié et destitué; mais reste que ses opinions connues jusqu'alors et ses fréquenta-

BIBLIOTHÈQUE ROYALE

tions de tous les jours ne permettent pas de croire qu'il fût devenu subitement juge aussi sévère d'actes qu'il avait considérés, au moins en grande partie, comme nécessaires à la défense et au salut de la patrie.

Le fait de la *méditation d'une demi-heure* ne me paraît guère plus vraisemblable que n'est réelle la nomination par la Convention, qui y aurait donné lieu.

Toujours par la raison que Napoléon ne peut rien faire ni rien dire sans un but, il me paraît évident que la méditation de *demi-heure* n'a été imaginée que pour jeter dans l'avenir une justification de la part qu'il avait prise à l'événement du 13 vendémiaire.

Il a voulu indiquer lui-même les raisons qui l'avaient déterminé; c'étaient les principes de notre révolution et la gloire des armées qu'il voulut défendre; mais si ces choses étaient tellement liées à l'existence de la Convention, par conséquent à celle des hommes dont elle était composée, qu'on ne pouvait les en séparer, à quoi bon ces distinctions subtiles? à quoi bon faire un conte qui ne doit en imposer à personne? Pouvait-on balancer, en effet, dans une défense d'où dépendait, non-seulement la conservation de grands principes, mais la sûreté du pays, l'inviolabilité de son territoire? et telles étaient ses propres idées.

Napoléon, qui repoussa presque toujours de sages conseils, a trop souvent fait des concessions aux esprits vulgaires. Il avait su que cette classe élevée ou riche, qu'il a constamment voulu mettre dans ses intérêts, lui avait adressé les reproches les plus violens, l'avait accablé des épigrammes les plus sanglantes, par suite de cette journée. Moi-même, j'ai entendu des amis de madame Bonaparte s'écrier : « Comment » a-t-elle pu épouser un homme qui a labouré » les rues de Paris à coups de canon? »

L'homme qui s'est placé tant de fois au-dessus des considérations les plus impérieuses de l'humanité, n'avait point d'énergie contre ces misérables propos.

Est-ce pour annoncer que dans ce moment-là même il était au-dessus du premier corps de l'État, et déjà maître de tout en France, qu'il a écrit : « A la même heure (à quatre heures), JE » FIS porter dans la salle de la Convention sept » cents fusils, autant de gibernes et des cartou-

» ches, pour armer les conventionnels eux-
» mêmes, et les employés de leurs bureaux,
» comme corps de réserve : ce qui en alarma
» plusieurs, qui ne comprirent qu'alors la gran-
» deur du danger où ils étaient. »

D'où venait tout cet attirail? par où avait-il passé? la Convention était cernée de tous les côtés. Que sont devenus ces fusils, ces gibernes, ces cartouches? Je n'ai vu personne qui ait conservé le plus léger souvenir de ce fait. D'ailleurs, Napoléon aurait pu donner le conseil de cette précaution, les comités pouvaient la proposer; mais à la Convention seule appartenait de l'adopter, et une telle mesure était contraire à sa dignité.

Ces observations faites, je dois dire que dans cette affaire, Napoléon montra une activité et une habileté qui n'appartenaient qu'à lui.

Le général Menou, décrété d'arrestation et mis en jugement, lui dut son salut. Accompagné des commissaires de la Convention, dans la mauvaise contenance qu'il fit devant la section Le Pelletier, on pensa que l'un ne pouvait être condamné quand les autres n'étaient pas même mis en jugement. Ce fut Bonaparte qui, dans un déjeûner, suggéra ce raisonnement à l'esprit militaire, naturellement jaloux des pouvoirs civils; ce qui ne veut pas dire que je trouve mauvais que Menou n'ait pas été condamné. J'ai prêté mon assistance à des individus plus coupables que lui; redevenus libres par moi, quelques-uns m'ont calomnié : nous sommes quittes.

Le 24 vendémiaire (16 octobre), Bonaparte reçut le grade de général de division, et le commandement en chef de l'armée de l'intérieur.

A cette époque, indépendamment des souvenirs si récens du 13 vendémiaire, il existait de nombreux principes d'agitation, en tête desquels il convient de placer la dépréciation toujours croissante des assignats, la disette qui en était une conséquence, etc... Napoléon donnait le plus grand soin au maintien de la tranquillité publique. Il était sans cesse à cheval, il parlait au peuple, et réussissait toujours à calmer les esprits. On a souvent cité ce trait, qui mérite de l'être, par l'à-propos et par le sang-froid dont Napoléon fit preuve. Un jour qu'il parcourait les rues, accompagné de son état-major, il se trouve entouré de groupes d'hommes et de femmes qui lui demandaient du pain. Une femme d'une énorme grosseur se faisait remarquer par la violence de ses paroles : « Tout ce tas d'épaulé- » tiers, criait-elle, se moquent de nous ; il leur » est fort égal que le pauvre peuple meure de » faim, pourvu qu'ils mangent et s'engraissent. » — Bonne femme, lui repartit Napoléon, en » allant droit à elle, regardez-moi bien ; quel » est le plus gras de nous deux ? » (Napoléon était alors singulièrement maigre.) Le rire excité par cette saillie fut universel, et les groupes se dissipèrent.

Napoléon, dans ses tournées, fut souvent obligé, comme je viens de le dire, de parler au peuple, dans les carrefours, aux halles, dans les marchés. Il remarqua que de tous les points de la capitale spécialement peuplés d'artisans et d'ouvriers, ceux du faubourg Saint-Antoine étaient les plus disposés à entendre le langage de la raison, et à céder aux impulsions généreuses.

Comme général en chef de l'armée de l'intérieur, il organisa, ou plutôt il concourut à organiser la garde du Directoire, celle des Conseils législatifs, et à réorganiser la garde nationale parisienne ; mais comment a-t-il pu trouver, et comment a-t-on trouvé, d'après lui, dans la part qu'il avait eue à ces organisations et réorganisations, le principe d'une fidélité qui ne s'était jamais démentie ni dans l'armée, ni dans la garde nationale, fidélité dont il avait ressenti les effets, notamment au 18 brumaire? Rien n'est plus dénué de fondement, ni plus contraire à la vérité historique, que de semblables assertions. Ce qui fit plus tard la force de Napoléon, ce furent ses victoires postérieures, et des circonstances impérieuses indépendantes de sa volonté.

Le 4 ventôse (23 février 1796), Napoléon fut promu au commandement en chef de l'armée d'Italie.

C'est pendant la durée de son commandement à Paris que Napoléon épousa, le 19 ventôse an IV (9 mars 1796), Joséphine de La Pagerie, veuve du général de Beauharnais.

Voici, d'après Bonaparte lui-même, l'anecdote qui donna lieu à ce mariage.

La Convention avait ordonné le désarmement général des sections, et les perquisitions furent si rigoureuses, qu'on emporta jusqu'à l'épée d'un général qui n'existait plus.

J'observe que ce désarmement ne fut point général. Il se fit avec beaucoup de mollesse, et, s'il m'en souvient bien, il n'atteignit que quelques compagnies de grenadiers, de celles des sections dont les provocations avaient amené l'événement. Il en fut de cette opération comme des jugemens des condamnés par contumace, qui s'étant présentés devant le tribunal de la Seine, furent acquittés : *Attendu que le 13 vendémiaire, il n'y a point eu de révolte des sections*. Voilà comme les choses allaient.

Un matin, un enfant de douze à treize ans est introduit auprès du général, et réclame l'épée de son père. En la voyant (apparemment que Napoléon la tenait là toute prête), l'enfant verse des larmes, et le guerrier est attendri : cet enfant était Eugène Beauharnais. La mère, sensible à un procédé si touchant, vole le lendemain faire ses remercîmens au général, qui, bien certainement, ne devait pas la voir pour la première fois, cela était impossible. Le général conçoit pour madame de Beauharnais la passion la plus vive. Il est aussitôt payé de retour, et l'on se marie, rien n'est plus simple.

Je n'ai point entendu parler de cette anecdote dans le temps, et le mariage était fait quand on en apprit la nouvelle : ce ne sont pas là des raisons, j'en conviens, pour que l'anecdote ne soit pas vraie, et cependant j'ose presque la révoquer en doute. Voici ce qu'il y a de bien positif pour moi.

Je rencontrai, lorsque le général était à l'armée d'Italie, madame Bonaparte dans une société. « Ah! c'est vous, me dit-elle; il y a long-temps » que je ne vous ai vu. » Après les premiers complimens, elle ajouta : « Venez déjeûner de- » main avec moi, nous causerons. » Je me rendis à son invitation, rue Chantereine, où elle occupait la petite maison qu'elle avait achetée de Talma. Nous nous trouvâmes huit ou dix à table. Après le déjeûner, nous fûmes, elle et moi seuls d'abord, voir les distributions et embellissemens que l'on faisait dans son habitation. « Hé bien, madame, » lui dis-je, voilà de grandes nouvelles (les pre- » mières victoires d'Italie); votre mariage vous » promet une heureuse et brillante destinée. — » Oh! oh! me répondit-elle, je n'en sais trop » rien : ce mariage s'est fait bien singulièrement, » et pour ainsi dire à mon insu. Mesdames telle » et telle (deux de ses amies dont j'ai oublié les » noms) vinrent me trouver à dix heures du soir. » Elles m'annoncèrent qu'elles étaient chargées

» de remplir auprès de moi une mission fort im-
» portante, puisqu'il s'agissait de me détermi-
» ner à épouser le général Bonaparte ; et elles
» me dirent sur la personne tout ce qu'on dit en
» pareil cas, quand on veut réussir. Je demandai
» le temps d'y réfléchir ; c'était impossible. Le
» général était ou allait être nommé au com-
» mandement en chef de l'armée d'Italie. Il
» était sur son départ. On voulait qu'un homme
» qui allait occuper un poste aussi éminent eût
» une maison à Paris, et qu'à son retour il trou-
» vât où reposer sa tête. Bref, on avait jeté les
» yeux sur moi pour lui assurer ces avantages.
» Ces dames ne me quittèrent que quand je leur
» eus donné mon consentement, et le lendemain
» tout fut conclu. Je crois Bonaparte un fort
» brave homme ; mais il n'en est pas de même
» de ses frères, ils exercent sur moi un espion-
» nage insupportable, dont vous ne pouvez vous
» faire d'idée. Tenez, regardez. » En me montrant de l'œil le petit Jérôme qui était sur nos
talons, elle ajouta : « Je crois, en vérité, qu'ils
» ont peur que je n'emporte les meubles de la
» maison. »

Tout cela n'est ni bien sentimental, ni bien

romanesque. Il y a loin de là à la jolie petite histoire de l'enfant : le mécontentement qu'elle me manifesta à cet égard explique d'ailleurs assez bien comment à des lettres brûlantes d'amour elle ne répondait point ou répondait deux ou trois lignes indifférentes.

Si l'anecdote de l'épée n'est pas exacte, comme je le présume, elle aura été probablement publiée pour faire tomber le bruit alors généralement répandu, que Barras avait fait ce mariage, et qu'il était, pour l'un comme pour l'autre, la condition du commandement en chef de l'armée d'Italie. L'idée d'un mariage d'intérêt, de convenance, je dirai presque de ressources, était peu flatteuse. L'anecdote, au contraire, offre une cause délicate et tout-à-fait indépendante des misérables calculs qui produisent la plupart des unions conjugales.

Dans tous les cas, le mariage ne peut pas trop être considéré comme la condition du commandement, puisqu'il est du 19 ventôse, et que le commandement avait été conféré le 4 du même mois. D'ailleurs, si l'on en croit Carnot, c'est lui qui aurait proposé Napoléon, et non Barras. Pour trancher la question, il y a lieu de croire que tous deux firent la proposition; ce qui, au reste, est tout-à-fait indifférent; mais soit l'un, soit l'autre, il faut dire, pour être vrai, que Napoléon dut cette distinction et cette marque de haute confiance à ses talens, à ses services, aux preuves qu'il avait faites sur le terrain même en Italie, et non à des intrigues de boudoir, aux combinaisons d'un mariage qui dut être une conséquence, et qui ne fut point une cause.

Je me suis arrêté, dans ces premiers momens, à quelques assertions de Napoléon, pour établir de plus en plus combien, quand il s'agit d'écrire l'histoire, il faut peu compter sur des détails particuliers, et que les conversations de Sainte-Hélène ont été trop souvent subordonnées à un plan, dont le véritable but était de préparer une réhabilitation aux yeux des contemporains comme à ceux de la postérité.

Résumé de cette première partie.

Il ne faut pas considérer comme un simple effet de la curiosité le désir que l'on a de connaître l'enfance des hommes qui sont devenus fameux, surtout par des actions éclatantes, parce que ce genre de célébrité suppose l'emploi de toutes les facultés qui constituent l'homme.

Presque toujours les premiers momens de ces existences à part révèlent le germe des facultés qui les feront distinguer plus tard; et l'on peut trouver plus d'un genre d'instruction en suivant le développement de leur intelligence, de leur caractère; en observant, soit les circonstances, soit les moyens qui ont concouru à les développer et à leur imprimer une direction. C'est ainsi que, dès l'âge le plus tendre, nous avons surpris dans Napoléon l'indice de ce caractère inflexible, de cet instinct de domination qui devaient le montrer si redoutable au monde, et qui le rendaient le fléau de ses frères et de ses camarades; de cette malice déjà machiavélique qui le faisait accuser les autres avant qu'ils eussent eu le temps de se reconnaître, et reporter sur eux les méfaits dont il était le seul auteur, et dont ils n'étaient que les victimes. Il était maître partout où la surveillance maternelle ne l'atteignait pas immédiatement.

Bientôt nous le voyons dans le cours de ses études conserver la même supériorité sur les autres élèves, mais, en même temps, justifier cette supériorité par le travail le plus assidu, par l'application la plus constante, et des méditations que ne comportait pas son âge. Il semble maîtrisé lui-même par ce sentiment, que pour parvenir il faut travailler; aussi allait-il droit à son but; il travaillait à conquérir sa place dans la société, avec la même ardeur qu'il préparait dans la suite le succès d'une bataille. Cependant, si ses progrès dans les sciences exactes sont rapides, ils ne sont nullement les mêmes dans l'étude des langues, ni dans celle des sciences qui constituent essentiellement l'entendement humain.

J'ai remarqué qu'il allait plus vite que l'enseignement, en dévorant tous les livres qui tombaient sous sa main; mais n'est-ce pas là un inconvénient? N'y a-t-il pas à craindre que, dans une tête si jeune, où rien n'est encore arrangé, tant de choses introduites à la fois n'y forment un encombrement, un véritable chaos? Ne serait-ce pas le sujet d'observations intéressantes que de savoir jusqu'à quel point la négligence ou l'absence de la régularité dans les études grammaticales et logiques, peut influer sur la rectitude du jugement, si cette cause n'est pas pour quelque chose dans la manière dont la raison de Napoléon s'est quelquefois égarée; car enfin, ces études ont pour objet de former la raison, l'esprit : or, la raison, l'esprit, c'est l'homme tout entier. Les mathématiques, les sciences exactes, ne sont que des abstractions, que des formules, que des instrumens au service de la raison et de l'esprit; elles peuvent venir au secours de ces facultés, mais elles ne peuvent les remplacer : c'est donc la raison, l'esprit, qu'il faut avant tout cultiver, au moyen de méthodes d'autant plus rigoureuses, d'autant mieux préparées, que leur expression n'étant pas renfermée dans des lignes comme les mathématiques, elle en a d'autant plus de penchant et de facilité à s'égarer. De là, tant de prétentions ridicules, tant de divagations étranges, et trop souvent funestes dans les sciences morales et politiques. Les premières études régulières les plus indispensables sont donc celles qui ont pour objet de former la raison, l'esprit, et elles furent négligées par Napoléon. Aussi a-t-il toujours témoigné de l'éloignement, même du mépris pour ce genre de connaissances, et mettait-il les sciences exactes au-dessus de tout. Lorsqu'il réforma l'Institut, il leur donna le premier rang ; ce fut certainement une erreur. Le premier rang appartient, par la nature des choses, aux études qui développent la pensée, qui la dirigent, la coordonnent, qui découvrent et prescrivent les règles de son expression.

Je ne sais quel cas on fera de ces réflexions ; mais je suis porté à croire que cette partie des études de Napoléon, mal faite, a dû influer singulièrement sur toute sa vie.

Entré au service, il se fait distinguer dans la société par ses grâces et par son esprit, comme ses camarades l'avaient distingué à raison de son intelligence et de son application. A peine la guerre a commencé, qu'il est signalé dans son corps comme l'officier le plus habile de son âge, toujours parce qu'il en est le plus studieux, le plus réfléchi. Il avance en grade, il reçoit des commandemens partiels; aussitôt il exerce un ascendant incontestable sur les généraux sous lesquels il est employé. A Toulon, il signale l'inhabileté de deux commandans en chef; ils sont renvoyés, et le brave Dugommier, qui les remplace, se trouve heureux de suivre ses inspirations. A l'armée d'Italie, le général en chef

Dumerbion proclame que c'est à lui qu'il doit ses succès. Napoléon est forcé, par une disgrâce, de se rendre à Paris. C'est encore lui que l'on consulte sur la situation périlleuse où se trouve l'armée d'Italie; et si elle parvient à se maintenir sur la ligne de Borghetto, c'est à lui qu'on le doit. Il faut lui attribuer toutes les dispositions qui, au 13 vendémiaire, sauvèrent la Convention des égaremens des sections de Paris. La mesure, la fermeté et la présence d'esprit qu'il montra dans son commandement comme chef de l'armée de l'intérieur, assurèrent promptement le retour du bon ordre dans la capitale.

Mais cet ascendant qu'il exerce sur ses chefs ne se borne pas à la seule influence des talens et des services. Déjà l'on voit poindre, ainsi qu'il résulte de ses propres aveux à Sainte-Hélène, cet esprit de domination et d'indépendance qui se fera bientôt sentir d'une manière frappante, et dont les conséquences seront si funestes pour la France.

Malgré les services rendus jusque là par Napoléon, je dois le répéter ici, sa réputation n'avait point percé au dehors; quoi qu'il en dise, elle était entièrement renfermée dans l'armée,

BIBLIOTHÈQUE ROYALE

et dans l'armée où il avait servi. Ce n'est qu'au 13 vendémiaire qu'on commence à l'apercevoir. Sa nomination au commandement en chef de l'armée d'Italie le met pour la première fois en évidence. Nous allons l'y suivre, mais après l'examen de quelques préliminaires que l'intérêt d'une époque aussi remarquable ne permet pas de négliger; car, à partir de ce moment, tout va prendre en France un nouvel aspect, une nouvelle direction. En approfondissant les choses, c'est ici que l'on doit trouver les causes qui accéléreront la destruction de la république, en même temps que l'on découvrira les germes qui produiront l'empire.

FIN DE LA PREMIÈRE PARTIE.

DEUXIÈME PARTIE.

DEPUIS LA NOMINATION DE NAPOLÉON AU COMMANDEMENT EN CHEF DE L'ARMÉE D'ITALIE, JUSQU'A L'EXPÉDITION D'ÉGYPTE.

CHAPITRE PREMIER.

État de la France au moment où Napoléon prend le commandement de l'armée d'Italie.

A vingt-six ans, Napoléon est nommé général en chef de l'une des grandes armées de la république. Jusqu'à présent nous n'avons fait que l'entrevoir; il n'était que subordonné, à la vérité subordonné peu commode, impatient du joug; toutefois obligé de se renfermer dans le cercle qui lui était tracé par sa position et par le devoir. Désormais nous allons le voir à découvert, revêtu d'un commandement en chef qui le met, sans intermédiaire, en rapport avec le gouvernement, avec la France entière, ne fût-ce que par le résultat de ses actions, par l'influence qu'elles exerceront sur les destinées de la patrie : et cette influence sera immense.

Pour bien juger de la conduite et des opérations du général en chef, il faut commencer par avoir l'idée la plus exacte possible, de ce qu'était alors la France, et pour cela il faut remonter à l'origine de la révolution.

Par suite de cet événement unique dans l'histoire, l'Assemblée constituante avait organisé un gouvernement légal et régulier dans toutes ses parties, en remplacement d'un régime qui ne pouvait plus se maintenir, puisque c'est dans la position où il se trouvait, et dans les anxiétés qui lui étaient propres, que l'organisation nouvelle prit naissance. C'est un fait que ne détruiront pas les suppositions d'une violence qui n'a pas existé dans le principe de cet établissement.

La réforme adoptée était devenue l'objet des vœux de la presque totalité des Français, et réunit leurs suffrages dans la même proportion. C'est encore un fait dont aucune assertion contraire n'obscurcira l'évidence.

Cependant, dès les premiers instans de cette réforme, une opposition absolue se manifesta, qui bientôt chercha et obtint un appui dans la coalition des gouvernemens étrangers contre la France, et dans des révoltes intérieures qui en devinrent les auxiliaires. C'est encore un fait que l'on contesterait vainement.

Indépendamment de ces ennemis déclarés, l'État a renfermé dans son sein des ennemis cachés, qui ont secondé de tous leurs efforts, et dans toutes les occasions qui leur étaient favorables, les ennemis déclarés du dehors et du dedans.

Puisque la nouvelle organisation politique a eu lieu régulièrement, légalement, on doit donc voir la France dans ceux qui l'ont adoptée ou qui s'y sont soumis. Dans la réalité, la France ne peut être que là où se trouvent la population et le territoire. Dès lors, les hommes qui ont entrepris de rétablir un régime aboli sont, dans la grande lutte de la révolution, les véritables, les seuls agresseurs, et la défense a été constamment du côté de la France.

Le moyen de s'entendre est de donner aux mots un sens bien déterminé.

On doit donc considérer comme révolte, comme rébellion, comme conspiration, tout acte qui tend à détruire des principes reconnus comme devant être désormais fondamentaux, et comme traîtres ceux qui favorisent secrètement de semblables entreprises.

Les mots faction et parti doivent être restreints et appliqués seulement aux divergences d'opinion qui se manifestent sur les moyens à employer, soit pour la sûreté de l'État, soit pour le maintien de ses lois.

Mais comme dans ces opinions diverses, ou parmi ces doctrines morales, politiques, administratives, il en est une qui est véritablement nationale, véritablement conforme à la justice, aux intérêts de tous et de chacun, et qu'il ne peut y en avoir qu'une, cette opinion, ces doctrines, et ceux qui les professent, ne peuvent jamais constituer une faction dans l'État; prise dans son acception la plus étendue, l'opinion vraie est l'État lui-même, puisque hors de là il n'y a qu'erreur et fausses mesures.

La distinction que je fais ici est de la plus haute importance; car si l'on prétend ne voir dans les opinions qui se combattent, que des factions qui peuvent être tour à tour impunément victorieuses, alors, aux yeux de la morale comme à ceux de la patrie, toutes les opinions sont indifférentes, tout est livré au hasard; les lois cessent d'avoir un sens positif et deviennent susceptibles de toutes les interprétations que les partis voudront leur donner; l'État n'a plus de base; le civisme, la bonne foi sont sans guide, sans but réel; ils deviennent une déception, une duperie; il ne s'agit plus, pour avoir raison, que d'être le plus fort ou le plus rusé.

Telle est cependant la doctrine que nous avons vu professer constamment, et en particulier dans ces derniers temps, par de véritables factieux, par des conspirateurs, dans la vue de faire considérer comme légitimes les entreprises les plus criminelles. Il est donc du plus grand intérêt de faire sentir les vices de cette doctrine, et d'admettre une distinction sans laquelle l'histoire, sans point d'appui, ne peut offrir que des divagations.

Tant que les partisans d'un système luttent, les factions ne se montrent point dans leurs opinions, qui conservent au moins une apparence d'homogénéité; c'est tout au plus si l'on peut en reconnaître les germes dans quelques nuances.

Dans l'origine de la révolution, deux masses d'opinions se présentent seulement à l'histoire : d'abord la France et sa réorganisation;

en second lieu, la conspiration dirigée contre cette réorganisation régulièrement et légalement établie, ou l'ancien régime, le régime aboli armé contre le nouveau.

Dans la disposition des faits dont se compose notre histoire, quelque compliqués qu'ils deviennent, il faudra donc toujours commencer par les ranger dans ces deux grandes catégories : la révolution et la contre-révolution; la régénération et la conjuration opposée à cette régénération.

La régénération, c'était la France, c'étaient les principes sur lesquels devait désormais reposer son gouvernement. Ces principes et leur observation étaient devenus la première condition de son existence; ceux-là furent toujours dans la ligne du devoir, qui veillèrent à leur conservation, quelle que fût d'ailleurs la complication des événemens.

La conspiration avait ses élémens principaux, ses agens les plus actifs, et son point d'appui, à la cour, même dans le gouvernement; elle se composait de prêtres dépravés par les erreurs, par les abus introduits dans la politique et la religion; de la presque totalité des anciens privilégiés; d'hommes que leur intérêt, de vieilles habitudes, ou des opinions religieuses mal entendues, avaient subordonnés aux deux castes qui avaient formé les deux premiers ordres de l'État.

La conspiration, qui sentait sa faiblesse, mit tous ses soins, d'une part, à effrayer le chef suprême de l'État, et de l'autre, elle réclama l'assistance de l'étranger. Ses manœuvres, même les plus cachées, ne pouvaient rester un mystère; elles étaient évidentes pour tout ce qui ne voulait pas être aveugle. En même temps que l'État reçoit le complément de son organisation, l'étranger se montre plus disposé à soutenir le parti qui lui est contraire. Sa détermination est d'autant plus prompte et d'autant plus forte, qu'on le trompe sur la disposition des esprits en France, sur la puissance morale et réelle de la régénération, sur son véritable caractère qui est un perfectionnement; on ne lui fait voir, il ne veut voir et il ne voit qu'un principe de désordre là où tout conduit à une justice rigoureuse; que des atteintes portées au pouvoir, là où il reçoit tous les développemens et toutes les conditions qui peuvent assurer la régularité et la sagesse de son exercice.

Mais, diront les ennemis de nos institutions, les malheurs prévus et annoncés sont arrivés. Je le crois bien; il était facile à leurs véritables auteurs de les prédire; car la cause n'en est pas dans les principes reconnus et consacrés; elle est tout entière dans la conjuration et dans la complicité de l'étranger, dans ces résistances qui amenèrent la nécessité de défendre non-seulement la régénération, mais encore l'indépendance du territoire. Aussi, dans ces grandes catastrophes, occasionées par de longs abus, par la force des choses, indépendamment de toutes les volontés individuelles, les peuples et les rois sont à peu près toujours victimes, ou peuvent au moins éprouver de cruelles souffrances. Les peuples se laissent entraîner par des promesses exagérées, qui les précipitent dans les plus grands désordres; tandis que les rois, trompés par de fausses apparences, subjugués par leurs habitudes et d'anciens préjugés, se laissent diriger par ceux là mêmes qui ont creusé l'abîme. Après avoir environné le trône de dangers par leurs excès, par leurs folies, par leurs déprédations, tout-à-coup ils en deviennent les seuls appuis. Non-seulement ils sont les seuls appuis du trône, mais ils le sont encore de l'autel : du trône, que seuls ils ont compromis ; de l'autel, dont jusque là ils ne s'étaient guère occupés, à moins que ce ne fût pour attirer à eux les abondantes distributions qui se faisaient en son nom, et destinées pour un meilleur usage.

Placé entre ces deux extrêmes, l'État, c'est-à-dire la partie saine et éclairée d'un peuple, par l'effet de la lassitude et d'une expérience souvent trop chèrement payée, reprend insensiblement le dessus, et l'on voit reparaître le but qui eût dû fixer d'abord tous les regards ; mais on n'y parvient presque jamais qu'après avoir subi de longues épreuves. Ainsi, dans *ces Études*, les égaremens des peuples et les malheurs des princes sont tout-à-fait en dehors et à part. Ce ne sont là que des conséquences, et je proteste d'avance contre toute interprétation défavorable ou odieuse qu'on voudrait à cet égard donner à mes paroles.

D'une part, la France se trouvant constituée, de l'autre, l'étranger, par ses engagemens et ses démonstrations hostiles, donnant une consistance réelle à la conspiration intérieure, et l'entretenant dans les espérances les plus criminelles, les partisans du nouvel ordre établi se divisent : les uns, satisfaits de ce qu'ils ont obtenu, en faisant abstraction des trames qui menacent l'indépendance de la patrie et ses institutions, croient que pour tout déjouer il suffit que le gouvernement paraisse marcher dans les voies qui lui sont rationnellement tracées ; les autres, au contraire, envisagent le danger dans toute son étendue, et pensent qu'il doit être attaqué dans ses élémens et dans ses racines (majorité de l'Assemblée législative, Girondins, Jacobins, etc.). Telle est l'origine de la première grande scission qui se soit manifestée parmi les partisans de la révolution.

Ceux qui étaient pour les mesures appropriées aux circonstances font prévaloir leur avis : en politique, être d'avis différent, c'est être ennemi. Ce sont donc des ennemis que ces hommes qui ont conservé l'influence vont voir et vont rencontrer désormais dans ceux qui jusque là avaient partagé leurs principes. Parmi ces derniers, quelques-uns se rallieront au parti de l'étranger, d'autres se contenteront de gémir sur les maux qu'ils prévoient, et dont ils auront au moins la satisfaction de se croire tout-à-fait innocens, puisque, dans leur manière de voir, on les eût évités en suivant leurs conseils.

Pour nous, il est bien évident que l'intérêt national est ici du côté de la prévoyance qui veille à la conservation de nos institutions, sinon des formes, au moins de leurs principes, et à l'inviolabilité du territoire, et qu'en admettant même que cette prévoyance se livre à des écarts, ce qui est un grand malheur, c'est cependant encore au fond de cette opinion que se trouve le vœu national, par conséquent le devoir.

Remarquons toutefois que cette défection est un nouveau danger pour la patrie, parce qu'elle porte le trouble dans beaucoup d'esprits, parce qu'elle fortifie l'erreur et prête une grande force aux entreprises de l'étranger, et à ses partisans dans l'intérieur.

Alors les résistances de la conjuration se développent; d'insolens, d'horribles manifestes annoncent la marche des armées étrangères, dont elle invoquait l'assistance; la défense, de son côté, fait des dispositions qui n'annoncent pas moins de violence.

Les choses en viennent au point qu'un bouleversement a lieu, bouleversement qu'accompagnent et que suivent de terribles catastrophes:

à une monarchie on substitue une république. Une république! en France, quand il s'agit de gouverner trente millions d'individus! une république décrétée au milieu de la vieille Europe! sans examen, sans discussion; que l'on juge de la force d'impulsion donnée aux événemens: tel est l'empire de la nécessité, on se soumet à une condition sans laquelle on ne croit pas pouvoir défendre l'État. Cette étonnante résolution une fois prise, les vainqueurs se divisent, les partis se dessinent, et se rangent pour ainsi dire en front de bandière.

Les uns veulent arrêter les excès, en punir les auteurs alors même que ceux-ci se sont trouvés assez puissans pour les commettre, que quelques-uns siégent au milieu des accusateurs, ou régissent la cité dans laquelle ils délibèrent. Ils veulent gouverner avec la plus grande sévérité, mais avec la plus grande régularité; ils veulent qu'on s'occupe sans délai de reconstituer l'Etat, seul moyen, selon eux, de rallier les esprits, de calmer les craintes, de prévenir de nouveaux excès, de combattre, de désarmer l'Europe.

D'autres pensent qu'on ne peut constituer et organiser que quand les ennemis intérieurs et extérieurs seront abattus. La France est à leurs yeux, sous le rapport de la complicité des révoltés de l'intérieur avec l'étranger, comme un pays conquis, comme une terre ennemie où l'esprit de révolte est sur tous les points, et qu'on ne peut contenir qu'au moyen d'une hache sans cesse levée sur toutes les têtes ; les ennemis intérieurs doivent être soumis aux lois de la guerre comme les ennemis extérieurs. (Cette opinion, c'est Danton et une partie des Jacobins.)

Une lutte terrible s'engage entre des opinions si opposées ; mais l'étranger s'avance sur le sol même de la patrie. Epouvantés de ce danger, et peut-être aussi des menaces que ce danger semble justifier, une portion des hommes qui avaient jusque là suivi la première opinion, s'en détachent ; et tout en redoutant les excès de la seconde, elle lui prête l'appui de son suffrage.

Ce premier principe de défection développé et étendu par la violence, non-seulement le parti vainqueur s'assure une majorité, mais il accuse les vaincus (la Gironde) ; leur résistance est déclarée criminelle ; ils sont exterminés ou dispersés comme un premier obstacle qu'il fallait surmonter pour assurer la défense de l'État et sauver la révolution. L'on crée des tribunaux, des comités et des armées révolutionnaires.

Les mesures de terreur se développent et se multiplient; bientôt il ne s'agit plus seulement d'écraser les ennemis de l'État, quelque part et sous quelque couleur qu'ils se présentent; à ce plan d'extermination, d'une exécution déjà si pénible et si fatale, viennent se mêler des doctrines subversives de tous les principes conservateurs des hommes et des sociétés; la faction qui les professe (Robespierre, Marat, une partie des Jacobins et les Cordeliers) attaque, comme *ennemie de la vertu*, la faction qui n'avait voulu que porter au plus haut degré d'exaltation la défense publique; celle-ci succombe à son tour sous le poids de cette nouvelle subversion, dont les ravages sont sans limites comme sans but appréciable, et ne trouvent de terme que dans l'événement du 9 thermidor, grande époque que l'on peut regarder comme le véritable point de partage entre les bouleversemens et la réorganisation de notre état social. C'est la troisième dans l'histoire de la révolution.

Ainsi, à partir de son origine jusqu'à cette dernière époque, la révolution a développé une succession d'opinions si fortement prononcées, que ceux qui ont le plus marqué dans les résistances qu'elles ont fait naître ont été frappés de mort ou proscrits. On peut classer ces opinions dans l'ordre qui suit :

1° La révolution ;

2° Une résistance entière à la révolution, ou la contre-révolution ;

3° La nécessité de lois qui puissent neutraliser la contre-révolution ;

4° La nécessité de déclarer la guerre aux puissances étrangères ;

5° La nécessité de porter la défense au plus haut degré d'énergie, soit à l'intérieur, soit à l'extérieur ;

6° Doctrines subversives de tout ordre social

Le 9 thermidor mit à la vérité un terme aux fureurs de la démagogie qui était parvenue à s'emparer des pouvoirs publics ; mais il ne détruisit aucune des factions que je viens de signaler ; toutes conservèrent des partisans, entre lesquels se trouvait partagée la population active, c'est-à-dire qui prenait part aux événemens. Nous les retrouverons dans le cours même de l'an 3, de l'an 4, sous le Directoire, sous le consulat et même sous l'empire. Je les ai rappelées, parce qu'elles sont les élémens de la situation à l'époque qui m'occupe, et que, sans les idées les plus justes sur ces premières données, l'on ne parviendra point à comprendre l'histoire de la révolution, et en particulier l'histoire de Napoléon.

Au milieu de cette épouvantable conflagration, la France ne se trompa point sur ses véritables dangers et sur le choix qu'elle pouvait faire; elle n'hésita même pas. Elle n'adopta pas plus les insurrections de l'ouest qu'elle n'accepta les secours de l'étranger, et les conditions de sa généreuse indulgence. Sa résignation aux maux qu'elle a soufferts démontre jusqu'à l'évidence qu'elle ne voulait ni de la domination des prêtres, ni de celle des nobles, ni de l'invasion étrangère, qui ne pouvait avoir pour résultat que le triomphe de leurs prétentions. Elle ne vit jamais au-delà, et elle vit juste; car elle eût été cruellement déçue. La crise à laquelle elle était en proie était passagère, et l'abjection qu'on lui proposait eût été durable.

Il semblait que, sans qu'il y eût dans ce moment aucune idée généralement arrêtée sur telle ou telle forme de gouvernement, la France eût le sentiment d'une grande vérité ; c'est que la création d'une république avait été le produit de la force des choses, en un mot d'une nécessité bien plus que d'un esprit systématique ; seulement cet esprit s'est montré quand les événemens l'ont appelé en quelque sorte à leur secours ; on s'y est ensuite attaché plus ou moins, puisque de cette condition semblaient dépendre et la conservation des principes sur lesquels devait reposer désormais notre organisation sociale, et l'indépendance du territoire ; mais dans le reste de l'Europe, où l'on était loin de connaître le fond des choses, on a cru que toutes les catastrophes de la révolution n'avaient eu pour but que le renversement de la monarchie. On a été loin de voir, et bien des gens ne voient pas encore ou ne veulent pas voir que chaque événement a été le produit d'une résistance coupable, jusqu'à ce que leur accumulation ait amené un bouleversement général qu'aucune combinaison systématique n'eût pu produire.

Si les réformes purement intellectuelles et spéculatives de l'Assemblée constituante avaient déjà inspiré tant de frayeur et une si grande colère aux puissances étrangères ; que l'on juge de l'impression qu'elles dûrent recevoir, à l'aspect d'une monarchie renversée et transformée en une république, dont la population, remuée jusque dans ses fondemens, menace de tout anéantir en s'anéantissant elle-même.

Fonder un État populaire au milieu d'une dissolution complète, en bravant une guerre civile, sur un territoire déjà envahi par une coalition de toutes les puissances européennes qu'il faudra regarder comme ennemies, et comme ennemies irréconciliables ; une entreprise aussi périlleuse pour le moment, aussi incertaine pour l'avenir, ne donna pas lieu à la plus légère hésitation, parce qu'encore une fois elle n'était pas un essai. Si l'on fut entraîné par l'enthousiasme ou plutôt par un véritable délire, cet enthousiasme même prenait sa source dans la grandeur de la cause qu'il s'agissait de défendre, et dans l'imminence du danger. Et ce qui put entretenir et prolonger de séduisantes illusions, c'est que les armées françaises furent victorieuses sur tous les points, et que les limites du territoire furent reculées.

On obtint sur l'anarchie un triomphe d'un

genre différent, et peut-être plus surprenant; on parvint à rédiger et à faire adopter une constitution en vertu de laquelle on put établir un gouvernement régulier; des traités de paix avaient même été négociés avec des gouvernemens étrangers : l'ordre et la confiance semblaient renaître.

Mais le fond et la nature des choses n'étaient pas changés : si dans l'intérieur les élémens de dissolution ne se manifestaient pas, parce qu'ils étaient momentanément dominés, ils existaient toujours; à l'extérieur, l'éloignement et la haine des gouvernemens étrangers ne pouvaient que s'accroître, en voyant que le système si nouveau du gouvernement adopté par la France semblait s'asseoir et devenir une réalité, parce que les intérêts et les terreurs restaient les mêmes. L'exemple n'en devenait que plus dangereux. Il convient d'ajouter qu'une puissance plus envenimée, plus ambitieuse que toutes les autres, une puissance que la France ne pouvait atteindre au moins momentanément, en voyant un développement de forces inconnu jusque là, s'était résolue à tous les genres de sacrifices plutôt que de lui laisser quelque repos.

La position était extrême pour les uns comme pour les autres; la véritable, la seule question pour tous était L'EXISTENCE. Dès lors, dans quel esprit pouvait-on faire la guerre? quelle direction lui donner, et quel but devait-on se proposer?

Il ne se présentait que deux partis, entre lesquels il fallait absolument choisir:

1° Annoncer la résolution bien arrêtée de ne faire aucune conquête, de respecter les principes, les formes et les droits des gouvernemens étrangers, et battre tellement ceux qui se seraient montrés ennemis, que l'envie ne leur prît pas de recommencer;

2° Renverser les gouvernemens existans, révolutionner l'Europe entière, et donner aux divers Etats des organisations analogues à celles de la France.

Il est évident qu'entre ces deux partis il n'y avait pas de milieu : car, détruire les uns et respecter les autres, c'était pour n'en pas finir, les défiances réciproques ne pouvant que s'accroître.

Cette alternative est également effrayante, et le succès impossible à concevoir; admettons toutefois pour un instant cette possibilité.

Dans l'un comme dans l'autre cas, la certitude d'être toujours victorieux était une condition indispensable. Une seconde condition, qui ne l'était pas moins, c'est que le gouvernement capable de prendre une résolution semblable, fût lui-même inébranlable d'après son principe et sa conformation.

Or, voici dans quelle situation se trouvait la France, sous les rapports de puissance et de stabilité.

Un gouvernement était organisé, à la vérité, dans toutes ses parties ; ses chefs, au nombre de cinq, composaient ce qu'on a appelé le Directoire exécutif.

Le Directoire, créé au milieu de factions ennemies et en face d'une conspiration toujours flagrante, a été l'objet des diatribes les plus violentes, des imputations les plus odieuses, des calomnies les plus atroces ; si l'on en croit une foule de pamphlets qui sont devenus des autorités, même pour des écrits qu'on a eu la prétention de placer dans un ordre plus relevé, l'époque a été celle des plus grands désordres dans les mœurs, et de tous les genres de scandale ; on a été jusqu'à dire : les *saturnales* du Directoire. En parlant de l'un de ses membres, on lui a appliqué la dénomination de *régence*, faisant allusion aux débauches qui caractérisèrent l'administration du régent après la mort de Louis XIV, sous la minorité de Louis XV : c'est avoir aussi peu d'idée de la régence que des temps qui nous occupent.

Quelques écrivains, même bien intentionnés, qui ont parlé de la révolution avec discernement, et des hommes avec équité, ont cependant recueilli ces ignobles diatribes, sans se douter qu'ils se sont rendus par là les échos des ennemis les plus stupides ou les plus vils de la régénération de la France.

J'ai déjà eu occasion de m'expliquer sur ces allégations très-fâcheuses dans leurs conséquences (*Examen sur les considérations de la révolution française*), et je dois y revenir d'une manière plus spéciale, parce que Napoléon lui-même s'est souvent permis des allégations propres à les confirmer; parce qu'il a cherché à déverser de l'odieux et même du ridicule sur quelques-uns des membres en particulier de ce gouvernement, et c'étaient les plus recommandables; parce que des écrivains ont cherché à rehausser sa gloire de tout le mépris qu'ils ont attaché à une administration qui aurait encore droit à la justice des historiens, alors même que l'histoire pourrait être utile autrement que par la connaissance de l'exacte vérité.. ; enfin, parce que des militaires, Napoléon lui-même, et particulièrement des officiers de son armée, et des officiers supérieurs, ont donné un très-mauvais exemple, en désignant les chefs du gouvernement directorial sous un titre qu'ils voulaient rendre dérisoire; ils les appelaient dans leurs conversations, même dans leurs correspondances, les *avocats* : les avocats le veulent, les avocats l'ont ainsi décidé, etc.

Loin que le moment où le Directoire a été établi, et les temps qui ont suivi, aient été une époque de démoralisation, en un mot de *saturnales*, c'est au contraire à partir de là que date la régénération des mœurs publiques et particulières en France ; c'est à dater de cette époque que non-seulement elles ont reparu, mais qu'elles ont pris dans les classes un peu élevées ce caractère de sévérité et cette pureté qu'on ne connaissait plus avant la révolution ; et cela était dans la nature des choses. Les mœurs se perdent dans les bouleversemens politiques, comme dans ceux de la nature. Toutes les fois que les hommes peuvent dire : qui sait si nous vivrons demain? leur conduite n'a plus ni règle ni frein; il faut à cet égard placer sur la même ligne les temps de grandes guerres, les pestes, les famines, les révolutions politiques. Quand la confusion est partout, les désordres sont bientôt au moral ce qu'ils sont dans les choses; mais à mesure que l'ordre renaît, par une conséquence nécessaire, les mœurs reparaissent, et elles reparaissent plus pures, parce qu'on y trouve à la fois des consolations pour le passé et des garanties pour l'avenir. Voilà pour la nation.

On parle toujours du Directoire comme on le ferait d'un seul homme. Il semble qu'on ne se souvienne plus que, dans l'espace de quatre ans, treize individus ont été successivement revêtus de cette haute fonction. Dès lors, le Directoire eût pu être dans un temps ce qu'il n'aurait pas été dans un autre; il n'était pas, certes, en l'an 8 ce qu'il avait été en l'an 4, et l'accuser ainsi en bloc, c'est faire preuve de légèreté, d'inconséquence, et montrer déjà peu de discernement.

Sous le rapport des mœurs, au moment de la création, sur cinq, quatre vivaient dans leur intérieur, avec la plus grande modestie, et d'une façon qu'on eût pu nommer austère ; ceux qui leur ont succédé ont mérité à cet égard le même éloge ; telle est l'exacte vérité. Quant au cinquième, on l'a attaqué relativement à ses mœurs, et sous de certains rapports de délicatesse dans l'exercice de ses fonctions. Ce n'est pas ici le lieu de m'expliquer sur ce dernier point, mais ce sont ses mœurs qui ont été surtout accusées, et il semblerait que la France l'eût pris pour modèle.

Cé dernier, il est vrai, avait donné plus de développement au train de sa maison ; il recevait les membres des conseils, les fonctionnaires publics, les diplomates, les hommes distingués par des talens ou par leur position sociale, et, dans le nombre parfois, quelques femmes. Il donnait des dîners assez splendides pour le temps, mais voilà tout.

Si l'on en croyait ses détracteurs, ou plutôt les détracteurs de la révolution, on croirait presque que son salon offrait constamment le spectacle d'une priapée ; j'ai assisté à quelques-uns de ses dîners; je me rendais quelquefois à ses soirées, j'y ai toujours vu régner la plus grande décence; l'on peut dire même que ce directeur a recommencé ce qu'on appelle en France la société, mais la société s'occupant de choses utiles, graves, en se montrant aussi éloignée d'une ridicule frivolité que de toute espèce de licence. Nous y étions; c'est nous qui plus ou moins fréquemment composions ces cercles, et quand nous entendons répéter ces turpitudes, en vérité, notre étonnement est sans bornes.

Entouré dans son intimité de quelques familiers bien obscurs, quelle influence de tels hommes, quelles que fussent leurs mœurs et leurs habitudes, pouvaient-ils exercer sur les mœurs de Paris, sur celles de la France? et n'est-ce pas abuser de la faculté de parler et d'écrire, que de faire le plus léger rapprochement de ces habitudes tout-à-fait intérieures, tout-à-fait bourgeoises, avec la cour d'un régent qui donnait le ton à toute la France par l'intermédiaire de la noblesse, du clergé, et de cette armée d'officiers et de serviteurs de toute espèce, dont ces notables existences étaient entourées? C'est une véritable dérision. De semblables rapprochemens doivent être repoussés par l'histoire, comme ils le sont par le bon sens et par la réalité des faits.

On trouvera cette digression un peu longue; on verra par la suite combien elle était nécessaire; et je n'ai pas fini.

Je dois insister encore sur l'affectation avec laquelle des militaires, des chefs de corps, employaient cette dénomination d'*avocats* que j'ai indiquée plus haut, appliquée aux chefs du gouvernement, parce qu'elle fut alors un grand mal, que la France en souffrit, et qu'elle peut servir à révéler une importante vérité.

Sur les cinq premiers membres du Directoire, trois étaient militaires; un s'était appliqué toute sa vie à l'étude des sciences morales et politiques, genre d'études indispensable aux travaux d'un gouvernement; à ce titre, il était essentiellement apte à l'administration. Enfin le cinquième était, si l'on veut, un avocat. Sur les huit autres on compte un diplomate, quatre avocats, un ancien ecclésiastique, un homme de lettres; mais distribués de manière qu'il n'y a jamais eu à la fois moins de deux militaires, ni plus de deux avocats.

Ce genre de dénigrement, qui annonçait un

bien mauvais esprit, n'était donc pas même fondé en fait, puisque dans le principe, et dans le moment même où l'on se permettait ce genre de mépris, les militaires étaient en majorité dans le Directoire, et qu'ils n'y ont jamais été en minorité par rapport aux prétendus avocats. Mais cette dénomination, à laquelle on voulait attacher un ridicule, était doublement absurde; d'abord parce que, dans un gouvernement, ce qu'il faut essentiellement, c'est de l'intelligence et des lumières : or, en fait d'intelligence et de lumières, on en trouve autant, pour ne pas dire plus, parmi les avocats que dans toutes les autres classes de la société. Les avocats sont pour la plupart des hommes dont l'esprit est tout à la fois cultivé et exercé aux affaires qui embrassent toute la vie civile.

En second lieu, convient-il de considérer seulement comme avocats des citoyens qui, déjà distingués par de longues études, par le talent de la parole, par la pratique des affaires ont été appelés aux plus hautes fonctions politiques qu'ils avaient exercées pendant six, huit, pendant dix ans, à une époque où tous les élémens de la civilisation, où toutes les bases de l'organisation sociale furent mises en question et soumises à des discussions approfondies, dont aucun âge n'avait donné l'exemple.

Bien certainement les hommes doués de quelque intelligence, déjà instruits par l'expérience de la vie et des affaires, lorsqu'ils ont passé par une semblable épreuve, sont quelque chose de plus que de simples avocats; ils sont même quelque chose de plus que tout ce qui a existé jusque là, puisqu'ils ont reçu d'un événement et d'une situation uniques dans le cours des siècles, des leçons qui n'avaient été données à personne avant eux. Méconnaître ce droit d'une supériorité de raison acquise, unie au pouvoir, c'était manquer au devoir comme aux bienséances et à la vérité.

Et ce sont les dépositaires de la force publique, ceux qui en ont le maniement, qui déversent ainsi le mépris sur les chefs du gouvernement auquel ils doivent obéir. C'est Napoléon lui-même qui, à plusieurs reprises, a donné un aussi mauvais exemple! Il y avait là, comme je l'ai déjà dit, le principe d'nne désorganisation sociale, un véritable désordre, et la révélation d'un vice radical dans l'organisation politique.

Quand on eut conçu l'idée d'un gouvernement collectif, et qu'on y eut nommé des hommes choisis parmi les membres des assemblées, c'est-à-dire pris dans toutes les classes de citoyens, on crut avoir fait merveille, on crut avoir préservé la société de tout excès de pouvoir, par conséquent de toute espèce de tyrannie. Un gouvernement qui coûtait quinze cent mille francs, y compris sa garde, le raccommodage des voitures, les verres cassés, tout en un mot, était nécessairement un chef-d'œuvre en économie comme en politique! On ne fit pas attention que cinq individus, quelque recommandables qu'on les suppose d'ailleurs, placés au milieu de trente millions d'âmes, je ne dirai pas au niveau de tout le monde, ce qui serait déjà une position toute à leur désavantage, mais auprès d'hommes qui ont plus de moyens de fortune et d'influence que chacun des membres du gouvernement pris isolément, on ne fit pas attention, dis-je, que ces individus ne se trouveraient pas seulement confondus avec ceux qu'ils devaient gouverner, mais qu'ils en devaient être promptement accablés.

Je ne parle ni pour plaire ni pour déplaire à personne, je cherche la vérité. Ce fut une illusion de croire qu'on pouvait gouverner la France comme la république de Glaris ou de Saint-Marin. Pour gouverner trente millions d'hommes, il faut, non pas une puissance d'oppression, mais une puissance de direction supérieure aux résistances que peut rencontrer le pouvoir dans son exercice; par conséquent l'existence qui est revêtue de ce pouvoir doit dominer évidemment toutes les autres par l'éclat dont elle est revêtue, comme la loi doit dominer toutes les volontés par la force qui lui est attribuée, évidemment l'éclat de l'une et la force de l'autre doivent être identiques. Par quel autre moyen pourrait-on ramener au but commun toutes les volontés divergentes comprimer les ambitions, dompter les passions les plus effrénées, et maintenir dans le devoir des armées puissantes?

C'est aux générations qui s'éteignent à instruire les générations qui leur succèdent, et nous leur devons ces leçons que nous devons nous-mêmes à une terrible expérience.

Mais que les partisans de l'étranger et les contre-révolutionnaires n'aillent pas se prévaloir de ces observations. Dans l'état d'anxiété où ils avaient réduit la France, ce que l'on fit alors

BIBLIOTHEQUE ROYALE

était tout ce que l'on pouvait faire; l'on avait fait ce qui eût même été impossible quelques mois plus tôt; seulement l'on eut confiance dans ce système de constitution, et l'on devait bientôt être détrompé.

Le gouvernement est collectif, et cette unité collective se compose de cinq individus. Pouvait-on croire que ces cinq individus seraient toujours du même avis? Les factions, et même la conspiration permanente dont ils étaient constamment entourés, ne pouvaient-elles pas, ne devaient-elles pas un peu plus tôt, un peu plus tard, y trouver des appuis? ce qui est arrivé. Deuxième cause et cause inévitable de destruction, deuxième danger pour la France.

Ce gouvernement n'avait aucun droit sur la confection des lois; il était, comme le répétait souvent Napoléon, dans l'antichambre des conseils: il n'avait d'autre faculté que de faire des remontrances. C'est précisément l'inverse de ce qui existait sous les anciens états-généraux. Un gouvernement absolument sans influence sur la législation est une conception qu'on ne peut définir; on ne peut pas même le considérer comme le ministre des chambres.

Les ministres d'un roi sont admis auprès de sa personne, ils parlent devant lui, discutent avec lui; au contraire, dans ce nouveau système, les chefs du gouvernement, tenus à l'écart pendant qu'on délibère, peuvent à chaque instant, et sans s'en douter, être frappés par des mesures qui les renversent et qui perdent l'État. Troisième cause de destruction, troisième danger pour la France.

Considéré dans son ensemble, le gouvernement offre bien d'autres inconvéniens, au nombre desquels il faut compter, comme l'un des plus graves, cette mobilité qui en faisait une véritable fantasmagorie.

Le Directoire devait être renouvelé tous les ans par cinquième. Le directeur sortant n'était point rééligible, au moins pour cette fois, et il allait se perdre dans la foule, sans le plus petit abri contre les ressentimens et les vengeances que peut inspirer l'exercice d'un grand pouvoir. Les membres des conseils devaient être renouvelés par tiers tous les ans; il en était de même pour les tribunaux, pour les administrations départementales et municipales. Grâce à cette mobilité, les commis qui avaient quelque habileté et un peu d'adresse étaient les véritables chefs, ce qui n'était que l'un des moindres inconvéniens; mais si l'on fait attention aux factions que j'ai signalées, et toujours menaçantes, on peut aisément juger, par les vices de cette organisation, quel champ leur était ouvert. Chaque instant leur offrait l'occasion et le moyen de s'introduire dans l'action des pouvoirs publics, et de s'en rendre les maîtres. Elles pouvaient à toute heure précipiter le vaisseau de l'État dans des abîmes; il n'y avait là ni centre ni appui véritable, pas le plus petit anneau où l'on pût attacher la plus faible amarre. Quatrième cause de destruction, quatrième danger pour la France, et le plus grand de tous.

Le but de cette mobilité était de prévenir toute espèce d'oppression de la part des agens du pouvoir; mais un fait digne de remarque, c'est que tandis que les agens civils étaient ainsi ballottés, les militaires étaient inamovibles, autrement ceux qui constituaient la force publique et en disposaient; ils recevaient, comme aujourd'hui, la dénomination de leur grade, qu'ils ne quittaient que pour passer à un grade supérieur. Je sais bien qu'il en devait être ainsi ; mais le rapprochement n'en est pas moins étrange. Il n'en est pas moins vrai que le corps le plus dangereux par sa nature était le seul organisé d'une manière stable, et devenait d'autant plus à craindre, qu'autour de lui tout était fugitif, et qu'aucune individualité dans l'intérieur ne recevait la plus légère consistance personnelle, de l'exercice des plus hautes fonctions.

Il y avait, dans tous ces rapports mal calculés, un nombre infini de causes de subversion, par conséquent de dangers pour la patrie.

Indépendamment de sa nouveauté, qui était déjà un grave inconvénient, le gouvernement, né dans des circonstances aussi extraordinaires, était encore environné d'obstacles qui paraissaient insurmontables.

Obligé à des guerres continuelles, il ne pouvait que difficilement recruter les armées, les solder, les entretenir. Substitué au gouvernement le plus violent qui fut jamais, tous les ressorts s'étaient détendus au moment où ce gouvernement succomba, et ils ne pouvaient que s'affaiblir dans les mains de ses successeurs, dont la circonspection obligée devait enhardir chaque jour davantage tous les genres d'entreprises contraires à l'ordre établi et à l'action des pouvoirs publics. Ils avaient la volonté et n'avaient pas les moyens de faire marcher les conscriptions. Les lois à cet égard ne pouvaient qu'être imparfaitement exécutées. Leurs ressources consistaient dans un papier-monnaie entièrement discrédité, et le système d'impôt, très-incomplet, produit d'une grande erreur en finances, puisqu'on l'avait fait porter presque exclusivement sur la propriété foncière, n'aurait pu suffire aux besoins, en supposant qu'il eût été acquitté en valeurs réelles; cependant il fallait se battre et se défendre. L'étranger n'était point sous ce rapport dans une position aussi difficile.

Avec des armées au complet, bien payées, bien entretenues, la situation du gouvernement français aurait encore offert de grands désavantages relativement aux gouvernemens étrangers, et tous au profit de ces derniers. En France, indépendamment de l'esprit de faction et de rébellion, des souvenirs douloureux et récens, des plaies encore saignantes, une multitude d'intérêts froissés, des susceptibilités blessées, des prétentions écartées, des rivalités hostiles, des haines implacables, des mécontentemens produits par un malaise général, assiégeaient à peu près indistinctement, les hommes qui se trouvaient à la tête des affaires. Ils avaient le pouvoir, mais ils manquaient de cette autorité morale, de cette considération qui imposent et qui sont la véritable force d'une administration. A la moindre contrariété, au plus léger revers, tout s'agitait, tout était menaçant autour d'eux. Les gouvernemens étrangers n'éprouvaient rien de semblable. Tranquilles sur leur existence, certains de leur ascendant, étaient-ils vainqueurs? ils apercevaient aussitôt des mains que leur tendait, du milieu de la France, une coupable complicité. Battus, il ne leur fallait que de la patience et un peu de temps pour se remettre. Rien n'était dérangé dans leur marche habituelle; c'était la même soumission, la même résignation, et leurs ordres s'exécutaient sans difficulté.

Ce tableau de la situation morale et politique de la France au moment où Napoléon va prendre le commandement en chef de l'armée d'Italie, est conforme à l'exacte vérité, et si je m'étais trompé, ce serait en diminuant le nombre des dangers dont j'ai fait l'énumération.

Cependant il fallait que la France fût défendue ou livrée à l'étranger. Dans cette alternative, son choix et sa volonté n'étaient pas équivoques. Pour qu'elle fût défendue et pour qu'elle le fût bien, la première condition était, vu l'état des choses, la conservation de son gouvernement; car toute espèce de secousse aurait été une nouvelle cause d'affaiblissement, et une chance de succès pour l'étranger; plus ce gouvernement était attaqué, et plus il renfermait de germes de destruction, plus il devait être ménagé, soutenu par les hommes d'un bon esprit, d'un patriotisme vrai. C'était là le premier devoir des fonctionnaires, des bons citoyens, mais surtout des commandans des armées, dont la conduite et la direction devaient désormais exercer une si grande influence sur les destinées de l'État.

Sous la Convention, l'envoi des représentans aux armées les identifiait pour ainsi dire avec l'assemblée. Les chefs étaient obligés de se conformer à l'esprit qui les circonvenait et les dirigeait. Mais ici il n'existe plus d'identité; la séparation est entière : d'un côté se trouve la volonté légale, de l'autre la force. D'une part, la susceptibilité dans le pouvoir, la crainte de n'être pas obéi, des précautions, des prévoyances qui pourront être regardées comme offensantes ; de l'autre, des abus dans l'exercice de la force, des irritations et des résolutions fatales, voilà ce qui est dans l'ordre des choses possibles, même probables, et voilà certainement pour la France un changement notable de position, un danger nouveau, le plus grand qui ait pesé sur elle.

Où trouver dans ces élémens de dissolution le centre d'action puissant, inébranlable, qui eût été nécessaire pour arriver à l'un de ces deux grands résultats que j'ai indiqués plus haut : la soumission ou le renversement des gouvernemens de l'Europe ; et avec cette condition il n'eût pas fallu compter sur le succès. Mais alors, il ne restait donc que le désespoir, puisqu'il était impossible de marquer un but que l'on pût atteindre, et de tracer la marche qui permettrait enfin à la France de jouir de quelque repos. Oh ! alors on ne voyait pas si loin ; on n'avait pas approfondi la situation avec assez de soin, pour se rendre compte de ce qu'elle avait d'inextricable et d'effrayant.

On croyait toujours qu'avec du patriotisme et du courage, on pourrait vaincre tous les obstacles et arriver à quelque chose de stable. Je juge aujourd'hui les choses pour ce qu'elles étaient et non comme on les voyait, et c'est ce qu'elles étaient en réalité dont il faudrait avoir une juste idée. Dans cette conflagration emmenée successivement par le choc des événemens, et où la pensée ne peut trouver d'issue pour arriver à un résultat satisfaisant et prochain, qu'on dise ce que sont et ce que peuvent les hommes pris isolément, et si c'est bien tel ou tel qu'il faut accuser, dans de si grandes catastrophes.

Voilà des exemples de ce que je considère comme ces faits les plus généraux dont je parle dans l'introduction, faits sans lesquels on aurait des récits, mais non pas l'histoire.

CHAPITRE II.

Précis des guerres de la révolution. — Leur caractère. — Esprit des armées jusqu'au moment où Napoléon prend le commandement de l'armée d'Italie.

Les idées de liberté, mot qui exprime d'abord la sûreté individuelle, ensuite le libre emploi de toutes les facultés morales, intellectuelles et physiques de l'homme, avaient exalté toutes les têtes au commencement de la révolution. Il ne faut pas croire que le sentiment de dignité personnelle qu'inspirent ces idées n'eût affecté que les individus d'une éducation plus ou moins soignée, il avait pénétré dans toutes les classes; un sens droit avait suffi pour s'y abandonner; mais à ces avantages inappréciables qui, quoique spéculatifs et plutôt en espérance qu'en réalité, étaient saisis par un grand nombre, il s'en joignait d'autres plus positifs, plus matériels en quelque sorte, dont les effets avaient, à l'instant même, tourné au profit de tous : le commerce et l'industrie affranchis de leurs entraves, tels que les maîtrises et les jurandes; l'abolition des privilèges, dont quelques-uns étaient une calamité de tous les jours; la propriété dégagée de ses liens et de charges exorbitantes : les droits féodaux, la dîme, etc.; l'égalité dans la répartition de l'impôt; la réprobation d'humiliations que ne réclamaient ni les règles de la morale ni l'utilité publique. De si grands bienfaits avaient produit sur les esprits l'impression qu'on en devait attendre; cette impression n'était pas seulement de la reconnaissance, c'était de l'enthousiasme; mais cet enthousiasme allait bientôt se changer en colère et en héroïsme.

Les ennemis de ces réformes, ceux dont elles blessaient les intérêts et surtout l'orgueil, car les premières lois de la révolution avaient ménagé tous les intérêts matériels, quittaient la France, en annonçant son châtiment et leur vengeance. Ils appelèrent à leur secours l'étranger; l'étranger répondit aussitôt à leurs cris, et nos frontières furent menacées.

Un premier appel fut fait aux enfans de la patrie, qui entendirent sa voix; de tous les points, partirent des volontaires en foule. Août et septembre 1792 présentaient le spectacle le plus imposant, on pourrait dire le plus attendrissant; les grandes routes, les chemins de traverse étaient couverts de détachemens qui marchaient gaîment et avec fierté pour soutenir des droits légitimement acquis, pour défendre l'indépendance du territoire, contre l'invasion étrangère, contre les fureurs de la vengeance et de la rébellion. J'ai pu, au même instant et du même coup d'œil en avant, en arrière, à droite, à gauche et dans toutes les directions, compter plus de trente de ces détachemens.

Nos armées, qui se trouvaient désorganisées et que l'on croyait hors d'état de combattre, par l'abandon et la fuite de presque tous les officiers, furent promptement en état d'entrer en campagne.

En effet, il n'y avait pas de temps à perdre.

Dès le 18 mai 1791, Léopold, empereur d'Autriche, qui venait de succéder à Joseph II, avait fait une déclaration datée de Pavie, dans laquelle il se prononce contre la révolution française, et annonce l'intention formelle d'inviter les puissances de l'Europe de se réunir à lui pour la combattre.

Par lettre du 6 juillet suivant, cette déclaration leur est en effet communiquée, et, le 25 du même mois, une première convention est signée entre ce monarque et le roi de Prusse. Les chefs des divers États y adhérèrent. Gustave, roi de Suède, esprit chevaleresque, devait avoir le commandement des armées de la coalition; mais il fut assassiné. Sa mort et différentes circonstances dérangèrent les plans de cette vaste coalition, qui se réduisit de nouveau à l'Autriche et à la Prusse.

Alors, et le 27 août, fut signé l'acte le plus fameux de cette époque, la déclaration ou le traité de Pilnitz, qu'on peut regarder non comme le premier signal, mais comme le plus éclatant de cette guerre terrible où la France seule a lutté contre toutes les puissances de l'Europe, pendant de si longues années.

Un nouveau traité fut de nouveau signé le 7 février 1792, toujours entre les mêmes potentats, Léopold II et Frédéric-Guillaume II, soi-disant pour réprimer les troubles qui se manifestaient en Pologne et en France, d'où l'on a induit que ces protecteurs de l'ordre nous réservaient le sort qu'ils avaient fait subir à la Pologne.

Le gouvernement français avait demandé au gouvernement autrichien des explications sur ses dispositions à l'égard de la France. L'empereur d'Autriche fit communiquer, par son ambassadeur à Paris, une note datée du 17 février, qui était une espèce de plaidoyer contre les Jacobins et les Républicains, dont les conclusions étaient l'ordre qu'ils entendaient établir en France; le moment était mal choisi, et la fierté française, dans aucun temps, n'eût accueilli avec bénignité de semblables prescriptions. On prétend que cette pièce fut rédigée par Barnave, Duport, etc... ; elle ne fait pas honneur à leur sagacité. Ce n'était pas par ce côté qu'il fallait commencer, si l'on avait voulu sincèrement prévenir des désordres.

En même temps que Léopold faisait cette communication, il signait avec le roi de Prusse, à Vienne, une déclaration par laquelle ils déterminaient les contingens respectifs à fournir pour entrer en campagne, et faire rendre à la couronne de France ce qu'ils appelaient ses droits et prérogatives.

Ces manœuvres, ces préparatifs de guerre, ces menaces et ces ordres donnés à un peuple entier, de subordonner ses vœux aux volontés des puissances étrangères, produisirent enfin l'effet qu'on devait en attendre. Le 20 avril 1792, le gouvernement français déclara la guerre à François Ier, roi de Bohême et de Hongrie.

Le 25 juillet suivant, le duc de Brunswick publia son fameux manifeste, daté de son quartier-général à Coblentz. Ce manifeste menaçait d'extermination et de destruction tout ce qui se disposerait à défendre la France.

Trois armées avaient été formées sous les noms d'armées de la Sambre, de la Moselle, du Rhin, et placées sous le commandement des généraux de Rochambeau, de La Fayette et de Luckner. Une quatrième armée se trouvait aux ordres de Montesquiou, sur la frontière de Savoie.

La prise de Quievrein, entre Mons et Valenciennes, par Biron, fut le premier fait d'armes de cette guerre; mais aussitôt la défection se met dans l'armée de Rochambeau, dont une partie se débande au cri de *sauve qui peut!*

Cet événement malheureux épouvante l'Assemblée nationale, et cause la plus grande agitation dans Paris. Le roi de Prusse est à Coblentz; dans cette position si menaçante où les ennemis de la France sont au cœur de l'État, aux portes de l'Assemblée législative, comme sur les frontières, son président, dans la séance du 11 juillet, prononce solennellement la formule redoutable : CITOYENS, LA PATRIE EST EN DANGER !

Le général La Fayette, par suite d'une démarche dictée par les plus pures intentions, mais peu réfléchie, faite auprès de l'Assemblée législative, se trouve forcé d'abandonner son armée et de sortir de cette France qu'il avait jusque là si bien servie. Dans le même temps, Brunswich passe le Rhin et s'empare de Longwi, où il entre le 23 août 1792. Le 2 septembre, Verdun ouvre ses portes. Les Prussiens inondent les plaines de la Champagne, et déjà Brunswich se croit maître de Paris, lorsqu'il est tout-à-coup arrêté par Kellermann, qui l'attaque, le 20 septembre, à Valmy, le bat et le force à la retraite. Il fuit, et dans les derniers jours d'octobre, il se retrouve à Coblentz, point de son départ, après avoir évacué Longwi, Verdun, etc. Cet événement sauva la France, où rien n'était encore bien préparé pour la dé-

BIBLIOTHÈQUE ROYALE

fense. Au moins si elle n'était pas aussi près de sa perte, cette victoire épargna de plus grands malheurs. La Convention ouvrait sa session.

Le prince de Saxe-Teschen lève le siége de Lille, après un bombardement qui a duré sept jours. Le bombardement avait commencé le 29 août.

Montesquiou et Anselme entrent en Savoie; sur la demande des habitans, elle est réunie à la France, le 27 novembre, sous le nom de département du Mont-Blanc. Anselme s'empare du comté de Nice, qui, le 31 janvier 1793, recevra le nom de département des Alpes-Maritimes.

Enfin, pour couronner ces succès, Dumouriez, qui avait succédé à La Fayette, après avoir ouvert la première campagne de la Belgique, pousse, le 24 octobre, son avant-garde à Quievrain, livre et gagne, le 6 novembre, la bataille de Jemmapes, où les Autrichiens sont complètement battus. Le 14, il entre à Bruxelles. Anvers est pris le 30 par La Bourdonnaye. Le 2 décembre, Valence est dans Namur. Breda, le 27 février 1793, tombe au pouvoir des Français, et, le 7 mars, le général d'Arçon se rend maître de Gertruydemberg. Là s'arrêtent les succès de Dumouriez.

Le 18 mars, ce général perd la bataille de Nerwinde, près Tirlemont, contre le prince de Cobourg. Par suite de cette défaite, les conquêtes qui avaient été le produit de la victoire de Jemmapes, la Hollande et la Belgique, sont enlevées à la France.

Cependant une circonstance particulière hâta l'évacuation des villes dont l'armée française s'était emparée.

Après la déroute qu'il venait d'éprouver, Dumouriez entra secrètement en négociation avec les Autrichiens, et leur livra, comme un gage de sa sincérité, les places de Gertruydemberg et de Breda; en même temps, il publie une proclamation par laquelle il annonce à son armée qu'il va marcher sur Paris pour renverser la Convention, et rétablir la constitution de 1791.

Cette trahison avait été pénétrée, et ce fut pour en prévenir les effets que la Convention envoya auprès de ce général, les députés Camus, Quinette, Lamarque, Bancal, et le ministre de la guerre Beurnonville.

Ils arrivent le 29 avril aux bains de Saint-Amand, où était le quartier-général de Dumouriez; il les reçut avec beaucoup d'insolence, et le 1er avril, il les livra aux Autrichiens. Lui-même, trois jours plus tard, abandonné de son armée, furieuse de sa défection, n'a que le temps de s'enfuir et de chercher un refuge dans les avant-postes de l'ennemi.

Qu'on juge si une épisode de cette nature était propre à calmer les esprits dans l'intérieur, et à les rapprocher au sein de la Convention.

Dumouriez fut incontestablement un homme d'esprit. Il avait des talens militaires, à la vérité peu étendus et peu sûrs, si l'on en juge par ses défaites et par l'opinion que les hommes de l'art ont manifestée sur ses succès. Mais il avait mené long-temps la vie d'un aventurier, au milieu d'intrigues souterraines qui avaient rapetissé, avili son caractère. Toujours employé comme agent subalterne, il avait contracté tout à la fois l'habitude d'une impudence et d'une souplesse qu'il ne put changer en dignité, lorsqu'il fut appelé à de hautes fonctions et mis franchement en évidence dans les affaires, sur le théâtre des événemens.

On lui reproche d'avoir été l'homme de la révolution, l'homme du roi, celui des Jacobins, de Philippe d'Orléans, des Girondins, etc. Ces différens rôles n'impliquent pas nécessairement contradiction, selon qu'ils se combinent ou se succèdent, parce que la même idée peut présider à tous, pour arriver à une même fin.

Mais ce qui accuse Dumouriez, ce qui accuse son bon sens comme la droiture de ses sentimens, avant de le condamner comme traître, c'est d'avoir traité avec l'ennemi, c'est de lui avoir livré les commissaires envoyés près de lui pour s'assurer de sa fidélité; c'est d'avoir imaginé qu'avec le secours de l'étranger on pût jamais faire quelque chose d'utile pour le pays; et ce qui prouve surtout que, s'il avait quelque mouvement dans la tête, c'était le mouvement d'un brouillon et d'un esprit qui avait peu de portée, c'est d'avoir pu penser qu'il était le maître de disposer de son armée comme si elle avait été dans sa main une masse inerte qui ne pouvait agir que selon son impulsion, et cela dans ce moment de singulière exaltation où chaque soldat avait une opinion et une volonté personnelle; c'est d'avoir pu penser qu'il lui suffisait de marcher sur Paris et de vouloir, pour rétablir la royauté et soi-disant la constitution de 1791. Tous ces actes sont tout-à-fait d'un homme qui a perdu la raison. Ils annoncent une démence inexplicable. Livrer les commissaires aux Autrichiens était un crime sans but, sans utilité pour personne. Marcher sur Paris! Paris était devenu un volcan; aucune illusion n'était concevable à la clarté des feux que lançait son cratère; une telle démarche les eût rendus plus dévorans.

On a essayé de faire des rapprochemens entre Dumouriez et Napoléon: autant vaut mettre en regard, avec la prétention d'y trouver de la ressemblance, une statue grecque et une figure grotesque de Callot.

Napoléon convient qu'il fut pris de la maladie de la haute ambition, après la bataille de Lodi. Dès lors, à ce qu'il paraît, toutes ses pensées se tournèrent vers les moyens d'arriver au gouvernement. L'événement du 18 fructidor et la position où se trouvait la France, semblaient lui en offrir une occasion bien favorable. Sa confiance devait être d'autant plus grande que, comme il le dit lui-même, « des émigrés ren-

» trés, des journalistes aux gages de l'étranger, » flétrissaient audacieusement les meilleurs pa» triotes. *La rage des ennemis de la gloire na» tionale exaspérait les soldats de l'armée » d'Italie;* ceux-ci se prononçaient hautement » contre eux; les Conseils, de leur côté, ne par» laient plus que prêtres, cloches, émigrés; » ils agissaient en vrais contre-révolutionnaires; » aussi tous les officiers de l'armée, qui avaient » plus ou moins marqué dans les départemens, » dans les bataillons volontaires, ou même dans » les troupes de ligne, se sentant attaqués dans » ce qui les touchait de plus près, *irritaient » encore la colère de leurs soldats. Tous les » esprits étaient enflammés.* »

Il se demande : « Dans une circonstance aussi » orageuse, quel parti devait prendre le général » de l'armée d'Italie? »

Après avoir pesé toutes les chances, il sentit que le seul parti qui lui aurait convenu aurait été « de dominer les deux factions en se présen» tant franchement dans la lutte comme régula» teur de la république. » (Dans ma manière de voir et dans la vérité, ceux qui défendaient la France n'étaient point une faction, par la raison que j'ai déduite page 150; les autres étaient des conjurés complices de l'étranger. Je dois me hâter de le dire et le répéter en toute occasion, Bonaparte n'a vu que des factions dans les diverses opinions, et c'est là, c'est dans cette erreur qu'est la cause de sa chute.)

Aussitôt il ajoute : « Mais quelque fort que » Napoléon se sentît de l'appui des armées, » quelqu'accrédité qu'il fût en France, il ne » pensait pas *qu'il fût encore dans l'esprit du* » *temps ni dans l'opinion publique, de lui* » *permettre une marche aussi audacieuse.* ».

Lorsque Dumouriez prenait un parti extravagant, la fureur révolutionnaire ou le sentiment brûlant du besoin de la défense, était ascendant; et lorsque Napoléon balançait ainsi les motifs de ses déterminations, les esprits étaient singulièrement calmés. Toutefois, ainsi qu'il le pensait, ils conservaient encore assez d'exaltation pour qu'il fût très-dangereux de tenter une semblable entreprise. L'armée, quoique remplie d'enthousiasme pour son chef, aurait fort bien pu lui faire éprouver une défection, quand elle aurait vu qu'il aspirait plus haut qu'à l'honneur de la commander, et qu'il voulait en faire l'instrument de ce qu'on aurait appelé certainement son ambition.

On peut, par ce seul rapprochement, juger de la différence qu'il y avait dans l'esprit de conduite de ces deux hommes et dans leur manière d'apprécier les choses, quoique Napoléon, sous d'autres rapports, se soit grossièrement trompé sur ce même événement de fructidor, comme nous le verrons plus tard.

Les conséquences de la défaite de Dumouriez à Nerwinde ne se bornèrent pas à l'évacuation de la Hollande et de la Belgique. L'ennemi rentra sur le territoire français ; il s'empara, le 13 juin, de Condé ; le 28 juillet, de Valenciennes, et du Quesnoy, le 11 septembre. Plus tard, le 30 avril 1794, Landrecies tomba encore aux mains des Autrichiens.

Sur le Rhin, Aubert Dubayet remet Mayence aux Prussiens, le 23 juillet 1793.

Les Piémontais rentrent dans la Savoie, occupent le Faussigny, et d'un autre côté, réunis aux Autrichiens, ils menacent de passer le Var.

Les Espagnols franchissent les Pyrénées. Le 17 avril, ils envahissent l'ancien Roussillon ; le 24 juin, ils s'emparent du fort de Bellegrade ;

le 22 décembre, ils prennent le fort de Saint-Elme, Collioure et Port-Vendre.

Dans l'intérieur, Lyon se déclare, le 29 mai, contre la Convention nationale. Tout le midi s'insurge pour soutenir cette ville. Les habitans de Toulon livrent, le 27 août, le port, la flotte, la ville, les forts, aux Anglais et aux Espagnols. En aucun temps l'insurrection prétendue royaliste de l'ouest ne s'était montrée ni aussi nombreuse ni aussi menaçante.

La trahison de Dumouriez, l'insurrection de la Vendée, la révolte d'un grand nombre des départemens du midi, la coalition de toutes les puissances de l'Europe, le nombre et la force de ses armées, ses succès instantanés sur tous les points de nos frontières, mettent la France et les Français dans un péril où jamais ni une nation, ni des hommes ne se sont trouvés. Par la guerre étrangère, l'État était menacé d'un déchirement dont on ne pouvait assigner les désastres; par la guerre civile, chaque individu avait à craindre pour sa vie. L'une et l'autre de ces guerres, avec la même absurdité et la même barbarie d'intention, étaient dirigées contre nos institutions. Ainsi un état envahi, déchiré, démembré, un peuple mutilé, qui n'offre plus que des débris soumis à la plus brutale et à la plus féroce oppression, celle du prêtre et des nobles ; voilà quel allait être le sort de la France et des Français.

Ce ne sont pas ici de vaines déclamations ; c'est un fait. Il suffit, pour regarder ces énonciations comme autant de vérités, de se rappeler les manifestes, les correspondances, les propos, les menaces, les projets de vengeance de nos ennemis intérieurs et extérieurs. Et l'on s'étonnera de l'irritation des esprits, excitée par tant de passions furieuses ! et ceux-là même encore qui devraient se trouver si heureux et en même temps si étonnés d'être rentrés dans une patrie qu'ils avaient plongée dans un aussi effroyable abîme, osent accuser, osent proscrire ! et dans le même esprit et dans les mêmes vues ! C'est un audacieux scandale.

Chose bien remarquable ! Tout était si faux, si mauvais dans cette agression, que, sous tous les rapports, elle ne pouvait offrir un seul résultat qui ne devînt funeste à l'instant.

Quelque caractère qu'ait eu la défense, jamais, dans des cœurs droits, elle n'inspirera l'horreur que fait naître une agression aussi contraire à tous les principes du droit public et de l'humanité. Dans tous les cas, il n'appartiendra point à celle-ci de juger, encore moins de condamner celle-là, genre d'impudeur que nous avons cependant tous les jours sous les yeux.

L'évidence des dangers produisit cet élan public qui mit au même instant douze cent mille hommes sous les armes, et quatorze armées sur pied; qui changea toutes les places et les lieux publics en ateliers où l'on préparait, sous les inspirations du génie, les foudres qui devaient passer dans leurs mains.

Mais en même temps que l'on crée des armées pour repousser l'étranger, que l'on oppose des armées à leurs auxiliaires de l'intérieur, est-il possible d'imaginer qu'on ne doive prendre aucune précaution, aucune mesure, contre les complices cachés des uns et des autres?

Une semblable apathie ne peut pas se supposer: d'ailleurs, si, par le système d'une fausse politique, ou d'une humanité mal entendue, l'on eût laissé sans frein des hommes évidemment malintentionnés, cette aveugle confiance et cette imprévoyance dangereuse n'eussent fait que les enhardir et obliger plus tard à une plus grande sévérité. En admettant une répression qui serait restée dans les termes indiqués par la nécessité, où poser les limites d'un semblable arbitraire? d'après quelles règles la conscience de l'homme juste et humain peut-elle se diriger? à quel signe reconnaître, dans de si cruelles anxiétés, qu'on est à l'abri du reproche devant Dieu comme devant les hommes?

Il faut regarder comme un principe, que dans les grands bouleversemens politiques, où il ne s'agit plus seulement de la conservation des individus, mais de la conservation du pays et du corps social, la partie peut être sacrifiée au tout. C'est en vertu de ce principe que des hommes sont désignés pour défendre la société, les armes à la main, même aux dépens de leur vie. Dans cet état et pour ce but, les choses se règlent d'après le droit politique et non le droit civil; la condition qu'impose ce droit, le signe par conséquent auquel on reconnaît qu'on n'a point dépassé les bornes qu'il assigne, c'est que, autant que possible, les mesures que l'on a adoptées ne soient pas irréparables. Voilà, ce me semble, la seconde règle qui doit guider l'historien dans la manière dont il présente et juge les événemens, puisqu'elle aurait dû guider ceux qui se trouvaient chargés de les diriger.

Ainsi, je donnerai pour exemple quelques faits pris dans l'histoire de notre révolution, quelles que soient l'horreur que m'inspire le souvenir de ces faits et ma répugnance à rappeler des catastrophes dont les ennemis de notre régénération ont su se prévaloir d'une manière si désastreuse pour la chose publique. Les massacres de septembre seront, sous tous les rapports, un crime épouvantable à tous les yeux, dans tous les temps, et l'on ne peut même leur attribuer aucun genre d'utilité, qui d'ailleurs ne les justifierait pas. J'en dirai autant des condamnations à mort des députés connus sous le nom de Girondins et de beaucoup d'autres individus auxquels on ne pouvait reprocher des crimes, et que cependant on immolait; mais dans cette lutte terrible entre les Girondins et les Montagnards, si le sacrifice, autrement l'expulsion, même l'emprisonnement de l'un des deux partis était nécessaire pour mettre un terme à des débats qui consommaient le temps, et compromettaient la sûreté du pays, nul doute qu'il fallait s'y résigner. Avec ce raisonnement, dira-t-on, on justifiera de même une condamnation à mort. Non : d'abord parce que le fait est irréparable, ensuite parce qu'il est démontré par l'expérience que, dans ces circonstances transitoires, un individu auquel on ne peut reprocher qu'une différence d'opinion, dépouillé du pouvoir et surveillé, cesse d'être à craindre; il ne s'agit alors que de lui ôter la parole et de l'empêcher de paraître.

La nécessité reconnue d'une mesure violente dans l'intérêt du pays et d'après ses dangers, il reste à l'histoire à examiner lequel des deux partis, dans le même intérêt, devait être sacrifié. Il est de fait, et d'après la nature des choses il en devait être ainsi, que les Girondins n'avaient derrière eux, et pour appui, que les ennemis cachés de la révolution; ceux-ci en étaient en apparence, et si l'on voulait les en croire, les partisans les plus zélés, même les seuls, plus les hommes dont les habitudes honnêtes et douces appellent sans cesse l'ordre et l'autorité des lois : ces derniers se contentent, dans les tempêtes politiques, de faire des vœux et se cachent; enfin des hommes éclairés, amis des réformes, modérés, quoique fermes dans leur opinion; mais ces derniers, relativement en petit nombre, se trouvaient frappés de la même réprobation; ils ne pouvaient ni former ni composer des armées.

Les Montagnards, au contraire, vu l'énergie et l'exaltation de leurs opinions, plus en rapport avec l'éminence et l'étendue des dangers, avec l'irritation et la colère du moment, disposaient des masses fortes, où se trouvaient tous les élémens d'une résistance redoutable au dedans comme au dehors. Les Girondins devaient donc être sacrifiés : je ne dis pas tués, c'est là qu'est le crime. Je suis bien désintéressé dans la question. J'ai été l'un des proscrits. Il faut finir par se rendre à l'évidence des faits et par reconnaître la vérité, et la vérité pour l'histoire me paraît être dans cette distinction.

Mais cette irritation toujours croissante de l'opinion manifestée dans les classes le moins en état de la régler; ces hommes qui s'étaient emparés du pouvoir, déjà fameux par l'exaltation, la violence de leurs idées, et désormais sans frein; ces clubs, ces sections dont ils n'étaient en quelque sorte que les instrumens, et qui, par leur tumulte, se trouvaient plus ou moins placés sous les perfides et cruelles influences de l'étranger, annonçaient les déterminations les plus sinistres et les plus désastreuses. C'était sans doute le plus grand des malheurs que pût enfanter la résistance; mais à qui la faute? je le demande à tout être ayant un peu de bon sens et de bonne foi. Les hommes qu'ils avaient à combattre étaient-ils d'une meilleure nature? Avaient-ils plus d'équité, plus d'humanité? L'opinion qui les dirigeait était-elle plus calme et moins effrayante dans ses conséquences? Soyons justes; tous ces furieux, considérés en eux-mêmes, se valaient bien, avec cette différence que ceux-ci ont engendré ceux-là; que le fond de l'opinion des premiers était pour la France, et que tous leurs efforts tendaient à la défendre, tandis que le fond de l'opinion des seconds était contraire aux vœux comme aux intérêts de la patrie, que tous leurs efforts tendaient à la livrer à l'étranger et à l'anéantir. Chez les uns c'était l'excès d'une chose bonne; chez les autres c'était l'excès d'une chose mauvaise. Voilà encore une règle qu'il faut avoir constamment sous

BIBLIOTHÈQUE ROYALE

les yeux, quand on ne veut pas s'égarer dans l'étude de la révolution, dont fait partie l'époque qui nous occupe spécialement.

Vous appellerez, dira-t-on, les agresseurs, des révoltés, des rebelles; vous les accuserez d'être les premiers auteurs des maux de la patrie. A-t-on pu croire que des classes d'hommes qui occupaient les premiers rangs dans la société, se trouveraient ainsi dépouillés sans manifester leur mécontentement, sans chercher à reconquérir leurs avantages? Soit. Je comprends parfaitement la justesse de cette observation; elle me porte à l'indulgence et même à un oubli complet du passé; mais alors qu'ils ne se plaignent donc pas des moyens qu'on a employés pour les réprimer, et qu'ils ne s'en fassent pas juges. C'est un droit qu'ils n'ont pas. J'avoue que je ne m'accoutumerai jamais à voir dénoncer la France et les Français qui lui sont restés fidèles, par ces hommes si coupables. Ces prétendus royalistes ne devraient-ils pas savoir que pour qu'il y ait un roi de France, il faut d'abord qu'il y ait une France? ne pourront-ils pas comprendre enfin que ceux qui l'ont conservée ont un peu mieux servi le roi et sa dynastie que ceux qui ont constamment travaillé à la détruire? Que tout soit oublié, rien de mieux; mais que la France et ses institutions soient respectées. Qui pourra jamais imaginer, dans des temps plus éloignés, que cette détestable opinion qui a enfanté tous les maux, a conservé des journaux, des pamphlétaires, des cercles et des écoles parmi nous? C'est une monstruosité égale à celle qui existerait, si l'on publiait encore l'*Ami du Peuple* et le *Père Duchesne*.

Dans tout cela il n'y a que la France, il n'y a que les hommes sensés, constamment dévoués au pays et à ses institutions, qui auraient le droit de se plaindre; parce que si l'étranger, si ses auxiliaires dans l'intérieur, avaient bien voulu rester tranquilles, la population n'eût pas été remuée jusque dans ses fondemens; le patriotisme ne se serait pas changé en colère, en fureur; des hommes atroces n'eussent pas été mis en évidence; trente de mes collègues et beaucoup de braves gens, que j'ai vus périr sous mes yeux, auraient vécu; je n'aurais pas pour mon compte passé quinze mois en prison et subi deux interrogatoires au tribunal révolutionnaire. J'en ai fait dans tous les temps le sacrifice à la patrie; il serait à propos, surtout aujourd'hui, que chacun en fît de même.

C'est à ce prix que la France déploya des forces telles qu'elle put réagir simultanément sur tous les points. Lyon, qui s'était insurgé le 29 mars, fut repris le 10 octobre. Les Anglais et les Espagnols, entrés dans Toulon le 27 août, en furent chassés le 19 décembre. Dès les 6, 7 et 8 septembre, Houchard, Jourdan, Hédouville, Collaud, Vandamme, avaient gagné la bataille d'Hondt-Schoot, par suite de laquelle les Anglais furent forcés de lever le siége de Dunkerque, où le duc d'Yorck manqua d'être fait prisonnier.

Le 18 mai 1794, l'armée du Nord gagne la bataille de Turcoing, en présence de toutes les grandes notabilités ennemies, malgré leur ascendant et leurs efforts, François II, empereur, le duc d'Yorck, l'archiduc Charles, et le prince de Cobourg, général en chef. Journée mémorable! Elle assura la délivrance de la France, et nous ouvrit, pour la seconde fois, les portes de la Belgique.

Le 1er juillet les Français entrèrent dans Ostende, le 2 à Tournay, le 6 à Gand, le 10 à Bruxelles, où l'armée du Nord se trouva réunie à celle de Sambre-et-Meuse commandée par Jourdan.

Ypres fut pris après douze jours de siége; Nieuport fut également forcé, le 18 juillet, d'ouvrir ses portes; on assiégea Condé, Valenciennes, le Quesnoy, Landrecies, où les Français étaient rentrés le 16 du même mois. Ces opérations ne retardaient en rien la marche de l'armée du Nord, qui, le 27 juillet, entra dans Anvers; le 7 octobre elle était à Bois-le-Duc, et le 26, Souham s'emparait de Nimègue.

Le 19 janvier 1795 l'avant-garde entra dans Amsterdam, et le lendemain 20, des hussards français s'emparèrent de la flotte hollandaise dans le Texel.

Les 30 et 31 janvier Berg-op-Zoom et Zwol sont pris, ce qui acheva la conquête de la Hollande, conquête faite contre la volonté et malgré les intelligences du général commandant en chef de l'armée, Pichegru, qui depuis longtemps trahissait la France.

De son côté, Jourdan, à la tête de l'armée de Sambre-et-Meuse, obtient de non moins brillans succès: les 15 et 16 janvier 1793, il gagne la bataille de Wattiguies et fait débloquer Maubeuge.

Le 16 juin 1794 il livre la première bataille de Fleurus, et le 26 du même mois il remporte une victoire complète dans une seconde bataille, qui assure à la France la seconde conquête de la Belgique, préparée par la victoire de Turcoing. Jourdan, comme nous l'avons dit, fait sa jonction à Bruxelles avec l'armée du Nord; le 1er juillet il prend Mons, le 17 le château de Namur; le 27 il entre à Liége, et le 22 septembre il occupe Aix-la-Chapelle.

Le 2 octobre Jourdan livre la bataille d'Aldenhoven sur la Roër: il est victorieux; le 7 Cologne est pris; le 23 Andernach et Coblentz sont enlevés de vive force; le 4 novembre Maestricht ouvre ses portes.

En 1795, la même armée, toujours commandée par Jourdan, passe le Rhin le 6 septembre et s'empare de Dusseldorf.

L'armée de Rhin-et-Moselle s'avance aussi vers le Rhin; le 6 août 1794 elle s'empare de Trèves. Un an après, Manheim capitule et se rend; mais le triomphe fut de courte durée. La trahison de Pichegru, qui, depuis long-temps en correspondance avec les ennemis de la France, paralysait les succès de son armée, en attendant qu'il pût lui préparer des revers, avait arrangé une défaite que nous fit éprouver Wurmser aux environs de Manheim; misérable dont la stupidité ne peut démêler que tout le mal qu'il fait est dirigé contre la France, et ne peut rien pour la cause qu'il prétend servir! Par suite des mêmes manœuvres, Clairfait passe le Rhin près de Mayence le 29 août, attaque les lignes des Français, qui perdent trois mille hommes et cent pièces de canon; Wurmser rentre dans Manheim le 21 décembre.

En 1792 la France avait, du côté des Alpes et de l'Italie, une armée avec le nom d'armée du midi. Montesquiou était général en chef de cette armée; il avait sous ses ordres le général Anselme, avec le titre de lieutenant-général; comme je l'ai déjà dit, Montesquiou fit la conquête de la Savoie, et Anselme soumit le comté de Nice.

En 1793 cette armée du Midi fut divisée en armée des Alpes et en armée d'Italie.

Montesquiou conserva le commandement de la première; mais, accusé de s'être mal conduit dans une négociation qu'il avait entamée avec la république de Genève, il passa en Suisse.

Kellermann lui succéda. Appelé bientôt au siége de Lyon, pendant son absence, les Piémontais rentrèrent en Savoie, et en occupèrent une partie. Il hâta son retour et les chassa.

En 1794, le général Alexandre Dumas, homme de couleur, d'un courage à toute épreuve, prit le commandement de l'armée des Alpes. Le 24 avril, il attaqua les redoutes du mont Valaisan et du petit Saint-Bernard. Dans les quinze premiers jours du mois de mai, il emporta les postes du Mont-Cenis, et, par les prodiges de sa valeur, par une suite de combats de géans, secondé par le général Bagdelone, non moins brave que lui, il parvint à réunir la droite de son armée à la gauche de l'armée d'Italie.

Cette dernière armée avait été successivement commandée par les généraux Biron, qui avait succédé à Anselme; Brunet, Dugommier et Dumerbion; ce dernier prit le commandement à la fin de 1793, et le conserva pendant toute l'année 1794. Il fut remplacé en 1795 par Kellermann, qui réunit le commandement des deux armées, Moullins, comme son lieutenant, étant à la tête de l'armée des Alpes.

Vers la fin de l'année 1795, l'armée fut de nouveau divisée. Scherer reçut le commandement de l'armée d'Italie, et Kellermann revint à l'armée des Alpes.

Nous avons vu plus haut la part que Napoléon avait eue aux succès du général Dumerbion, et comment, plus tard, par ses conseils, cette armée, lorsqu'elle était sous les ordres de Kellermann, n'avait pas été obligée de se replier tout-à-fait sur le Var.

Enfin, à Scherer, succéda Bonaparte, en 1796. Celui-ci, grâce à la victoire de Loano, remportée par Masséna, sous le nom de Scherer, retrouva l'armée à peu près dans les mêmes positions où il l'avait laissée en quittant le général Dumerbion.

Le général Dugommier, après la reprise de Toulon, fut prendre le commandement de l'armée d'Espagne. Le 18 septembre 1794, il rentra dans le fort Bellegrade. Le 20 novembre, il livra la bataille d'Ascola ou de la Montagne Noire, où il fut tué et victorieux. Le 27 novembre, le général espagnol Torris rendit, sans beaucoup de difficultés, Figuières, place très-forte, au général Pérignon, qui avait succédé à Dugommier.

Le 3 février 1795, Roses et le fort Bouton furent emportés d'assaut.

Ainsi, sur ce point, non-seulement le territoire français fut encore délivré, mais une partie de la Catalogne fut envahie.

Sous les ordres du général Moncey, l'armée des Pyrénées occidentales prend Fontarabie le 1er août 1794; le 4, Saint-Sébastien; le 17, après avoir culbuté douze mille Espagnols, Moncey entre dans la Navarre, s'empare des fonderies d'Orbaïcet et d'Egui, valant plus de trente millions, met le feu au chantier de la mâture royale d'Yrati, et se replie ensuite sur la Bidassoa.

Je ne rappelle point les alternatives de succès et de revers de la guerre intérieure ou civile. Le souvenir en est trop pénible. Auxiliaires de l'étranger, les révoltés en suivaient les mouvemens. Audacieux quand il occupait le territoire, ils furent moins entreprenans et moins nombreux quand il en fut chassé. Le même développement de force qui repoussait les uns, réprimait les autres.

Notre marine, pendant la même période, ne compte guère que des désastres. Il semble que son emploi n'ait été subordonnée à aucune vue, à aucun plan. Indépendamment de la trahison de Toulon, qui l'avait affaiblie en livrant une flotte entière aux Anglais, d'autres causes, qui tiennent à la manière dont cette partie de la force publique a presque toujours été envisagée et administrée, arrêtèrent son développement et ne permirent pas d'en attendre de grands succès.

Cependant, en 1792, une flotte, sous le commandement de l'amiral Truguet, soutenait les opérations du général Anselme dans le comté de Nice.

Le 23 novembre, ce général embarqua sur la flotte de l'amiral, des troupes qui se dirigèrent sur Oneille. Les habitans de cette ville tirèrent à bout portant sur un canot parlementaire que leur envoyait Truguet. Aussitôt ils abandonnèrent leur ville, se répandirent dans la campagne et dans les montagnes environnantes. L'amiral fit piller et incendier la ville, et les troupes furent rembarquées. Plus tard, Masséna s'en rendit maître. Cette place était importante, parce que les corsaires, qui en avaient fait leur refuge, interceptaient nos communications avec la rivière de Gênes, et empêchaient les approvisionnemens de l'armée et du midi de la France.

Ce fut dans le courant de février que l'amiral Truguet fut chargé d'une expédition contre la Sardaigne. Un débarquement eut lieu; mais l'expédition avait été tout-à-fait mal concertée; l'amiral avait perdu beaucoup de temps; il perdit en outre plusieurs vaisseaux, et l'entreprise sur Cagliari manqua complètement, ainsi que je l'ai déjà dit en parlant des premiers services de Bonaparte, qui faisait partie de l'expédition.

Le 25 mars, l'Angleterre et la Russie signèrent un traité, par lequel elles s'engagent « à » employer tous leurs efforts pour troubler le » commerce français, pour empêcher d'autres » puissances, non impliquées dans cette guerre, » de donner une protection quelconque, soit » directement ou indirectement, en conséquence » de leur neutralité, au commerce ou à la pro- » priété des Français, en mer ou dans les ports » de France. »

On voit que les Anglais ne perdent jamais leurs affaires de vue, et qu'ils vont constamment droit à leur but.

On pourrait trouver le germe du blocus continental dans un décret du 9 mai, qui déclare de bonne prise les navires neutres destinés pour les ports ennemis. Les Anglais ne furent pas en reste, ils déclarèrent coupables de haute trahison, quiconque amènerait des blés en France.

Pour l'ordre des événemens, je rappelle que ce fut le 29 avril 1793 que l'amiral Hood entra dans Toulon.

Le 15 octobre, dans le port même de Gênes, les Anglais canonnèrent la frégate *la Modeste*, et massacrèrent une partie de son équipage.

Hermini d'Auribeau, qui avait remplacé d'Entrecasteaux dans le commandement des corvettes *la Recherche* et *l'Espérance*, envoyées dans le grand Océan à la recherche de la Peyrouse, conduit ces deux bâtimens à l'île de Java et les livre aux Hollandais.

Du 26 mai au 19 juin 1794, les Anglais, appelés en Corse par Paoli et Pozzo di Borgo, y débarquent et en prennent possession au nom du roi de la Grande-Bretagne.

Les Anglais se rendent maîtres de la Martinique le 22 mars; le 22 avril la Guadeloupe subit le même sort; mais elle fut reprise le 14 juin suivant.

Un des événemens les plus désastreux pour notre marine, est le combat naval qui eut lieu le 1er juin, entre l'amiral Villaret-Joyeuse et l'amiral Wood. Jean-Bon-Saint-André, représentant du peuple, était à bord; six vaisseaux français furent pris et deux furent abîmés : *le Vengeur* et *le Jacobin*. Mais le convoi chargé de blés destinés pour Brest, passa.

Ce fut vers la fin du mois de juin que Toussaint-Louverture se fit remarquer par de premiers actes d'indépendance, et prépara, avec autant de pénétration que d'astuce, ses succès ultérieurs contre les Espagnols et les Anglais, maîtres du Port-au-Prince depuis le 4 juin. Toussaint-Louverture fut proclamé lieutenant au gouvernement de l'île Saint-Domingue, le 20 mars 1798.

Une division de frégates françaises, sous le commandement du capitaine Arnaud, détruit, le 27 septembre 1794, Sierra-Léone et les établissemens anglais sur la côte occidentale d'Afrique.

Le 13 mars 1795, un combat eut lieu dans la Méditerranée, à la hauteur de Savone, entre le contre-amiral Martin et le vice-amiral Hotham. L'engagement fut vif; plusieurs bâtimens furent réciproquement pris et coulés; mais il n'y eut aucun résultat. Le but de cette expédition, qui fut en quelque sorte improvisée, était de porter des vivres et des munitions à l'armée d'Italie, qui manquait de tout. Le but fut manqué; le combat naval eut lieu à la hauteur de Noli, dont il prit le nom, à peu de distance de Gênes. Si nos marins s'y montrèrent moins habiles que les Anglais, au moins ceux-ci furent étonnés, on peut dire effrayés de l'intrépidité dont les Français firent preuve. L'escadre se réfugia à Toulon, et les Anglais demeurèrent maîtres de la Méditerranée.

Notre armée d'Italie resta dans le même dénûment, tandis que l'empereur d'Allemagne, qui venait de signer un traité d'alliance avec l'Angleterre (22 mai), portait toutes ses forces de ce côté.

Villaret-Joyeuse ne fut pas plus heureux le 23 juin, qu'il ne l'avait été le 1er juin de l'année précédente; dans un combat qu'il livra à la vue du Port-Louis, sur les côtes du Morbihan, ayant sous ses ordres douze vaisseaux contre dix vaisseaux Anglais, il en perdit deux, *le Tigre* et *l'Alexandre*. Un troisième, *le Formidable*, sauta en l'air.

Ces tristes résultats prouvent qu'il n'est pas aussi aisé d'improviser une marine militaire que des armées de terre; car encore une fois ce ne fut ni le courage ni le dévoûment qui manquèrent à nos marins. Dans toutes les occasions ils firent des prodiges de valeur; mais les ports sont éloignés de Paris, et les triomphes de nos armées faisaient qu'on ne donnait que peu d'attention aux revers et à l'anéantissement de nos flottes.

De si grands succès sur tous les points de nos frontières n'étonnèrent pas seulement l'Europe, elle en fut épouvantée. Par suite de cette impression, qui fut également profonde parmi toutes les puissances, un traité de paix fut signé le 9 février 1795 entre la France et la Toscane; ce fut le premier acte par lequel la république prit part dans la politique des cabinets de l'Europe. La Prusse, cette puissance qui s'était montrée si implacable contre la France, et qui s'était en quelque sorte rendue garante des succès de la coalition, signa deux traités avec la république française; le premier, du 5 avril, est un traité de paix; et le second, du 17 mai, détermine la ligne de neutralité dans le nord de l'Allemagne.

Autre traité de paix et d'alliance signé à la Haie, le 16 de mai, entre la France et les Provinces-Unies. La France obtient pour limite la rive gauche de l'Escaut. Le décret qui organise la Belgique en neuf départemens est du 1er octobre de la même année 1795.

Un quatrième traité de paix est signé à Bâle, le 22 juillet, entre la France et l'Espagne, qui, par ce traité, nous cède la partie espagnole de Saint-Domingue.

Enfin, le 23 décembre, la France signe sur le Rhin un armistice avec l'Autriche.

Ce double précis des guerres de la révolution, et des traités qui les ont suivies jusqu'à cette époque, prouve évidemment deux choses: 1° qu'on faisait la guerre pour arriver à la paix; 2° que toutes les fois que l'occasion s'en est présentée, même sous la Convention, elle a été saisie avec empressement.

La Convention nationale, par un décret du 19 novembre 1792, avait déclaré « qu'elle prêterait appui et secours aux peuples qui voudraient secouer le joug de la tyrannie et conquérir leur liberté. » Ce décret a été et est encore l'objet de beaucoup de déclamations, tant est

BIBLIOTHEQUE ROYALE

grande, en général, l'absence de toute équité et de toute réflexion. Il est de règle, il est du bon ton de condamner, et de condamner avec outrage, tout ce qui tient à cette époque, ou, plus exactement, tout ce qui a été fait en France, et par les individus qui veillaient alors à la défense et à la conservation du pays. Cependant la Convention avait-elle fait autre chose que de mettre en paroles, et en paroles seulement, ce que les ennemis de la France avaient mis en action? Était-ce pour soutenir ou pour renverser la Convention, pour maintenir ou détruire les principes de la révolution, qu'ils avaient pris les armes? Et puisqu'ils avaient pris les armes pour détruire ce qui existait en France, pourquoi la France n'aurait-elle pas résolu de détruire ce qui existait chez eux?

Le décret n'était en soi que comminatoire; il ne faisait que répondre par une menace à une réalité. Il était une critique, une parodie si l'on veut, de la conduite des puissances coalisées, et leur montrait le danger d'une guerre de principes, puisque le bouleversement de leurs États et la destruction de leur autorité pouvaient être la conséquence du mauvais exemple qu'ils donnaient au monde.

Les guerres de la révolution, jusqu'à ce moment, ont été purement défensives; elles n'ont point eu d'autre caractère. Si la France n'eût point été attaquée, elle n'aurait point attaqué; depuis long-temps elle était menacée : la coalition était sous les armes, et faisait des démonstrations hostiles, nombreuses, lorsque la France déclara la guerre en 1792, sous l'Assemblée législative.

L'enthousiasme, le délire si l'on veut, qui régnèrent plus tard, ne changèrent ni la nature ni le but de cette guerre, qui était de rester maîtres chez nous en défendant notre indépendance. La modération était au fond des démonstrations les plus violentes. Nous devînmes conquérans à la vérité; mais par la raison que quand on se bat il faut être vainqueur ou vaincu, que quand l'un recule il est d'usage que l'autre avance. Nous avons vaincu, et nous avons avancé tout naturellement vers la Belgique, la Hollande, le Rhin, la Savoie, le comté de Nice, les Pyrénées, etc., etc. .... Mais c'était une conséquence de l'action, et non son principe. Nos guerres n'avaient eu pour but ni l'invasion, ni les conquêtes; encore bien moins le prosélytisme et la propagation de nos doctrines.

La guerre, que nous n'avions pas provoquée, nous avait causé d'immenses dommages ; elle nous avait forcés à des sacrifices sans bornes ; elle avait suscité dans l'intérieur d'affreux désordres et nourri la guerre civile. Les étrangers, auteurs de tous ces maux, avaient violé par rapport à nous toutes les lois des nations ; nous avions le droit de les exterminer, à plus forte raison de leur prendre au plus juste, au plus modéré des titres, quelques provinces à notre convenance.

Sans examiner de quel droit la maison d'Autriche possédait les Pays-Bas, et le roi de Sardaigne la Savoie, le comté de Nice, etc..., ces portions de territoire avaient pour la France une telle convenance, qu'elles avaient bien plus l'air de s'être réunies d'elles-mêmes à leur tronc originaire, que d'être le produit de la conquête. En effet, au nord l'Escaut, à l'est et au sud le Rhin et les Alpes, formaient des limites si naturelles, qu'il fallait des bouleversemens comme ceux que nous avons éprouvés depuis, pour en méconnaître la légitimité et la nécessité.

Le caractère de ces guerres, quoique terribles, était donc bien la défense ; elles n'avaient jamais offert le caractère des guerres faites pour conquérir, comme chez les Romains.

Conquérir des États est un but. Tel n'était pas le nôtre. Notre véritable, notre unique but, était la conquête d'un ordre social qui convînt à la France, et si on avait résolu de se battre, c'est parce qu'on ne pouvait faire autrement. L'idée même de conquérir était subordonnée à cette première idée. Elle n'aurait pris de consistance que par la conviction où l'on aurait été que telle ou telle conquête était la condition de la conservation des principes et des institutions auxquelles tout devait être sacrifié. L'application de cette observation reviendra quand nous en serons aux guerres d'Italie, du consulat et de l'empire.

Il y avait, dans les opinions, du fanatisme, j'en conviens, du délire même; mais il ne faut pas confondre le fanatisme politique avec le fanatisme religieux.

Le fanatisme politique ne peut être que momentané. Il est le produit d'une contrariété, d'un obstacle; il ne naît pas du fond de la chose; il est circonscrit dans le pays; il se borne au succès et à la fin qu'il se propose. Cette fin est, selon l'opinion du jour, le plus grand bien de l'État, de la patrie et de chaque individu. Aussi ce fanatisme puissant dans l'intérieur, et tant qu'a duré la cause qui le produisait, s'est évaporé du moment que la cause a cessé; et si quelques mouvemens de même nature se sont fait sentir depuis, ce n'a jamais été que par une suite des mêmes provocations.

Le fanatisme religieux est dans l'essence de la chose. Il obéit à la puissance d'une croyance dépravée à la vérité, mais qui n'en est pas moins, pour celui qui agit, la Divinité elle-même. Ce n'est pas un avantage présent que cherche le fanatisme religieux; il ne croit pas combattre pour lui. C'est avant tout un devoir sacré qu'il remplit; un devoir dont l'accomplissement ou l'oubli seront suivis de récompenses ineffables ou de châtimens éternels. Le fanatique religieux fait abnégation de lui-même, c'est à Dieu qu'il se sacrifie, et surtout qu'il sacrifie les autres. Armé du sabre du soldat ou de la hache du bourreau, il ne connaît ni limites, ni frontières, ni patrie; il marche tant qu'une force plus puissante ne l'arrête pas; il faut qu'il extermine ou qu'il soit exterminé. Telle est sa nature.

Le fanatisme, dans la révolution, n'était ni dans l'esprit ni dans le but de la révolution. Il lui était contraire; car la révolution est modération, sagesse, justice, ordre, et légalité. Quels que fussent les emportemens inspirés par la résistance, ils étaient individuels et recevaient leur couleur, le degré de leur énergie, non de la cause qui les produisait, mais du tempérament, de l'éducation et de la qualité d'esprit de ceux qui s'y livraient.

Le fanatisme politique n'est donc qu'un mal passager, tandis que le fanatisme religieux durera tant qu'il y aura des religions interprétées par l'ignorance, la cupidité et l'ambition. Ceux-là sont donc doublement répréhensibles en France, qui veulent faire un instrument politique du fanatisme religieux, toujours en activité contre un fanatisme politique qui n'existe pas.

Les essais de quelques imitations relatives aux formes du gouvernement, dans quelques pays conquis, doivent être considérés comme l'effet de circonstances particulières, et nullement comme la suite nécessaire, comme le but de la conquête, ainsi que la conquête elle-même n'avait été que le produit d'une situation forcée.

Jusque là le caractère de la guerre avait été conforme non-seulement au vœu national, mais encore au véritable intérêt de la patrie; car il ne faut jamais perdre de vue que si l'opinion, si le vœu général peuvent être égarés, il y a toujours au fond des choses une vérité, un point fixe, un principe auquel il faut arriver pour bien juger et les actes du pouvoir et le vœu public lui-même; car les masses sont sujettes à erreur comme les individus. Aussi cette première règle est dans la connaissance de l'intérêt bien entendu de la conservation de la population et du pays.

J'ai posé, comme une condition de la durée de l'ordre alors établi, la nécessité de battre l'ennemi de manière à lui ôter le goût de recommencer. Cette première condition était remplie; mais j'en ai indiqué une seconde, qui est que le gouvernement devait être inébranlable, sans quoi les espérances de nous vaincre un peu plus tôt, un peu plus tard, existeraient toujours.

Ce fut un spectacle nouveau pour le monde, qu'une nation assaillie de tous les côtés, au moment où ses armées venaient d'être complètement désorganisées par la désertion de leurs officiers, où leur nombre était loin de répondre à celui des agresseurs. Le même élan, cet élan sublime dont j'ai déjà parlé, produisit à l'instant des soldats et des officiers de tous les grades. Des armées nouvelles furent créées comme par enchantement, et, à peine organisées, elles furent victorieuses.

Comment expliquer ce prodige? Par une observation bien simple. L'esprit qui les avait enfantées fut l'esprit qui les anima. C'était au nom de la patrie et de la liberté qu'on avait soulevé ces masses, ce fut aux noms de patrie, de liberté et de France, qu'elles marchèrent. Au nom de la patrie, de la France! Le dernier de ces noms donnait un sens précis au premier, pour ceux qui n'avaient pas encore senti tout le charme de ce doux nom de patrie.

Mais qu'était le mot liberté, qui agissait peut-être plus puissamment sur l'esprit de cette jeunesse, devant laquelle on le prononçait pour la première fois, mot abstrait que peu d'individus comprennent, et sur le sens véritable duquel on dispute constamment, après des siècles d'étude et d'expérience.

Le nom de patrie comprend toutes les affections du cœur, toutes les idées d'existence et de conservation. Le mot liberté disait bien plus alors. Les masses ne lui donnaient point un sens métaphysique, au-dessus de leur intelligence; elles le prenaient à la lettre; il était l'expression d'une volonté et d'un sentiment; on y attachait une idée très-positive et très-nette; car il renfermait toutes les espérances que l'imagination peut concevoir pour le présent et pour l'avenir; il indiquait tout à la fois que l'on sortait d'un état de choses où tout était stagnation, langueur, obstacle et misère, pour entrer dans un ordre de choses nouveau, où tout serait activité, vie et prospérité; en effet, le mouvement imprimé aux choses ainsi qu'aux hommes semblait justifier de semblables promesses.

Animés par ce double motif d'enthousiasme, le dévoûment de nos soldats ne se refroidit jamais; aucun genre d'obstacle ne pouvait les arrêter. Bientôt de leurs rangs sortirent des officiers habiles, des généraux qui devinrent célèbres; mais ce qu'il y eut toujours de plus grand, de plus étonnant dans nos guerres, ce furent les armées elles-mêmes. Remplies d'intelligence, dirigées par un sentiment vrai de ce qui constituait leurs devoirs, leur patriotisme fut inébranlable comme leur courage. La défection de Dumouriez, la trahison de Pichegru, qui avait acquis un bien autre empire sur leur esprit, non-seulement ne les entraînèrent pas, mais les premiers ils avaient pénétré Pichegru. Dès avant la conquête de la Hollande, lorsque toute la France partageait sur son compte un aveuglement qui devait durer encore si long-temps, ils l'avaient signalé comme un traître.

Entièrement dévouées à la patrie, les armées avaient trouvé dans leurs officiers les mêmes dispositions de cœur et d'esprit. Les officiers n'étaient que les premiers parmi des égaux. Soumis aux mêmes privations, avec les mêmes habitudes, ils ne se distinguaient qu'en donnant l'exemple du courage. Aucun signe d'ambition personnelle ne s'était manifesté parmi eux jusque là, et les condamnations rigoureuses, atroces de plusieurs officiers-généraux, commandans en chef, n'avaient point détourné de leur devoir ceux qui leur avaient survécu. Leur désintéressement n'avait pas été moins grand que leur valeur. Ne connaissant que la patrie et la gloire, ils auraient regardé comme une bassesse, comme une sorte de trahison, l'idée de songer à leur fortune. Ils se montrèrent également purs de toute cupidité, comme de toute ambition ; tant la révolution avait élevé les âmes et les avait placées au-dessus des sentimens vulgaires ! cet esprit était, en général, celui de la nation.

Voici, sur les généraux nés de la révolution, un témoignage qu'on jugera peut-être digne de quelque confiance. Il n'y est question que des généraux à la vérité ; mais en descendant l'échelle des grades militaires, le même phénomène se représentera dans la proportion du grade, y compris les soldats ; c'est Napoléon qui parle : « C'est une chose remarquable que le nombre » de grands généraux qui ont surgi tout-à-coup » dans la révolution.... Kléber, Masséna, Mo» reau, Desaix, Hoche, etc., etc., et presque » tous des simples soldats ; mais aussi là sem» blent s'être épuisés les efforts de la nature ; » elle n'a rien produit depuis, je veux dire du » moins d'une telle force. C'est qu'à cette épo» que tout fut donné au concours parmi trente » millions d'hommes, et la nature dut prendre » ses droits » (et aussi la nature, la grandeur de l'événement et la cause à défendre), « tandis » que plus tard on était rentré dans les bornes » plus resserrées de l'ordre et de la société. On » m'a accusé.... Mais aujourd'hui qu'on ne » rouvrira sûrement pas le concours, à eux à » mieux choisir. On verra ce qu'ils trouveront.

» Une autre chose non moins remarquable, » c'est l'extrême jeunesse de plusieurs de ces » généraux, qui semble les montrer tout faits » sortant des mains de la nature; leur caractère » est à l'avenant. Ils ne connaissent uniquement » que leur affaire, *la gloire* et *la patrie*. Voilà » tout leur cercle de rotation, ils tiennent tout-» à-fait à l'antique..... mais on ne peut pas dire » qu'il en fût ainsi de tous ceux qui étaient plus » avancés en âge; c'est qu'ils tenaient du temps » qui venait de disparaître. »

Il résulte de ce qui vient d'être exposé: 1° que les excès de la révolution ont été non pas commandés, car je suis convaincu que ce qui a pris le caractère du crime était inutile, et singulièrement nuisible, mais occasionés par la nécessité de la défense; que les premiers coupables, par conséquent, sont ceux qui ont produit cette nécessité, et qu'une autre conséquence pour tous, est le silence;

2° Que dans les guerres de la révolution les Français ne furent point agresseurs;

3° Que l'esprit de propagande n'entra jamais sérieusement dans les vues des hommes qui dirigeaient les affaires en France; qu'il ne fut qu'accidentel; qu'il était d'ailleurs l'effet de l'exaltation du moment, et nullement celui de la chose qu'on appelle révolution : la preuve de ces assertions se trouve dans l'empressement avec lequel furent accueillies toutes les propositions qui tendaient à la paix;

4° Que la guerre, dans ces premiers temps, n'a eu d'autre but, d'autre mobile que la défense, non l'invasion et la conquête;

5° Qu'avant l'établissement du gouvernement directorial, par conséquent avant le commandement de Bonaparte comme général en chef, la France avait remporté de nombreuses et célèbres victoires, que nous avions fait des conquêtes notables et atteint les limites naturelles de la France au nord, à l'est et au sud;

6° Que soldats et officiers avaient jusque là puisé leur courage et leur enthousiasme dans le plus pur patriotisme; que les officiers avaient montré de l'habileté; mais que la gloire de la

France était surtout dans l'intelligence et l'intrépidité de ses armées;

7° Que les officiers-généraux à cette époque n'avaient manifesté aucunes vues ambitieuses, et que leur désintéressement avait égalé leur dévoûment à la patrie.

Voilà des vérités qu'il ne faut jamais perdre de vue quand on veut suivre, sans s'égarer, la marche des événemens et apprécier chaque chose à sa juste valeur.

Au moment où le général Bonaparte va entrer en campagne, la France a des troupes sur tous les points de ses frontières, et une armée dans l'ouest pour contenir et combattre au besoin les révoltés; mais par suite des traités qu'elle a successivement conclus, elle ne compte que trois armées actives: 1° l'armée de Sambre-et-Meuse, sous les ordres du général Jourdan; 2° l'armée de Rhin-et-Moselle, commandée par Moreau; 3° et, sous les ordres de Bonaparte, l'armée d'Italie, qui comprend sous le même commandement quelques départemens du midi et de la Corse, que Paoli a livrée aux Anglais, et qui est encore en leur possession. L'armée des Alpes, sous les ordres de Kellermann, n'était qu'une armée d'observation.

CHAPITRE III.

Arrivée de Napoléon à l'armée d'Italie. — Batailles de Montenotte et de Millésimo. — Combats de Dego, de Saint-Jean et de Saint-Michel. — Bataille de Mondovi. — Proclamation du général en chef à son armée. — Traité de Cherasco.

Tout se soulevait contre la France en Italie, moins Venise, Gênes et la Toscane, qui se tenaient sur la réserve. Cependant son gouvernement n'eut pas été autrement effrayé du concours du Piémont, de Parme, de Modène, de Naples, en y ajoutant même les soldats du pape, qui se déclara aussi l'ennemi de la république. Mais l'Autriche, qui avait obtenu des succès sur le Rhin, venait de détacher des corps nombreux de ses armées dans cette partie, pour les envoyer dans le Milanais et au secours des Piémontais.

Le Directoire, tout occupé de rétablir sur le Rhin les armées qui avaient été battues, ne montrait pas la même sollicitude pour l'armée d'Italie qui venait d'être victorieuse, ce qui était assez naturel. Cependant on a tiré de cette prétendue indifférence pour l'armée d'Italie, une singulière induction : c'est que le Directoire ne lui accordait aucune importance ; elle était destinée seulement à faire diversion, tandis que les armées commandées par Jourdan et Moreau se seraient avancées en Allemagne, et, en reprenant les places et les positions perdues, auraient forcé Vienne à une paix honorable.

L'écrivain, auteur de cette assertion, prétend en démontrer la justesse par la nomination même du nouveau général de l'armée d'Italie, le plus jeune, le moins expérimenté, le moins éprouvé de nos généraux. Si l'on avait attaché de l'importance à ce commandement, n'eût-on pas choisi des réputations faites ? les Hoche, les Kléber, les Kellermann, les Pérignon, les Championnet, et cet intrépide Masséna, tout couvert des lauriers de Loano, cueillis par cette même armée qu'il commandait en réalité sous le nom de Schérer ! Le Directoire n'avait point deviné le génie du nouveau général, et, s'il l'avait deviné, il se serait bien gardé de s'en servir.

Barras, en parlant toujours dans le même sens, à qui Bonaparte avait été utile, Barras qui

BIBL...

dominait déjà le Directoire, qui seul entre les directeurs affichait des airs de souverain dans son palais du Luxembourg, voulut s'en faire une créature. Bonaparte, par ambition, accepta le joug. C'est ainsi que cette nomination importante, inouie, comme tous les événemens les plus considérables, passa par la filière des petits intérêts humains.

L'auteur, par la même raison, rejette le vaste plan par lequel Jourdan et Moreau se seraient dirigés vers les montagnes de Salzbourg, pour se réunir à l'armée d'Italie, après qu'elle aurait traversé le Piémont, le Milanais, les États de Venise et la Carinthie.

Ces insinuations ne sont pas fondées.

Au milieu d'obstacles qui paraissaient insurmontables, le Directoire avait à peine commencé d'exister, et déjà il aurait été dominé par Barras, qui tranchait du souverain dans son palais du Luxembourg! Cela n'est ni vrai, ni vraisemblable. Si, en écrivant l'histoire, on peut se dispenser d'être équitable, il faudrait au moins mettre un peu de réflexion et de critique dans ce que l'on dit.

Carnot a soutenu que c'était lui, et non Barras,

qui avait proposé le jeune général pour le commandement de l'armée d'Italie. Si le fait est vrai, Barras n'a donc pas cherché une créature dans cette nomination, qui n'était pas de son fait, et Bonaparte, de son côté, ne s'est pas soumis à un joug que, dans tous les cas, il n'eût accepté qu'à charge de revanche.

Il y avait assez de discernement parmi les directeurs, et il n'en fallait pas beaucoup, pour juger que sous le rapport des connaissances militaires, de l'intelligence, de la tenue et du caractère, tout jeune qu'était Napoléon, il était bien supérieur à tous les généraux connus. Il n'avait point commandé en chef, à la vérité; mais à Toulon, toutes les opérations furent en définitif dirigées d'après ses plans, et Dugommier ne faisait rien que par ses conseils. Nous avons consigné dans ces études la justice que lui rendait le général Dumerbion. De près comme de loin, c'était lui qui, depuis le 2 avril, avait imprimé à l'armée d'Italie à peu près tous les mouvemens qu'elle avait subis. On savait à Paris, et nous avons tous su, que le jeune général entretenait sans cesse les membres du gouvernement, de tout ce qu'on pouvait faire dans ces contrées pour l'avantage de la république; et je ne fais pas le moindre doute que l'on ait conçu à cette époque l'idée d'un mouvement combiné des armées du Rhin et de celle d'Italie pour marcher sur Vienne; d'ailleurs les instructions du Directoire le prouvent.

Ainsi la nomination de Bonaparte au commandement d'une armée n'a pas plus été le résultat d'une spéculation individuelle, que d'une intrigue de boudoir; on avait, à l'instant même, fondé sur cette nomination les plus hautes espérances.

Mais le Directoire n'avait pas deviné son génie; certes le Directoire n'avait pas deviné tout son génie, et particulièrement la tendance de ce génie; mais il avait deviné l'homme très-appliqué, très-habile et très-actif.

Si la nomination de Bonaparte était importante, elle n'était point inouie, elle était au contraire toute naturelle et très-facile à expliquer; mais il faut convenir qu'aux yeux des intéressés, que par rapport aux généraux plus âgés, plus expérimentés, et notamment du général Masséna, à qui la dernière victoire remportée par l'armée d'Italie donnait toutes sortes de droits; d'Augereau, si susceptible, et qui venait de se distinguer en Espagne, la nomination dut paraître bien étrange, elle dut même exciter le plus vif mécontentement.

Il fallait cependant aborder ce monde-là ; il fallait se placer convenablement vis-à-vis de ces généraux, soit en leur imposant, soit en leur inspirant de la confiance, ou même en sachant leur plaire. Napoléon y réussit, on ne se permit aucune observation fâcheuse, même détournée ; il n'éprouva aucune résistance, même indirecte.

Mais par quel art, par quel enchantement ? Où était le principe de cet ascendant qui soumit tout au premier abord ? Il travaillait beaucoup, cela est vrai ; ses mœurs étaient sévères ; la réserve et l'austérité de ses discours leur donnaient de la force et de l'autorité ; il était peu communicatif ; toutefois il parlait, mais toujours à propos ; il tenait à chacun le langage qui devait le flatter le plus. Tout cela est fort bien sans doute, mais cette conduite parfaitement calculée, même accompagnée de l'illusion si puissante qui environne le commandement, ne suffira pas pour produire un résultat aussi prompt, aussi décidé ; le résultat pourra même être quelquefois contraire. Il y a donc une première cause, une cause principale qui appartient à l'individu, qui lui est inhérente en quelque sorte; or, quelle était cette cause qui mettait Napoléon à même d'exercer un si puissant ascendant sur tout ce qui approchait de lui? il me semble que lui-même l'explique assez bien dans les passages suivans, que j'extrais des Mémoires de M. le comte de Las Cazes.

« Il était rare et difficile, disait-il, de réunir » toutes les qualités nécessaires à un grand général. » (Par conséquent à un homme extraordinaire, à un grand homme.) « Ce qui était le plus » désirable et tirait aussitôt hors de ligne, c'est » *que chez lui l'esprit fût en équilibre avec le* » *caractère ou le courage*; c'est ce qu'il appelait » *être CARRÉ, autant de base que de hauteur*. » Si le courage, continuait-il, était de beaucoup » supérieur, le général entreprenait vicieuse- » ment au-delà de ses conceptions, et au con- » traire il n'osait pas les accomplir, si son carac- » tère et son courage demeuraient au-dessous » de son esprit. . . . .

. . . . »

« Quant au courage moral, il avait trouvé fort » rare celui de deux heures après minuit, c'est-à-

» dire le courage de l'improviste, qui, en dépit » des événemens les plus soudains, laisse néan» moins la même liberté d'esprit, de jugement et » de décision. Il n'hésitait pas à prononcer qu'il » était celui qui s'était trouvé avoir le plus de ce » courage de deux heures après minuit, et qu'il » avait vu fort peu de personnes qui ne fussent » demeurées de beaucoup en arrière.

» Il disait à la suite de cela qu'on se faisait » une idée peu juste de la force d'âme nécessaire » pour livrer, avec une pleine méditation de ses » conséquences, une de ces grandes batailles d'où » vont dépandre le sort d'une armée, d'un pays, » la possession d'un trône. Aussi observait-il » qu'on trouvait rarement des généraux empres» sés à donner bataille; ils prenaient bien leur » position, s'établissaient, méditaient leurs com» binaisons; mais là commençaient leurs indé» cisions, et rien de plus difficile et cependant » de plus précieux que de savoir se décider. »

Napoléon assigne ensuite à divers officiers la place qui peut convenir à chacun d'eux, d'après les idées qu'il vient d'émettre. Il faut convenir que ces conditions d'un grand général offrent le *nec plus ultrà* de la capacité et des facultés humaines. Un homme ainsi constitué dans son moral et son intelligence, ne peut être estime ni par sa taille ni par son âge. Quelque chose d'invisible, et pourtant qui est sensible par l'impression qu'on en reçoit, agit en lui, hors de lui, et subjugue en étonnant, comme l'impression d'une grande pensée ou le récit d'une action éclatante. Plus j'y réfléchis, plus il me semble que telle était la nature de l'ascendant et de l'empire que Napoléon exerçait sur les esprits.

Cette observation si profonde sur le rapport du caractère avec l'intelligence, mérite la plus grande attention; elle ne concerne pas seulement un général d'armée, elle doit servir de guide dans toutes les circonstances et à toutes les époques de la vie; c'est cet équilibre, ce sont ces qualités qu'il faut s'efforcer d'acquérir, si l'on veut faire preuve d'une entière capacité, quelle que soit la profession que l'on exerce. Tous ceux qui ont obtenu un succès constant dans la carrière qu'ils ont embrassée, avaient de cela dans le caractere et dans l'esprit.

J'ai entendu dire que le docteur Corvisart prétendait expliquer cette puissance d'influence que Napoléon exerçait sur lui-même et par suite sur les autres, par un phénomène particulier de son organisation physique.

Il avait observé que les battemens du pouls, qui sont ordinairement de soixante-douze à soixante-quinze par minute, n'étaient que de quarante-cinq à cinquante au plus chez Napoléon. Il en concluait que quand les autres hommes sont emportés dans leurs mouvemens par la pétulance de leurs sens, lui, toujours maître des siens, n'obéissait qu'à une volonté réfléchie.

Quoi qu'il en soit, Napoléon, qui avait quitté Paris à la fin de février, arriva à Nice le 27 de mars. Il fut parfaitement accueilli par Schérer, qu'il venait remplacer. Celui-ci lui donna sur l'armée des explications d'où il résultait qu'elle était dans une situation encore plus déplorable que ne le croyait le nouveau général en chef.

Selon quelques écrivains, les généraux, tous plus âgés et plus anciens que lui dans la carrière, le reçurent avec les marques de la plus grande déférence. Masséna lui dit : « Depuis long-temps » vous connaissez la justice que je rends à vos ta- » lens militaires; je ferai en sorte de mériter votre » confiance, comme je l'ai obtenue de tous les gé- » néraux qui ont commandé jusqu'à ce jour. » Augereau lui adressa ces paroles : « Je me » félicite d'être sous vos ordres, connaissant votre

» civisme et vos talens militaires. Je ferai mon » possible pour remplir vos intentions dans tous » les ordres que vous me donnerez. Comptez sur » mon zèle, mon activité et mon dévoûment » à la chose publique. »

Selon d'autres : « Masséna seul, parmi les » généraux, se tenait encore sur la réserve avec » lui. C'était avec peine qu'il se voyait contraint » d'obéir à ce jeune parvenu, qu'intérieurement, » sans doute, il regardait comme occupant une » place qui lui était due. Bonaparte, de son côté, » ne semblait point chercher à vaincre cette ré- » pugnance qui éloignait de lui le plus brave de » ses lieutenans. Il savait qu'avec un caractère » aussi fortement trempé qu'était celui de Mas- » séna, il faut tout attendre d'une occasion fa- » vorable : et cette occasion se présenta bientôt.

» . . . . . Après la reprise de Dego, quand le » succès était décidé et que les derniers coups de » canon se faisaient entendre, Masséna, qui s'é- » tait distingué à Montenotte et à Millésimo, » passa près du général en chef, tout couvert de » poussière, et s'acharnant à la poursuite des Au- » trichiens. Ils venaient de vaincre ensemble, » sous les yeux l'un de l'autre. Ils s'étaient jugés.

» Bonaparte fait quelques pas de son côté, lui » tend la main silencieusement; Masséna la lui » presse, et se donne à lui pour toujours. »

Napoléon dans ses Mémoires ne parle nullement de ce fait, il ne cite même pas Masséna dans l'affaire de Dego; celui qu'il désigne comme en étant le héros, est l'adjudant-général Lamesse, qui fut fait général de brigade, par suite du courage qu'il y montra.

Napoléon n'eût pas été un homme extraordinaire qu'il eût encore été, par les raisons que j'ai déduites plus haut, un officier distingué dans l'armée, parce que à une éducation militaire suivie dans tous ses développemens, avantage que réunissaient peu d'officiers généraux, il joignait, comme tous les autres, l'expérience de la guerre de la révolution.

Le dénûment du trésor était tel que deux mille louis en or que Napoléon emporta dans sa voiture, et un million en traites, qui furent en grande partie protestées, furent sa seule ressource. Arrivé à Nice, il s'occupa aussitôt des besoins de l'armée, et l'on sait qu'elle se trouvait dans un état affreux; il pensa que sa mise en activité était le seul moyen de la soulager, comme elle était le premier moyen d'arriver jusqu'à l'ennemi et de le combattre en prenant l'offensive.

Après le premier mouvement imprimé, il passe l'armée en revue et dit aux troupes : « Soldats, » vous êtes nus, mal nourris; le gouvernement » vous doit beaucoup, il ne peut rien vous donner; » votre patience, le courage que vous montrez au » milieu de ces rochers, sont admirables; mais ils » ne vous procurent aucune gloire; aucun éclat » ne rejaillit sur vous. Je veux vous conduire dans » les plus fertiles plaines du monde. De riches » provinces, de grandes villes seront en votre » pouvoir; vous y trouverez honneurs, gloire et » richesse. Soldats d'Italie, manqueriez-vous de » courage ou de constance »

Cette courte et vigoureuse allocution fut accueillie avec le plus vif enthousiasme.

On a remarqué que dans ce discours on ne trouvait ni le mot *citoyen*, ni le mot *patrie* : cette observation serait fort importante si elle annonçait des intentions bien décidées; mais le général a employé le mot *patrie* dans des proclamations ultérieures. Il n'est guère possible non plus d'interpréter d'une manière défavorable l'absence du mot *citoyen*; le nom de soldat, tout militaire, convenait mieux dans la bouche d'un général d'un caractère sévère et d'un esprit exact ; d'ailleurs le fait que je viens de rapporter prouve qu'il y avait de l'indiscipline dans l'armée, et son commandant aura très-bien senti qu'il fallait employer une dénomination qui rappelle la plus entière soumission, et non un titre qui suppose des droits.

Au reste, ce nom de *soldats* n'empêcha pas le 3e bataillon de la 29e demi-brigade de se rendre coupable de désobéissance, sous prétexte qu'il manquait de souliers et d'argent. Sous un pareil commandant le châtiment ne se fit pas attendre : les chefs de cette émeute furent traduits devant un conseil de guerre, les officiers et sous-officiers furent licenciés, et les soldats furent disséminés dans différens corps.

En même temps que le général en chef se livrait à l'examen des plus petits détails qui pouvaient adoucir le sort et remonter le moral de son armée, en diminuant les privations sous lesquelles elle succombait, il s'occupait de sa situation militaire et politique ; et cette double considération qu'il ne perdra jamais de vue, accroîtra chaque jour son influence, comme elle assurera ses succès. En s'adressant au Directoire, il dit que Schérer s'est trop avancé sur Gênes, et qu'il avait attiré Beaulieu et les Autrichiens de ce côté, en les forçant à faire un mouvement. Il aurait mieux aimé les surprendre dans leurs quartiers d'hiver. Il se plaignait de la conduite que l'on avait tenue avec le gouvernement génois : « Il fallait, disait-il, s'emparer de Gênes, ce » qui était contraire à vos instructions, ou bien » vivre en bonne amitié, et ne pas chercher à » leur tirer leur argent, qui est la seule chose » qu'ils estiment. »

Pour rompre de mauvaises habitudes, tant de la part des officiers supérieurs, que de la part des chefs des services militaires, et aussi pour ranimer l'esprit du soldat, il porta à Albenga le quartier-général de l'armée, qui, depuis le commencement de la guerre, avait été constamment établi à Nice.

Cependant tant de soins, de travaux, et ce mouvement imprimé aux troupes, n'avaient pu y ramener la discipline, parce que leurs misères et leurs besoins étaient toujours les mêmes. Le général La Harpe, les chefs de brigade Chambarlhac et Maugras, se plaignaient des désordres de la plus affreuse indiscipline qu'ils ne pouvaient réprimer. La Harpe écrivait « qu'il » aimait mieux labourer la terre pour vivre, plu- » tôt que de se trouver à la tête de gens qui sont » pires que n'étaient autrefois les Vandales. » Les deux autres officiers se plaignaient dans les mêmes termes, ajoutant que ces soldats insubordonnés menaçaient sans cesse leurs officiers. Tous les trois offraient leur démission, que le général en chef se garda bien d'accepter.

Malgré tant d'obstacles et toutes les résistances, il marchait à son but. Tout était en mouvement, et chaque instant préparait les événemens qui allaient signaler cette campagne.

Dans ce moment-là même, Napoléon reçut du Directoire une communication qui dut le surprendre sans trop lui déplaire, car il saisissait volontiers les occasions qui pouvaient lui être offertes de critiquer et de déconsidérer ce gouvernement.

Il paraît qu'on avait remis au Directoire un mémoire qui avait pour objet de démontrer que rien ne serait plus facile que d'enlever le trésor de Notre-Dame-de-Lorette, qui n'était pas éloignée de plus de quarante-cinq lieues du point où se trouvait Napoléon; que dix mille hommes, sous les ordres d'un commandant déterminé, feraient ce coup-de-main en autant de temps qu'il en faut pour aller et venir. Le trésor était présumé valoir 10,000,000 sterling. Il se composait en réalité de tout ce que la superstition avait apporté dans ce lieu de richesses depuis des siècles. Or 10,000,000 sterling font bien 240,000,000, et pour un gouvernement qui n'avait pas le sol, c'eût été une véritable fortune.

Ce projet était bien absurde, et cependant les membres composant le Directoire n'étaient pas des imbéciles. On aura dénaturé cette communication. Il y a tout lieu de croire que le Directoire, sans y attacher autrement d'importance, aura envoyé ce mémoire à Napoléon, comme un avis qu'il y avait là une bonne proie à saisir, et que, si, chemin faisant, il trouvait moyen de s'en emparer, il ferait bien de ne pas attendre qu'on la lui eût enlevée. L'esprit de malveillance et de dénigration se sera ensuite emparé de cette recommandation sans importance, pour jeter du ridicule sur les chefs du gouvernement, ce qui était une petite indemnité pour la subordination obligée du militaire, et un aliment à la malignité, qui, ne s'embarrassant pas de la gravité des conséquences, cherche à rabaisser les hommes revêtus du pouvoir, surtout quand l'esprit de faction vient s'unir, dans les détracteurs, à l'envie, cette grande maladie de l'espèce humaine. Or, quelle belle occasion de rendre ridicule un gouvernement nouveau, que de mettre en opposition Napoléon méditant et préparant des victoires et la conquête d'un royaume, avec le Directoire qui lui conseille de suspendre un instant ces grandes pensées pour aller, contre toute possibilité, dérober un trésor que l'on ne trouvera probablement pas!

Comme je me propose de ne faire qu'un récit très-abrégé des opérations militaires, et que je me contenterai de noter seulement quelques faits qui appartiennent essentiellement à l'histoire politique de l'époque, que de plus des opérations stratégiques n'intéressent que l'art de la guerre, par ces motifs, je ne donnerai qu'un très-léger aperçu géographique de la partie de l'Italie qui a été spécialement le théâtre de nos nombreux et glorieux combats. Ce théâtre comprend les États de Gênes, le Piémont, la Lombardie et les États vénitiens, aujourd'hui le

BIBLIOTHÈQUE

royaume Lombard-Vénitien; le duché de Parme, le duché de Modène, et les États de l'Église au nord-est jusqu'à Ancône.

Les cours d'eau qui arrosent ces contrées, excepté dans le territoire de Gênes, sont tous des affluens de la mer Adriatique.

Voici, d'après les progrès de notre armée, l'ordre dans lequel il convient de présenter les noms de ces cours d'eau, que chacun de ses pas a rendus si célèbres, en commençant par les Etats de Gênes.

Ceux qui appartiennent au territoire de Gênes sortent des Alpes et des Apennins, au sud et à l'ouest, et tombent dans la Méditerranée. Les plus considérables entre le Var (frontière de France) et Gênes, sont : la Roya ou Rolta, l'Aroscia, la Magra et la Vara.

Le Pô, qui a sa source dans les Alpes Cottiennes, au mont Viso, et se jette, après un cours de cent trente lieues, dans la mer Adriatique, couvre avec ses affluens le Piémont, le Milanais, les duchés de Parme, de Modène, et la partie des Etats de Venise qui est à l'ouest.

Les principaux affluens du Pô, par sa droite, qui sortent à l'est, au nord et à l'ouest des Alpes et des Apennins, sont la Maira, le Tanaro, qui reçoit par sa gauche la Stura et la Corsaglia, par sa droite le Belbo et la Bormida, la Servia, la Trebbia, la Nera, la Parana, la Secchia et le Panaro, affluent de la Secchia.

Par sa gauche, le Pô reçoit la Chiara, la Stura, l'Orco, la Doria Baltea, le Cervo, la Sésia, le Tésin, qui traverse le lac Majeur; l'Olone, qui passe à Milan; le Cluson, le Lambro, l'Adda, qui traverse le lac de Côme; la Chièse, l'Oglio, qui traverse le lac Iséo, et qui reçoit le Mello; enfin le Mincio, qui sort du lac de Garda et passe à Mantoue, où il forme un autre petit lac, au milieu duquel la ville est située.

Les autres cours d'eau qui traversent aussi le territoire de Venise, et qui vont directement à la mer Adriatique, sont, en allant toujours de l'ouest à l'est, l'Adige, le Bacchiglione, la Brenta, la Piave, le Tagliamento et l'Isonzo.

En dix jours, le général en chef avait fait tous les mouvemens nécessaires pour prendre l'offensive, et il se trouvait en mesure d'attaquer lorsqu'il passa son armée en revue.

L'armée ennemie était commandée par le feld-maréchal Beaulieu, qui avait sous ses ordres les lieutenans-généraux d'Argenteau, Mélas, Wukassowich, Liptay et Sebattendorf. L'armée active de Sardaigne était commandée par Colli, général autrichien, qui avait pour lieutenans les généraux Provéra et Latour.

L'armée austro-sarde était forte de quatre-vingt mille hommes et de deux cents pièces de canon.

L'armée française, commandée par le général en chef Napoléon Bonaparte, ayant sous ses ordres les généraux Masséna, Augereau, La Harpe, Serrurier, Stengel et Kilmaine, ne comptait que trente mille hommes et trente pièces de canon. Infanterie et cavalerie, tout était dans le plus mauvais état; mais ces hommes aguerris, éprouvés par les privations, la misère même, étaient singulièrement redoutables.

Aussitôt après la revue, le général en chef mit son armée en mouvement, et la fit passer de l'ordre défensif à l'ordre offensif, opération très-délicate, selon le général lui-même; et sa première bataille, connue sous le nom de Montenotte, fut gagnée le 12 avril 1796, quinze jours après son arrivée à l'armée. Elle avait commencé le 11. Ce jour-là, le général ennemi d'Argenteau s'était déjà emparé de deux redoutes. Il ne lui restait plus à emporter, pour couper la ligne de l'armée française et détruire son céntre, que la position importante de Monte-Legino, défendue par douze cents hommes seulement, d'autres disent quinze cents, que commandait le colonel Rampon. D'Argenteau l'attaqua; sa division fut foudroyée et repoussée dans deux attaques successives. Les Autrichiens, épouvantés d'abord, puis ranimés par leurs chefs, font une troisième tentative; bientôt ils s'aperçoivent que le feu des Français diminue sensiblement; il cesse, et ce silence ne les effraie pas moins que les terribles coups qui les avaient fait reculer à plusieurs reprises; ils s'enhardissent cependant; ils avancent. En effet, les Français avaient épuisé leurs munitions; ils étaient sur le point de se rendre, lorsque le brave Rampon jure et fait jurer à ses soldats de défendre la position ou d'y mourir. Aussitôt ils forment un rempart d'acier contre lequel viennent se briser tous les efforts de l'ennemi; cette résistance inattendue et la chute du jour l'obligent à la retraite, mais il compte sur un plein succès dès que le jour aura reparu.

Pendant la nuit et le lendemain, La Harpe, Masséna, le général en chef lui-même, firent arriver des munitions et accoururent au secours de Rampon. L'ennemi fut écrasé, le centre de son armée détruit, et la bataille de Montenotte gagnée; bataille à laquelle les étrangers donnèrent le nom de Monte-Legino; le général en chef, n'importe par quelle raison, préféra celui de Montenotte. Il craignit peut-être que le nom de Monte-Legino, en rappelant la victoire, ne rappelât aussi qu'elle avait manqué de lui échapper, que ses dispositions avaient été mal faites, et qu'il ne la dut qu'au dévoûment sublime d'un de ses officiers et du corps qu'il commandait. On a demandé ce qui serait arrivé si, au lieu d'une première victoire remportée, le général eût éprouvé une défaite, et on décide aussitôt que la carrière du général était perdue comme son armée; c'est aller trop vite. Il y avait bien de la valeur dans nos troupes, et bien des ressources dans l'esprit de leur général!

Malgré cette victoire et la soumission dans l'exécution des mouvemens qui l'avaient préparée, il restait, dans l'armée, des germes de défiance, de sédition, même de révolte. Napoléon rassemble ses troupes dans les positions qu'il venait de conquérir. Il les passe en revue. Il ne veut pas s'apercevoir d'abord des mauvaises dispositions qui ne pouvaient encore se lire que sur les figures; mais quelques plaintes se font entendre : *Du pain! du pain! la solde! des habits!* Quelques-uns des plus mutins sortent des rangs, l'approchent et lui disent : « Donne-nous du » pain ou notre congé! » et jettent leurs armes. Ceci rappelle un peu l'histoire des légions romaines sous les Césars. « Rentrez dans vos » rangs, s'écrie Napoléon, et reprenez vos ar- » mes; celui qui les abandonnera sera chassé » de l'armée et n'aura plus sa part dans notre » gloire. » Puis, s'adressant à l'armée, qui partageait plus ou moins ce mécontentement, il dit, en montrant du geste les plaines du Piémont : « Soldats, voici les champs de la fertile Italie; » l'abondance est devant vous; sachez la con- » quérir, et la victoire vous fournira demain » tout ce qui vous manque aujourd'hui! » Ces paroles, l'assurance avec laquelle elles furent prononcées, firent taire les mutins, et l'ordre fut rétabli dans l'instant.

Le 12, le quartier-général français fut porté à

Carcare. Les Autrichiens se reformèrent à Dégo, où Beaulieu les rejoignit; les Piémontais, à Millésimo, où se retrouva également Colli, accompagné des troupes qu'il avait pu recueillir dans sa retraite. Ces deux positions de Dégo et de Millésimo étaient liées par un corps de Piémontais qui occupait les hauteurs de Biestro.

La Harpe, qui commandait la droite, reçut ordre de marcher sur Sasello et de là à Cairo; Masséna, avec le centre, se dirigea vers Biestro et Dégo. Dès le 13, Augereau, qui était à la gauche, avait forcé les gorges de Millésimo, et, par un mouvement impétueux, il avait séparé Provéra de Colli. Provéra n'eut d'autre ressource que de se retirer dans les ruines du château de Cossaria.

Le lendemain 14, l'ennemi fut attaqué sur tous les points et forcé d'évacuer les positions de Biestro et de Dégo. Poursuivi dans tous les sens, Beaulieu se réfugia à Acqui, où il établit son quartier-général. Provéra fut obligé de se rendre, et Colli, qui n'avait pu le dégager, se retira sous Céva, où étaient ses magasins.

Par cette victoire, qui reçut le nom de Millésimo, les Autrichiens se trouvèrent entièrement séparés des Piémontais; premier et important résultat qu'avait cherché le général en chef.

La joie que causaient aux Français des événemens aussi heureux fut un instant troublée. On était dans cette sécurité que devait donner une victoire qui paraissait décisive, lorsque Wukassowich, général autrichien, avec une division de grenadiers, dirigée de Voltri par Sasello, ayant été retardé de vingt-quatre heures dans sa marche, par une erreur de date d'un ordre que lui avait envoyé Argentéau, arriva le 15, à trois heures du matin, à Dégo qu'il reprit.

Les généraux français rassemblèrent leurs troupes à la hâte; un combat furieux s'engagea; les Autrichiens furent vaincus, et cependant ils parvinrent à s'échapper.

L'adjudant-général Lanusse décida la victoire. Après avoir mis son chapeau sur son épée, il s'avança audacieusement pour la troisième fois, et l'ennemi fut culbuté.

C'est dans le village de Dégo que Napoléon remarqua un chef de bataillon qu'il fit colonel. C'était Lanne, qui depuis fut maréchal de l'empire et duc de Montébello.

Après ce combat, les opérations furent essentiellement dirigées contre les Piémontais. On se contenta d'observer les Autrichiens et de les tenir en échec ; en conséquence, Serrurier s'emparait de la hauteur de Saint-Jean-de-Murialto, et entrait dans Céva le même jour qu'Augereau se rendait maître des hauteurs de Montézémato. Le 17, Colli évacua le camp retranché de Céva, repassa le Tanaro, et se retira derrière la Corsaglia. Aussitôt le quartier-général français fut porté à Céva. L'armée passa aussi le Tanaro, et pour la première fois elle se trouva en plaine.

« Ce fut un spectacle sublime que l'arrivée » de l'armée sur les hauteurs de Montézémato. » De là elle découvrit les immenses et fertiles » plaines du Piémont..... Ces gigantesques bar» rières qui paraissaient les limites d'un autre » monde, que la nature s'était plue à rendre si » formidables, auxquelles l'art n'avait rien épar» gné, venaient de tomber comme par enchan» tement. »

« Annibal a forcé les Alpes, dit Napoléon, en » fixant ses regards sur ces montagnes, nous, » nous les avons tournées. Phrase heureuse, » ajoute l'auteur de ces Mémoires, c'est-à-dire

» lui-même, qui exprimait en deux mots la » pensée et l'esprit de la campagne. »

Le 20 avril, le général Serrurier passa le pont Saint-Michel, dans le dessein d'attaquer Colli par sa droite. Dans le même moment, Masséna traversa le Tānaro pour le prendre par sa gauche. Serrurier ne put se maintenir au pont Saint-Michel, par suite de l'indiscipline d'une partie de sa troupe. Le 22, ce même général déboucha par le pont de Torre, Masséna par celui de Saint-Michel, et le général en chef par Lézégno, tous se portant sur Mondovi, où un engagement général eut lieu. Serrurier enleva la redoute de la Bicoque, et assura, par ce coup de main, le gain de la bataille de Mondovi.

Le général de cavalerie Steingel s'étant trop avancé en poursuivant l'ennemi, fut tué d'un coup de pointe. Il fut remplacé par le colonel Murat, qui repoussa la cavalerie piémontaise. Le général Steingel était un officier distingué et d'une rare intelligence; malheureusement il avait la vue basse.

Après la victoire de Mondovi, l'armée s'avança vers la Stura. Ses trois colonnes entrèrent en même temps dans Fossano, Chérasco et Alba. Chérasco, place importante, au confluent de la Stura et du Tanaro, où l'on trouva beaucoup de ressources, fut armée, et des avant-postes furent portés en avant, jusques à la petite ville de Bra, à neuf lieues de Turin.

La jonction de Serrurier avait permis de communiquer avec Nice, par Ponte di Nave. Il en arriva des renforts d'artillerie et du matériel. L'artillerie put être portée à soixante bouches à feu, bien attelées et en bon état. D'ailleurs la victoire nous avait enrichis en chevaux, canons, équipages de toute espèce, etc. Ces succès multipliés et l'abondance appelaient de toutes parts, des hôpitaux et des dépôts, des hommes qui arrivaient avec empressement par tous les débouchés et par tous les chemins. Ils remplaçaient les soldats que nous avions perdus, en bien moins grand nombre cependant qu'on ne pourrait le penser, grâce à la rapidité des mouvemens et à l'art avec lequel nous nous trouvions souvent en nombre supérieur sur les points où l'on se battait. Le soldat recevait des distributions régulières, et la discipline, dont le défaut nous avait nui dans plusieurs occasions, se rétablit.

Colli, qui s'était porté au-delà de l'Elléro et

du Pezzio, proposa, dans sa détresse, une suspension d'armes. Napoléon lui répondit qu'une suspension d'armes était impossible, à moins qu'il n'acceptât les conditions qu'il lui adressait. En attendant l'effet de cette réponse, il passa lui-même les deux rivières, en se rapprochant de plus en plus de l'armée piémontaise et de Turin. Il adressa en même temps à son armée la proclamation suivante, dont le double but ne peut échapper au lecteur; elle offre, en outre, le plus beau et le plus brillant résumé qu'on puisse faire de cette campagne.

« Soldats, vous avez en quinze jours remporté » six victoires, pris vingt et un drapeaux, cin- » quante-cinq pièces de canon, plusieurs places » fortes, conquis la partie la plus riche du Pié- » mont; vous avez fait quinze mille prisonniers, » tué ou blessé plus de dix mille hommes.

» Vous vous étiez jusqu'ici battus pour des » rochers stériles, illustrés par votre courage, » mais inutiles à la patrie; vous égalez aujour- » d'hui par vos services l'armée *conquérante* de » Hollande et du Rhin. Dénués de tout, vous » avez suppléé à tout. Vous avez gagné des ba- » tailles sans canons; passé des rivières sans

» ponts; fait des marches forcées sans sou-
» liers; bivouaqué sans eau-de-vie et souvent
» sans pain. Les phalanges républicaines, les
» soldats de la liberté, étaient seuls capables de
» souffrir ce que vous avez souffert. Grâces vous
» en soient rendues, soldats! la patrie recon-
» naissante vous devra en *partie* sa prospérité;
» et si, vainqueurs de Toulon, vous présageâtes
» l'immortelle campagne de 1793, vos victoi-
» res actuelles en présagent une plus belle en-
» core.

» Les deux armées qui naguère vous atta-
» quaient avec audace, fuient épouvantées de-
» vant vous; les hommes pervers qui riaient de
» votre misère, qui se réjouissaient, dans leur
» pensée, des triomphes de vos ennemis, sont
» confondus et tremblans.

» Mais, soldats! *il ne faut pas vous le dis-*
» *simuler*, vous n'avez rien fait, puisqu'il vous
» reste à faire. Ni Turin, ni Milan ne sont à
» vous. Les cendres des vainqueurs des Tar-
» quins sont encore foulées par les assassins de
» Basseville.

» *Vous étiez dénués de tout au commence-*
» *ment de la campagne, vous êtes aujourd'hui*

» *abondamment pourvus; les magasins pris à* » *vos ennemis sont nombreux; l'artillerie de* » *siége et de campagne est arrivée. Soldats! la* » *patrie a le droit d'attendre de vous de grandes* » *choses; justifierez-vous son attente? Les plus* » *grands obstacles sont franchis, sans doute,* » *mais vous avez encore des combats à livrer,* » *des villes à prendre, des rivières à passer.* » *En est-il entre vous* dont le courage s'amol- » lisse? *En est-il* qui préfèreraient retourner » sur les sommets de l'Apennin et des Alpes, » *essuyer patiemment les injures de cette sol-* » *datesque esclave?* Non, il n'en est point par- » mi les vainqueurs de Montenotte, de Millési- » mo, de Dégo et de Mondovi; *tous* brûlent » de porter au loin la gloire du peuple français; » *tous veulent humilier les rois orgueilleux* » *qui osaient méditer de nous donner des fers;* » *tous veulent dicter une paix glorieuse et qui* » *indemnise la patrie, des frais immenses qu'elle* » *a faits; tous veulent, en rentrant dans leur* » *village, pouvoir dire avec fierté :* J'étais de » l'armée conquérante d'Italie!

» *Amis, je vous la promets cette conquête;* » *mais il est une condition qu'il faut que vous*

» *juriez de remplir : c'est de respecter les peu-*
» *ples que vous délivrerez, c'est de réprimer*
» *les pillages horribles auxquels se portent les*
» *scélérats suscités par nos ennemis; sans cela,*
» *vous ne seriez pas les libérateurs des peu-*
» *ples, vous en seriez les fléaux. Vous ne se-*
» *riez pas l'honneur du peuple français; il*
» *vous désavouerait; votre victoire, votre cou-*
» *rage, vos succès, le sang de nos frères morts*
» *aux combats, tout serait perdu, même l'hon-*
» *neur et la gloire. Quant à moi et aux géné-*
» *raux qui ont votre confiance, nous rougirions*
» *de commander à une armée sans discipline,*
» *sans frein, qui ne connaîtrait de loi que la*
» *force. Mais, investi de l'autorité nationale,*
» *fort de la justice, et par la loi, je saurai faire*
» *respecter à ce petit nombre d'hommes sans*
» *courage et sans cœur, les lois de l'humanité*
» *et de l'honneur qu'ils foulent aux pieds. Je*
» *ne souffrirai pas que des brigands souillent*
» *vos lauriers. Je ferai exécuter à la rigueur*
» *le réglement que j'ai fait mettre à l'ordre.*
» *Les pillards seront impitoyablement fusillés;*
» *déjà plusieurs l'ont été. J'ai eu lieu de re-*
» *marquer avec plaisir, l'empressement avec*

» *lequel les bons soldats de l'armée se sont*
» *portés pour faire exécuter les ordres.*

» *Peuples de l'Italie, l'armée française vient*
» *pour rompre vos chaînes; le peuple français*
» *est l'ami de tous les peuples; venez avec con-*
» *fiance au-devant d'elle; vos propriétés, votre*
» *religion et vos usages seront respectés.*

» *Nous faisons la guerre en ennemis géné-*
» *reux, et nous n'en voulons qu'aux tyrans qui*
» *vous asservissent.* »

Des historiens ont trouvé que cette proclamation était plus qu'éloquente, qu'elle était calculée pour émouvoir également et l'armée, et l'ennemi, et les peuples; qu'elle annonçait l'homme d'État qui porte l'épée du grand capitaine; en un mot, que Bonaparte y respire tout entier. Cette proclamation est en effet une pièce très-remarquable; mais ce qui doit fixer d'abord l'attention, c'est que dans ses Mémoires écrits à Saint-Hélène, Napoléon la rapporte en l'altérant et en la tronquant. J'ai imprimé en lettres italiques, tout ce qui est altéré ou supprimé dans le texte de Sainte-Hélène, dans lequel on ne retrouve plus les expressions d'*armée conquérante*, de *soldatesque esclave*, de *rois orgueilleux*

QUE ROYALE

qui méditaient de nous *donner des fers*, ni des *chaînes* des *peuples* que nous *venions briser*, ni de *tyrans*, *les seuls* à qui nous en voulions, etc., etc. Evidemment l'empereur Napoléon a voulu modifier, corriger le général républicain Bonaparte, et l'empereur a eu tort. Sa proclamation était dans l'esprit du temps et dans la nécessité de sa situation; en la mettant dans l'esprit de l'empire, il fait un véritable anachronisme, il manque à la vérité historique et à la vérité de ses propres inspirations.

Il n'avait point encore dans ce moment une force morale personnelle assez puissante pour agir sur l'esprit du soldat, abstraction faite de la patrie, de la république et du principe qui jusque là avait produit de si merveilleux résultats. Il fallait qu'il se montrât en effet comme capable de continuer ses conquêtes, comme ami de la liberté, comme ennemi des tyrans, enfin comme révolutionnaire, puisque tel est le mot par lequel on prétend désigner les actions les plus légitimes, comme les actes les plus extravagans de l'époque. C'est ce qu'il fit, et d'après ses propres inspirations, et d'après la connaissance qu'il avait de l'état des choses, des affections et de la disposition des esprits. Plus tard il put sans inconvénient tenir un autre langage.

On conçoit d'autant moins que Napoléon ait voulu donner à ses expressions une autre couleur, qu'il devait bien penser que sa proclamation, imprimée dans les journaux et recueils de l'époque, se trouverait reproduite dans toute son originalité; d'ailleurs cette pièce prouve surtout combien il avait encore à lutter contre l'indiscipline des soldats. Elle est empreinte de la plus grande énergie, d'une confiance sans bornes en soi-même; mais quoi qu'on en ait pu dire, rien n'y annonce l'homme d'Etat; elle est tout entière d'un homme de l'époque, et, qui plus est, d'un jeune homme, si l'on en juge par les incorrections de style, par la répétition des mêmes idées et par leur incohérence. Pour qu'elle eût offert les qualités que l'on suppose dans un homme d'Etat, il eût fallu qu'elle eût présenté l'énergie indispensable dans le moment, et qu'ensuite l'on y eût vu clairement indiqué le terme où bon gré malgré s'arrêtent tous les excès et toutes les extravagances. Cette pièce au contraire n'a aucun caractère de prévoyance.

Dans sa proclamation, Napoléon menaçait

18.

l'Italie, et la rapidité avec laquelle il avait conquis le Piémont annonçait que ces menaces ne devaient pas être prises pour une forfanterie; de plus, il déclarait la guerre aux rois, aux trônes, et l'on sait quel spectacle présentait alors la France; mais il ne se contenta pas de menaces, de paroles : pour que l'on pût juger par le fait que les Français avaient à leur disposition une autre force que celle des armées, et peut-être plus redoutable, il avait mis, sous main, en mouvement, un certain Bonnafous, émigré piémontais, démocrate fougueux, qu'Augereau traînait à sa suite comme un épouvantail, et qu'il avait amené dans Alba, la province de tout le Piémont la plus opposée à l'autorité royale. D'Alba, Bonnafous publiait des proclamations qui se répandaient jusque dans Turin. Continuons :

Serrurier se porta sur Fossano, où il échoua. Masséna, plus heureux, attaqua Chérasco, en chassa les Piémontais. Colli se retira sur Carignan, pour couvrir Turin; alors Serrurier put entrer dans Fossano, en même temps qu'Augereau s'emparait d'Alba.

Beaulieu se mit enfin en mouvement pour secourir Colli; mais il apprit aussitôt que tout effort de sa part était inutile, attendu que, sans sa participation, on venait de signer une suspension d'armes ; ce qui annonçait une grande frayeur de la part des Sardes, et quelque mésintelligence entre eux et les Autrichiens.

Les progrès rapides de notre armée, les proclamations de Bonnafous, des mouvemens insurrectionnels et l'idée d'une révolution populaire, avaient porté une telle épouvante au milieu de la cour de Turin et dans l'âme du roi, qu'il ne put résister aux conseils du cardinal Costa ; ces conseils étaient que, vu l'imminence des dangers qui menaçaient le monarque, il se soumît à la loi de la nécessité. En conséquence, le 29 avril, il donna l'ordre au général Colli d'accepter les propositions du général français. Un mois après l'arrivé de celui-ci à son quartier-général de Nice, des conférences pour une suspension d'armes s'ouvrirent au quartier-général, dans la maison de Salmatoris, alors maître-d'hôtel du roi de Sardaigne. Depuis il fut préfet du palais de Napoléon. Le général Latour et le colonel La Coste étaient chargés des pouvoirs du roi. Les conditions furent « que » le roi quitterait la coalition et enverrait un

» plénipotentiaire à Paris pour y traiter de la » paix définitive ; que jusque là, il y aurait ar» mistice ; que Céva, Coni, Tortone, ou, à son » défaut, Alexandrie, seraient remises sur-le» champ à l'armée française, avec toute l'artil» lerie et les magasins ; que l'armée continuerait » d'occuper tout le terrain qui se trouvait dans » ce moment à sa disposition ; que les routes » militaires, dans toutes les directions, permet» traient sa libre communication avec la France, » et de la France avec l'armée ; que *Valence* » serait immédiatement évacuée par les Napo» litains et remise au général français, *jusqu'à » ce qu'il eût effectué le passage du Pô*; enfin » que les milices du pays seraient licenciées, et » que les troupes régulières seraient disséminées » dans les garnisons, de manière à ce qu'elles » ne donnassent aucun ombrage à l'armée fran» çaise. »

Dans les instructions que le général en chef avait reçues du Directoire, après son départ de Paris, il lui était enjoint d'observer et de contenir seulement les Piémontais, de se porter essentiellement sur les Autrichiens, et de s'emparer avant tout de la Lombardie. Il est évident que le plan qui venait d'être exécuté était beaucoup plus prudent. L'armée dès lors pouvait attaquer la Lombardie avec sécurité; les mouvemens de l'armée des Alpes devenaient libres. Il lui était facile de descendre dans les plaines du Piémont. La ligne de communication avec Paris était raccourcie de moitié; enfin de grands dépôts d'artillerie, dont nous venions de nous rendre maîtres, nous permettaient d'assiéger Turin même, si le roi ne se résignait pas à la paix.

Murat, alors colonel, fut envoyé à Paris avec vingt drapeaux et le traité de Chérasco. Il passa par le Mont-Cénis, et arriva avant l'aide-de-camp Junot, qui avait été expédié par Nice, aussitôt après la bataille de Millésimo.

La coalition, par ce traité, se trouvait affaiblie de soixante-dix mille hommes que lui fournissait la Sardaigne.

Dans le courant d'un mois la législature décréta cinq fois, séances des 21, 22, 24, 25 et 26 avril, que l'armée d'Italie avait bien mérité de la patrie.

« Conformément au traité de Chérasco, le » roi de Sardaigne envoya à Paris le comte de » Revel, pour traiter de la paix définitive. Il la » conclut et signa le 15 mai 1796. Par ce traité, » le roi révoqua ses engagemens avec la coali-

» tion, renonça à la Savoie et au comté de Nice; » il s'obligea à ne pas tolérer les émigrés dans » ses États, etc. Les places d'Alexandrie, de » Coni, de Céva et de Tortone furent remises à » l'armée d'Italie; Suse, la Brunette, Exiles, » démolies, et les Alpes ouvertes; ce qui mit le » roi à la disposition de la république, n'ayant » plus d'autres points fortifiés que Turin et le » fort de Bard. »

Le roi de Sardaigne, Victor-Amédée, n'ayant pu vaincre par les armes, essaya d'un autre moyen. Il entoura le jeune général d'une foule de flatteurs, qui s'extasiaient sur ce que ses talens précoces avaient de prodigieux. Un marquis de Saint-Marsan l'avait circonvenu de toutes les manières, et était parvenu à lui plaire. Il n'y avait pas jusqu'au duc d'Aoste, fils du roi, qui, dans les lettres les plus louangeuses, se déclara l'admirateur enthousiaste du vainqueur de sa famille. On croit que Napoléon ne se montra pas insensible à des prévenances si bien étudiées, si multipliées et si adroites; mais était-ce par suite de ces démonstrations qu'il arrêta les mouvemens révolutionnaires en Piémont, et notamment dans la province d'Alba, ou bien était-ce, comme il l'écrivait au Directoire, qu'il n'y avait pas l'idée d'une révolution en Piémont, ou seulement parce qu'il n'en avait plus besoin pour atteindre un but qui était rempli, ou bien parce qu'un pays en révolution est probablement plus inquiétant pour une armée d'occupation à qui il reste encore beaucoup à faire, qu'une cour vaincue et qui ne peut plus nuire à son ennemi que par des vœux impuissans ou quelques sourdes intrigues.

Après la cessation des troubles, Bonnafous, qui en était le principal auteur, fut arrêté. Je dois ajouter que le général en chef, qui s'en était servi comme d'un instrument, le fit mettre en liberté.

Quoi qu'il en soit, tant de séductions ne suspendirent point la marche du vainqueur, voilà ce qu'il y a de certain.

Arrêtons-nous un peu; examinons avec quelque attention la place que ce début va occuper dans les affaires de la France et les nouvelles influences qu'il va faire naître. Il étonne l'étranger; il excite dans l'intérieur l'admiration et la reconnaissance; il fait renaître l'espérance, donne de la sécurité; mais est-ce là tout, et l'historien aura-t-il rempli sa tâche en constatant ces deux résultats?

CHAPITRE IV.

Impression que font les victoires de l'armée d'Italie. — Fautes graves du Directoire. — Premières causes de l'élévation de Napoléon.

Ce début du jeune général de l'armée d'Italie doit être considéré comme une campagne, et comme une campagne brillante. La nouvelle de ces triomphes si rapides, qui plaçaient un royaume entier sous les lois de la république, qui avaient mis, au moins momentanément, hors de combat, une des grandes armées de l'une des premières puissances de l'Europe, avait causé à Paris et dans toute la France une joie d'autant plus vive, que notre attitude militaire paraissait chaque jour s'affaiblir davantage, et que de tous côtés on ne voyait que découragement. L'amour de la patrie était tout alors, et tous, tant que nous étions, nous ne voyions que la patrie dans ces succès, aussi prompts qu'ils étaient inattendus : l'on ne voit pas loin quand on est ébloui.

Nous ne pouvions supposer d'autres intentions que celles dont nous nous sentions animés; nous n'aurions jamais aperçu des dangers là où nous ne pouvions qu'admirer de signalés services. L'enivrement était tel, qu'en supposant que le Directoire exécutif, chargé de la conduite des affaires, et qui était plus près des choses, eût conçu quelques défiances, et pris en conséquence quelques précautions, il eût généralement été improuvé. Il en conçut en effet, et ces défiances, malheureusement fondées, pouvaient devenir une calamité, comme leur cause en était déjà une.

Ces récits de combats de géans sont d'une grande importance; ce sont des élémens nécessaires de l'histoire, et pourtant ce n'est pas encore l'histoire. Des actions même éclatantes peuvent avoir des conséquences fâcheuses, en même temps qu'elles auront des résultats utiles. Pour les bien juger, il faut voir comment elles se lient à toutes les autres circonstances du moment ou de l'époque; si elles sont dans toutes leurs parties en harmonie ou en désaccord avec ces mêmes circonstances; c'est dans ces influences, rigoureusement observées, que l'on peut trouver des motifs de sécurité, ou découvrir les germes d'événemens ultérieurs ; les conséquences de semblables rapprochemens forment le complément de l'histoire, ou plutôt, elles constituent cette vérité historique qui devient la leçon de la postérité, le seul flambeau qui puisse l'éclairer.

Napoléon a inséré dans ses Mémoires, aux pièces justificatives, les instructions qui lui avaient été envoyées par le gouvernement, sur le plan de campagne qu'il devait suivre, sauf, y est-il dit, les modifications que pouvaient rendre nécessaires des circonstances et des obstacles qu'on ne pouvait prévoir de si loin, et dont il laissait le général arbitre. Après plusieurs notes écrites de la main de celui-ci, où l'on trouve des expressions telles que les suivantes : quelle *ineptie !* quelle *stupidité !* quelle *bêtise !* il en est une dernière, ainsi conçue : « L'on » voit que si Napoléon a été vainqueur, c'est » en dépit et au *mépris* des instructions du gou- » vernement. »

Il était impossible que le gouvernement ne pénétrât pas promptement une telle disposition d'esprit dans son général, et cette connaissance, quand elle n'aurait été qu'un soupçon, aurait encore singulièrement influé sur les rapports des chefs et du subordonné; elle devait causer d'autant plus d'irritation que l'auteur de ces instructions, membre du Directoire, chargé spécialement de diriger la guerre, était le même homme à qui l'on attribuait les grands développemens militaires auxquels la France avait été redevable de ses succès antérieurs.

D'après ces instructions, le général devait masquer les places du Piémont, et tomber de suite sur les Autrichiens; par conséquent envahir la Lombardie.

Napoléon, ainsi qu'on l'a vu par le récit qu'on vient de lire, fait tout le contraire. Il sépare d'abord les deux armées, écrase les Piémontais, et court aussitôt sur les Autrichiens.

D'après la faculté que lui laissaient ces mêmes instructions, de se conduire selon les *circonstances que l'on ne pouvait prévoir de si loin*, il semble qu'on pouvait encore excuser sa détermination, et qu'il n'en devait naître aucun sujet de mécontentement. Mais ces instructions sont datées du 6 mars 1796, et Napoléon avait quitté Paris à la fin de février. Pourquoi les instructions n'avaient-elles pas été concertées et convenues à Paris, ce qui paraît bien plus naturel, et ce qui eût pu prévenir des malentendus et des mésintelligences? Ne serait-ce pas que dans les discussions qui auraient eu lieu entre le gouvernement et son général on ne serait pas tombé d'accord; que le général aurait cédé, mais qu'on aurait soupçonné que c'aurait été par déférence ou plutôt par calcul et sans être convaincu; qu'alors le gouvernement lui aurait adressé des instructions qui, dans ce cas, auraient été des ordres positifs? On serait tenté de le croire, quand on voit le ressentiment qu'en éprouve encore Napoléon à Sainte-Hélène, après tant d'événemens et un aussi long espace de temps. De cette manière, il y aurait eu de la part du général, à tort ou à raison, désobéissance formelle, par conséquent motif fondé de mécontentement pour le gouvernement dans l'ordre de ses idées. Cette interprétation me paraît plus que probable.

On remarque dans les instructions une autre disposition conçue en ces termes : « Le Directoire exécutif se réservant la faculté de faire la paix, le général en chef n'accordera aucune suspension d'armes, et ne ralentira en aucune

» manière ses opérations militaires avant d'en » avoir référé, etc..... »

Napoléon a mis sur cette disposition, dans ses Mémoires, la note suivante : « Ainsi les suspensions d'armes de Chérasco, de Plaisance, » de Milan, de Brescia, n'auraient pas eu lieu. » Puis il s'écrie : « QUELLE IGNORANCE DE LA » GUERRE ! »

La défense était positive : était-elle l'effet d'une susceptibilité qu'on rencontre trop souvent dans les hommes du pouvoir, ou d'une ignorance absolue des usages, et pour mieux dire des besoins de la guerre, puisqu'on ne se bat que pour arriver à la paix; ou bien le Directoire, ayant remarqué dans le jeune général une manière un peu trop vive et trop présomptueuse de traiter les affaires, se serait-il proposé, par une semblable restriction, de le tenir sous sa main, et par ce moyen de l'empêcher de méconnaître l'autorité à laquelle il devait rester soumis? Dans ce cas, l'intention était bonne, mais le moyen était mauvais.

Dans la réalité, Napoléon fit bien de battre les Piémontais, et d'assurer ses derrières avant d'entrer en Lombardie. Il fit bien d'acquérir promptement ces sûretés par la victoire, et d'en consacrer les fruits par un traité. Il y avait dans cette conduite habileté, prévoyance et sagesse.

Le Directoire eut tort d'indiquer dans ses instructions une marche fausse pour l'armée; il eut grand tort de défendre des actes tels que des armistices, qui sont les conditions souvent nécessaires de la guerre, mais qui dépendent absolument de ses hasards. Quels qu'aient été ses motifs, il est inconcevable qu'un gouvernement place ainsi un subordonné, entre son devoir et la force des choses, de manière que sa position puisse devenir telle qu'il faille, ou que les droits de l'autorité, ou que les intérêts du pays soient compromis.

D'un autre côté, il n'est pas moins constant que les premiers pas de Napoléon dans son commandement furent deux actes d'insubordination; que par conséquent, le général, par le fait, plaça son autorité au-dessus de celle du gouvernement; que si le gouvernement, par son inhabileté et l'absurdité de ses ordres, lui avait donné pleine raison, et s'était désarmé vis-à-vis de lui de tout droit de lui adresser des reproches, son imprévoyance et l'audace du général n'en étaient pas moins un grand désordre dans l'État, et le principe de nouvelles calamités pour la France ; car c'est toujours la France qu'il faut voir partout, avant tout et au fond de tout.

Comment un gouvernement, quels que soient ses motifs, est-il assez mal avisé pour s'enchaîner ainsi par des ordres absolus ; et comment ne pas sentir qu'à de si grandes distances et pour des résultats aussi impossibles à prévoir que ceux de la guerre, il fallait lâcher la main, et se placer au moins un peu dans ce vague qui se plie aux événemens, et permet des interprétations également favorables au pouvoir et à la subordination ? Comment ne pas pressentir que, par ces dispositions rigoureuses, le gouvernement devait nécessairement compromettre ou l'armée ou son autorité ?

Il y a dans toute cette conduite quelque chose de si extraordinaire, de si fort au-dessous de l'intelligence connue de plusieurs membres du Directoire, que cela mérite quelques explications, dans lesquelles j'entrerai successivement, d'autant plus que cette singularité, un peu approfondie, se rattache aux plus hautes considérations.

[library stamp]

Je me contente ici de remarquer qu'il y aura désormais défiance et rivalité entre les chefs et le subordonné, et cela parce que le gouvernement s'est mis dans une position fausse vis-à-vis de celui-ci; c'est une première faute très-grave.

Le Directoire, loin d'adresser des reproches à Napoléon, le félicita sur ses succès; ainsi, par cette condescendance, le général devient à peu près le maître de faire ce qui lui plaît, sauf les intentions réciproquement hostiles, les mécontentemens dissimulés auxquels cette indépendance donnera lieu, et dont la manifestation ne se fera pas attendre long-temps.

Lorsque le général quitta Paris, à la fin de février, le Directoire lui avait promis que les armées de Sambre-et-Meuse, de Rhin-et-Moselle entreraient en campagne en même temps que l'armée d'Italie. Ces deux armées comptaient ensemble plus de cent cinquante mille hommes; et quoiqu'elles fussent en assez mauvais état, elles se ressentaient cependant de la sollicitude particulière dont elles avaient été l'objet de la part du Directoire.

Indépendamment de ces forces, l'armée des Alpes, qui pouvait être, à le bien prendre, considérée comme une division de l'armée d'Italie, cette armée, dis-je, en y comprenant les troupes répandues dans les départemens environnans, devait compter bien près de trente mille hommes; elle était, à la vérité, en très-mauvais état, pas plus mauvais cependant que celui où se trouvait l'armée d'Italie au moment de l'arrivée de son général en chef. Hé bien, pendant cette première campagne de l'armée d'Italie, l'armée de Sambre-et-Meuse, ni l'armée de Rhin-et-Moselle ne bougèrent; et, chose bien plus extraordinaire, l'armée des Alpes ne fit pas le plus léger mouvement.

Ainsi, tandis que les Autrichiens sont les maîtres de détacher impunément de leurs armées sur le Rhin, des divisions entières pour les porter en Italie, on tient en France deux cent mille soldats dans l'inaction, les bras croisés, comme s'ils eussent été frappés de quelque maléfice; et pendant ce temps, trente mille hommes avec trente pièces de canon, restent seuls chargés de la défense et des destinées de l'Etat. Il semble qu'il s'agisse d'une gageure!

Une telle apathie est tout-à-fait inexplicable. Le Directoire devait-il compter sur des miracles?

pouvait-il ignorer qu'il s'agissait de diriger ces trente mille hommes déguenillés, affamés, livrés à tous les désordres d'une affreuse indiscipline, contre plus de soixante-dix mille ennemis, bien nourris, bien vêtus, bien équipés, bien approvisionnés, ayant deux cents pièces de canon, et pouvant recevoir même à chaque instant des renforts considérables? Et le Directoire ne met pas tout en mouvement pour soutenir les premiers efforts d'une armée dont il ne devait attendre que des défaites! Qui peut le justifier? le manque de force? plus de deux cent mille hommes sont à ses ordres : leur dénûment? les armées sur le Rhin étaient sur un meilleur pied que ne se trouvait celle d'Italie au moment de sa mise en activité : le temps? Napoléon ne venait-il pas de montrer comment on peut entrer en campagne et vaincre malgré tous les obstacles qui naissent du plus affreux denûment, de l'indiscipline et de l'infériorité du nombre?

Sous tous ces rapports, l'imprévoyance du Directoire et son inhabileté offrent des fautes aussi graves qu'elles sont multipliées.

D'un autre côté, quelle opinion l'Europe pouvait-elle prendre d'un gouvernement qui, fort de tant de moyens, maître d'attaquer avec tant d'avantages sur tous les points de ses frontières, se repose du soin de sa considération et du salut de l'Etat sur la plus faible de ses armées, sur de malheureux affamés, manquant de souliers, dans toute la force du mot, et à tel point qu'un chargement de cette fourniture, arrivé à Oneille, fut un événement, et que ces hommes qui allaient bientôt étonner l'Europe par l'éclat de leurs exploits, se trouvaient obligés, pour marcher en avant, de se faire eux-mêmes des chaussures avec des chiffons, ce qu'ils exécutaient au reste généralement avec gaîté. Du moment que seuls et toujours seuls ils furent opposés à l'ennemi, on dut estimer tout naturellement que le gouvernement n'y avait aucune part, et qu'il fallait faire au général tous les honneurs de leur activité.

En effet, Napoléon rend la vie à ces squelettes; il leur imprime un grand mouvement, et fait des prodiges : le gouvernement continue à le laisser agir seul; il ne lui vient pas même dans l'idée d'offrir la plus légère distraction aux esprits, soit dans l'intérieur, soit à l'étranger. Il semble qu'il n'ait d'autre soin, d'autre sollicitude que de donner en spectacle au monde, les triomphes de son général, que de grandir et dé hâter sa réputation.

N'y avait-il pas le plus grave inconvénient à laisser croire à la coalition que la France n'avait qu'un général et une armée aussi faible à lui opposer, et que, pour que le gouvernement laissât ce qui formait l'immensité de ses forces dans une semblable inactivité, il fallait qu'il y eût dans l'Etat une puissance occulte au-dessus de la sienne? n'était-ce pas faire naître cette idée, que sa position devenait désespérée, si la seule armée dont il pouvait disposer, et qui se battait, était une fois vaincue?

Le Directoire devait avoir sans cesse présent à la pensée l'impression que faisait nécessairement en Europe, sur de vieilles dynasties et sur des privilégiés de toute espèce, également attaqués dans le fond de leur existence, une innovation aussi inouie que celle à laquelle il devait sa création; il ne devait pas perdre un instant de vue ce qu'il inspirait de haine à ses ennemis, d'inquiétude à ses partisans. Imposer aux uns, rassurer les autres, tel était son premier devoir, tel devait être l'objet de tous ses efforts. Pour y parvenir, il fallait faire preuve de la plus grande habileté; il fallait se montrer, au moins au premier abord, comme un météore fait pour étonner et contenir le monde: loin de là, au lieu d'hommes habiles, pénétrés de la grandeur de leur mission, qui, en apparaissant sur la scène politique, ont su prendre position, que l'on a aussitôt crus capables de tout rallier ou de tout soumettre, qui attirent vers eux tous les regards et soutiennent toutes les espérances; en un mot, qui, doués de la sagesse nécessaire à une institution réglée, méritent d'être regardés comme les dignes héritiers et comme les continuateurs de cette puissance redoutable qu'avait développée, de cette gloire immense qu'avait acquise la république française, c'est un subordonné, c'est le général d'une armée, et de la plus petite des armées sur cinq ou six qui existent, c'est un tout jeune homme qui, dès son début, et placé, non pas même en France, mais dans un coin de l'Italie, se trouve seul en évidence aux yeux de l'Europe, dont la conduite vive et hardie frappe de nullité et condamne au silence, que dis-je! force à des éloges le gouvernement qui l'emploie en même temps qu'il lui désobéit! Quel germe d'anarchie et de désorganisation dans l'intérieur! Quel motif d'encouragement pour l'étranger!

Comment le général qui, au milieu de l'Europe stupéfaite, luttait seul, avec gloire, d'après ses propres inspirations, contre les ordres qu'il avait reçus, n'aurait-il pas conçu une haute idée de lui-même et un profond mépris pour ceux dont il tenait ses pouvoirs? Je dis *mépris*, ce n'est pas le mot; c'était de la colère, de la haine, qu'un homme de ce caractère ressentait contre tout ce qui se présentait à lui avec une supériorité quelconque, contre tout ce qui pouvait faire obstacle à ses vues.

Il y a donc ici déjà un concours de circonstances qui ont également servi à l'élévation du général et à la déconsidération du gouvernement : d'une part, les succès du premier, et des succès éclatans; de l'autre, l'apathie, l'imprévoyance et l'inhabileté du Directoire, qui, avec tant de moyens de paraître au moins le diriger, de conserver vis-à-vis de lui son rang, et de lui donner des concurrens, n'a su rien faire de ce qu'exigeaient sa dignité, le bon ordre et l'intérêt du pays.

Sous un rapport plus général, le Directoire, comme chef d'une république, manquait encore à un de ses devoirs les plus impérieux, en ne se prémunissant pas, dès les premiers instans, contre l'ascendant et les prétentions inévitables d'un subordonné dont l'emploi ou l'éloignement allaient devenir également dangereux.

Chargé du maintien des institutions, il ne pouvait ignorer que le plus grand danger que court un gouvernement de l'espèce de celui à la tête duquel il était placé, se trouve dans l'ambition des chefs militaires ; que c'est de ce côté que doit se porter la plus grande sollicitude des chefs de l'État, surtout quand il s'agit d'un établissement qui ne fait que de naître, et qui ne peut se soutenir au dehors et même au dedans que par les armes, dans des circonstances où les peuples, inquiets et toujours menacés, sont si disposés à porter leurs affections là où se portent leurs espérances. Le Directoire, comme on le verra bientôt, en paraît très-embarrassé ; il sentait combien, vis-à-vis d'un tel homme, chaque instant rendait sa position plus difficile ; mais les précautions qu'il imagina n'offrirent que l'apparence des plus misérables passions, et tournèrent entièrement à son désavantage.

On peut donc regarder ce début de Napoléon comme le point de départ de son élévation. De cet instant le gouvernement et lui furent deux choses distinctes, qui ne se réuniront plus. Il ne s'agira plus, dans la suite, que de marquer les progrès de cette séparation.

Au résumé, la guerre avait lieu depuis cinq ans; le gouvernement ne faisait que de naître. La guerre occupait plus les esprits, elle était pour eux une chose plus substantielle, plus évidente, qu'une forme de gouvernement dont on n'avait aucune idée, à la tête duquel se trouvaient des hommes contre lesquels, à tort ou à raison, il y avait de fâcheuses préventions dans une partie de la population.

Le premier besoin, le besoin le plus généralement senti, c'était la paix; or, le moyen d'avoir la paix, c'est de s'assurer de la victoire. Les affections de la nation et ses espérances étaient toutes dans cette vue. Le gouvernement ne pouvait acquérir de consistance et de considération qu'en paraissant avoir lui-même tout fait pour arriver à cette fin. Le gouvernement laisse échapper la première et la plus importante occasion de se montrer à la nation sous de si heureux auspices, tandis que le général de l'armée d'Italie a seul les honneurs de ces brillans succès. Le Directoire a l'autorité de droit; le géral acquiert l'autorité de l'opinion : c'est vers lui que se tournent tous les vœux et toutes les espérances.

Le Directoire ne se trompe point sur le génie entreprenant de son subordonné; il en conçoit de l'inquiétude. Cette inquiétude était fondée. Il veut enchaîner le général par des ordres, des instructions et la surveillance de commissaires placés auprès de son armée. Il a raison : c'est pour lui un devoir; mais les moyens qu'il imagine sont mal conçus. Le général sait s'en prévaloir pour accroître son influence et se rendre, autant que possible, indépendant de toute autorité.

C'est dans cette disposition morale des esprits, dans cette lutte de sentimens cachés, de défiance et de dissimulation réciproques, dans leur influence sur l'état des affaires, qu'il faut pénétrer pour avoir une idée juste de ce qui constitue l'histoire d'une époque où l'état social est en quelque sorte en suspens; c'est le seul moyen de saisir l'enchaînement et le développement des causes qui ont amené les événemens et qui en préparent de nouveaux.

Je sais autant que qui que ce soit combien étaient nombreux, combien étaient infinis les embarras dont le Directoire était environné; mais enfin, sans prétendre dire ce qu'il devait faire, il suffit de reconnaître ce qu'il n'a pas fait, et il est de fait qu'il n'a pas su garder sa position vis-à-vis de son subordonné. Il y a là contre ce pouvoir le sujet d'une accusation bien autrement sérieuse que les reproches puérils que j'ai rappelés et combattus plus haut, et qui n'ont pas même le mérite d'être fondés.

Je suis désolé de me montrer aussi sévère envers l'administration d'hommes que j'ai connus individuellement, qui ont été mes collègues, dont quelques-uns ont été mes amis, au patriotisme pur, au dévoûment profond desquels je rends la plus entière justice, et dont plusieurs avaient une intelligence, une capacité bien supérieures à cette conduite; mais la vérité avant tout. J'ai parlé d'après des faits irrécusables. Cependant, pour être juste, il convient de faire entrer dans la balance l'entraînement, l'enthousiasme, un véritable chaos dans les opinions comme dans les choses, et surtout un vice capital dans l'organisation du gouvernement, ce qui donne lieu à une observation de la plus haute importance.

Ces fautes, si elles n'étaient pas telles par leur nombre et leur gravité qu'elles doivent être considérées comme celles du corps et de chacun de ses membres, découleraient tout naturellement d'un gouvernement qui forme un chef collectif, autrement à plusieurs têtes. Lorsque plusieurs têtes sont appelées à AGIR sur un seul objet, les avis sont nécessairement partagés : il faut à peu près toujours transiger. Si, pour conserver la paix, et pouvoir marcher en avant, ce sont, dans ces sortes de transactions, les plus raisonnables qui cèdent aux plus opiniâtres ou aux plus emportés, c'est presque toujours aux dépens de la chose dont il s'agit que ces concessions ont lieu. Telle doit être et telle est la triste condition des gouvernemens collectifs. D'abord une exécution molle, incertaine, maladroite, jusqu'à ce qu'il arrive des déchiremens inévitables. Tel est le premier principe des fautes du Directoire : si ce principe ne les explique pas dans toute leur étendue, il marque au moins leur origine.

Je n'ai pas besoin, j'espère, de dire que, par gouvernement à plusieurs têtes, je n'entends pas un gouvernement où des corps délibèrent sur les lois dont un chef suprême a ensuite l'exécution. Ce gouvernement, bien compris, bien établi, est le seul qui soit également en garde contre le despotisme qui naît de l'unité absolue, et contre l'anarchie que produit la division des opinions lorsqu'il s'agit d'exécution.

CHAPITRE V.

Plan d'opérations ultérieures adressé par le général au Directoire exécutif. — Mise en mouvement de l'armée dans les premiers jours de mai, pour entrer en Lombardie. — Passage du Pô, le 7 de mai. — Combat de Fombio, le 8. — Armistice accordé au duc de Parme, le 9. — Bataille de Lodi, le 10. — Pourquoi petit caporal. — Entrée à Milan, les 14 et 15. — Proclamation. — Armistice accordé au duc de Modène, le 20. — Belle conduite de Napoléon.

Dans une lettre du 18 avril 1796, adressée au Directoire après le traité de Chérasco, Napoléon, d'un trait de plume, s'empare de la Lombardie, franchit les montagnes du Tyrol, et fait sa jonction avec les armées du Rhin dans la Bavière, pour se porter ensuite sur Vienne.

On le trouve plus circonspect dans ses Mémoires : « L'armistice conclu, y est-il dit, les » places de Coni, Tortone et Céva occupées, » *on se demanda* s'il fallait aller en avant et » jusqu'où? On concevait que l'armistice qui

» avait fait tomber toutes les places fortes, et » séparé l'armée piémontaise de l'armée autri- » chienne, était utile; mais au lieu d'aller dé- » sormais au-delà, ne serait-il pas plus avanta- » geux de *révolutionner* le Piémont? ne serait-il » pas impolitique de s'éloigner de la France, de » passer le Tésin sans être sûr de ses derrières? » On put autrefois compter sur les rois de Sar- » daigne; mais les prêtres et les nobles domi- » nent aujourd'hui cette cour; ils sont ennemis » irréconciliables de la république; si on avance » et qu'on éprouve une défaite, que n'aurait- » on pas à redouter de leur haine et de leur » vengeance? Gênes elle-même devra donner » de grandes inquiétudes : tout y est dans les » mains de l'oligarchie; les partisans de la » France y sont sans aucun pouvoir; enfin doit- » on s'arrêter après avoir passé le Tésin? Doit- » on passer l'Adda, l'Oglio, le Mincio, l'Adige, » la Brenta, la Piave, le Tagliamento, l'Isonzo? » Ne vaudrait-il pas mieux aller moins vite, en » créant des gouvernemens d'après nos princi- » pes? Venise, qui peut disposer de cinquante » mille hommes, ne prendrait-elle pas part pour » l'ennemi? »

Napoléon répond à ces objections qu'il se fait : « L'armée française doit profiter de sa » victoire ; elle ne doit s'arrêter qu'à la meil- » leure ligne de défense, qui est l'Adige ; c'est » pour avoir méconnu ce principe que Villars » en 1733, le maréchal de Coigny en 1734, ne » surent tirer aucun parti de leurs avantages et » de leurs victoires. Dans cette position, on a le » moyen de pourvoir à toutes les dépenses de » l'armée.

» Venise ne se déclarera point contre la France, » si on porte la guerre dans ses États avant » qu'elle ait eu le temps de s'y préparer. Le roi » de Sardaigne, entièrement désarmé, a cessé » d'être à craindre. Le mécontentement de l'Au- » triche contre ce cabinet ne peut que s'accroî- » tre. On lui opposera la conduite, en 1705, de » Victor-Amédée, qui, après la victoire de Ven- » dôme, s'enferma dans Turin, la seule place » qui lui restât, et attendit une délivrance que » lui assura l'audace du prince Eugène. Quant » aux oligarques de Gênes, ils ne renonceront » point aux immenses profits que leur vaut leur » neutralité.

» Propager les principes de liberté en Pié-

BIBLIOTHÈQUE

» mont et à Gênes, c'est allumer la guerre ci-
» vile et se rendre responsable des excès qui
» l'accompagnent; l'armée une fois sur l'Adige,
» sera en position de protéger ces principes, et
» d'exciter le patriotisme italien contre la do-
» mination étrangère. On n'aura pas besoin d'ex-
» citer les divisions; tous seront appelés à mar-
» cher d'accord pour le rétablissement de la
» patrie italienne. »

Telles sont, en abrégé, les raisons par lesquelles Napoléon cherche à justifier les déterminations de Bonaparte général en chef de l'armée d'Italie.

En lisant cette discussion tardive, on se demande ce qui a pu porter Napoléon à l'insérer dans ses Mémoires; est-ce seulement pour faire voir que les lettres qu'il adressait au Directoire étaient le résultat d'un enthousiasme raisonné, d'un plan approfondi dans toutes ses parties? ou bien a-t-il voulu préparer une réponse aux historiens qui voudraient justifier, ou au moins excuser le Directoire, des craintes que lui inspirait la marche si rapide du général, et du projet qu'il eut de diviser en deux l'armée d'Italie, comme on le verra bientôt? Dans tous les cas, on voit que même à Sainte-Hélène, les idées de Napoléon n'étaient pas fixées sur la singulière position de la France vis-à-vis des puissances étrangères, sur la question de savoir s'il convenait de faire une guerre de principes ou de révolution, ou simplement une guerre de puissance à puissance, abstraction faite de la différence dans les formes de gouvernement. Ce dernier parti était seul praticable, comme je l'ai déjà fait pressentir, par cela qu'il était le moins embarrassant. Sa pénétration lui faisait voir le danger des guerres civiles; il sentait tout l'avantage qu'il y aurait à joindre aux principes de liberté, qui ainsi isolés pouvaient et devaient amener des déchiremens, des idées d'indépendance nationale, qui entraînent tous les cœurs généreux, quelle que soit la position sociale des individus; mais il est de fait que les vues de Napoléon n'allaient pas au-delà; que son but unique était de vaincre, n'importe par quels moyens, sauf à corriger ensuite ou à modifier ceux qui lui deviendraient dangereux. C'est ainsi qu'on vient de le voir employer les exagérations démagogiques de Bonnafous, et les réprimer quand il n'en a plus besoin. Cette complication de guerre et de mouvemens révolutionnaires était un danger et un faux calcul, parce que, si elle donnait pour le moment quelques résultats avantageux, elle inspirait aux puissances étrangères la crainte que leur existence ne pût se concilier avec un ordre de choses qui les menacerait tant qu'il serait subsistant. »

Cette incertitude dans les principes du général en chef aura encore l'inconvénient d'occasioner, par la suite, des collisions fâcheuses entre lui et le gouvernement. Reprenons le fil de ses opérations.

La suspension d'armes comprenait l'armée des Alpes; en conséquence Napoléon demanda que l'on détachât quinze mille hommes de cette armée, et qu'on les lui envoyât; et quoi qu'il arrivât de sa demande, il prévint le général Latour que la moitié viendrait à Coni par le col d'Argentière, tandis que l'autre moitié entrerait par le Saint-Bernard, suivrait la vallée d'Aoste et le Tanaro, pour se rendre à Alexandrie.

Il s'éleva quelques difficultés entre le gouvernement sarde et le général, pour cette seconde colonne; mais Kellermann n'ayant envoyé que la division Vaubois, elle prit la direction de Coni, et la discussion n'eut pas de suite.

Le général en chef offrit au gouvernement sarde l'appui de ses troupes pour forcer les Autrichiens à évacuer quelques positions qu'ils occupaient encore en Piémont, et notamment Valence, dont il avait stipulé l'occupation dans le traité de Chérasco; car Napoléon ne perdait aucune occasion de faire sentir l'importance qu'il attachait à l'occupation de cette place, pour assurer, ainsi qu'il le donnait à entendre, le passage du Pô par son armée.

Aussi le général autrichien Beaulieu s'était concentré, et il avait réuni tous ses moyens au camp de Vallégio, sur le Cogna, le Terdoppio et le Tésin; il s'y était en quelque sorte cramponné, et croyait par là couvrir le Milanais.

Le lendemain de la suspension d'armes, Napoléon met son armée en marche, et tandis que Masséna semble se diriger et pousse des partis sur Valence, tout en s'emparant d'Alexandrie, des magasins des Autrichiens, etc., Napoléon, avec trois mille cinq cents grenadiers, mille cinq cents chevaux et vingt-quatre pièces de canon, se porte à marches forcées sur Plaisance, pour y surprendre le passage du Pô, passage qui fut effectué du 7 au 9 de mai. « Le fleuve à

» Plaisance, dit Napoléon, est très-rapide, sa lar-» geur est de deux cent cinquante toises ; les pas-» sages des rivières de cette importance sont les » opérations les plus difficiles de la guerre. »

En même temps, la division autrichienne de Lyptay se portait sur Fombio, à une lieue du pont de Plaisance, où elle se trouvait établie dès le 8 ; Napoléon ordonna de l'attaquer. En une heure, le village fut enlevé ; la division, culbutée, perdit ses canons, deux mille cinq cents prisonniers, et trois drapeaux ; ses débris se jetèrent dans Pizzighitone.

Beaulieu, informé de la direction de l'armée française, qu'on n'avait pas pu tenir assez secrète, s'aperçut qu'il était tourné. Il manœuvra pour occuper tout le pays entre le Tésin et l'Adda, comptant arriver assez à temps pour empêcher le passage du fleuve à Plaisance ; on en fut informé. Ce fut au retour d'une reconnaissance faite d'après ces renseignemens, que le général La Harpe, Suisse d'origine, excellent officier, qui s'était trompé de chemin en regagnant son corps, fut tué par ses propres troupes, qui le prirent, avec son escorte, pour un parti ennemi.

Au passage de la Trebbia, dans les Etats de

Parme, Napoléon reçut des envoyés du prince, qui lui demandait la paix et *sa protection*. « Le 9 au matin, l'armistice fut signé à Plai-» sance; le duc paya deux millions en argent, » versa dans les magasins de l'armée une grande » quantité de blé, d'avoine, etc., fournit seize » cents chevaux d'artillerie et de cavalerie; il » s'engagea à défrayer toutes les routes mili-» taires et les hôpitaux qui seraient établis dans » ses États. C'est dans cette occasion que Napo-» léon imposa une contribution d'objets d'art » pour le musée de Paris. C'est le premier exem-» ple de ce genre, dit Napoléon, qu'on rencon-» tre dans l'histoire moderne. » Il se trompe, une contribution semblable avait été imposée sur la Belgique, lors de la première conquête.

Parmi les tableaux choisis par les commissaires français, se trouva le fameux Saint-Jérôme; le duc de Parme fit offrir deux millions pour le conserver; les agens de l'armée étaient d'avis de le lui laisser, le général en chef s'y opposa en disant : « Il ne restera bientôt plus rien des » deux millions, tandis que la possession d'un » pareil chef-d'œuvre, à Paris, ornera cette ca-» pitale pendant des siècles, et enfantera d'au-

» tres chefs-d'œuvre. » Hélas ! ces siècles se sont promptement écoulés, et le même homme y a mis un terme aussi prompt !

Le duc de Parme était Ferdinand, fils de dom Philippe ; son seul titre à la célébrité était d'avoir été élève de Condillac. Il habitait le château de Colorno, entouré de moines, et livré aux pratiques les plus minutieuses de la religion.

Le 10 mai, l'armée marcha de Casal-Pusterlengo sur Lodi, où Beaulieu avait réuni toutes ses forces. Après avoir culbuté une forte arrière-garde d'Autrichiens qui défendaient la chaussée de Lodi, l'armée entra pêle-mêle dans cette place avec l'ennemi, y prit quelques heures de repos, et reçut l'ordre de son chef d'exécuter le passage de l'Adda, qui fut regardé par les militaires comme une des actions les plus brillantes de la guerre ; l'ennemi y perdit son artillerie, plusieurs drapeaux et deux mille cinq cents prisonniers. On dit que ce fut à Lodi que l'armée décerna à Napoléon le grade de petit caporal, dont elle lui conserva le surnom. D'autres font remonter cette anecdote au temps où il commandait l'artillerie à l'armée d'Italie.

Cette origine est fort incertaine, d'après les

propres paroles de Napoléon. Voici ce qu'il en dit. La réflexion et l'anecdote qui terminent le passage qu'on va lire m'engagent à le citer textuellement : « En prenant le commandement de » l'armée d'Italie, Napoléon, malgré son extrême » jeunesse, y imprima tout d'abord la subordi- » nation, la confiance et le dévoûment le plus » absolu... Il était en général très-sévère et peu » communicatif....... Sa jeunesse, lorsqu'il vint » prendre le commandement, ou *toute autre* » *cause*, avait établi un singulier usage *à l'ar-* » *mée d'Italie;* c'est qu'après chaque bataille les » plus vieux soldats se réunissaient en conseil et » donnaient un nouveau grade à leur jeune gé- » néral. Quand celui-ci rentrait au camp, il y » était reçu par les vieilles moustaches, qui le » saluaient de son nouveau titre. Il *fut fait* » *caporal à Lodi*, sergent à Castiglione, etc.; » de là le surnom de *petit caporal*, resté long- » temps à Napoléon parmi les soldats. Qui peut » dire la chaîne qui unit la plus petite cause » aux plus grands événemens? Peut-être ce » sobriquet a-t-il contribué au prodige de » son retour en 1815. Lorsqu'il haranguait le » premier bataillon qu'il rencontra, avec lequel

» il fallut parlementer, une voix s'écria : *Vive » notre petit caporal, nous ne le combattrons » jamais!* »

La victoire de Lodi est une grande époque de la vie de Napoléon, d'après ses propres paroles : « Vendémiaire et même Montenotte ne me » portèrent pas encore à me croire un homme » supérieur ; ce n'est qu'après *Lodi* qu'il me vint » dans l'idée que je pourrais devenir un acteur » décisif sur notre scène politique. Alors na- » quit la première étincelle de la haute ambi- » tion. »

Les Français marchèrent aussitôt sur Pizzighitone et s'en emparèrent. C'est à ce moment qu'il faut rapporter l'anecdote suivante, que Napoléon raconte dans ses Mémoires : « Dans » sa ronde de nuit il rencontra un bivouac de » prisonniers, où était un vieux officier hon- » grois, bavard ; il lui demanda comment al- » laient leurs affaires ; le vieux capitaine ne » pouvait disconvenir que cela n'allât très-mal ; » mais, ajouta-t-il, il n'y a plus moyen d'y rien » comprendre ; nous avons affaire à un jeune » général (dans d'autres récits on lit : à un jeune » fou) qui est tantôt devant nous, tantôt sur

» notre queue, tantôt sur nos flancs; on ne sait » jamais comment il faut se placer. Cette ma- » nière de faire la guerre est insupportable et » viole tous les usages. »

Quoique l'armée fût bien au-delà de Milan, aucune troupe française n'était encore entrée dans cette capitale. Abandonnée par les administrations autrichiennes, la ville était gardée par les gardes nationales. La municipalité et les états de Lombardie envoyèrent au général français une députation à la tête de laquelle se trouvait Melzi, qui, plus tard, fut nommé duc de Lodi par le vice-roi d'Italie. Le 14 de mai, Masséna fut reçu dans la ville à la tête d'une avant-garde. Le 15, le vainqueur fit son entrée dans Milan, sous un arc de triomphe, au milieu des acclamations de toute la population et des marques de la plus grande joie. Augereau occupa Pavie; Serrurier, Lodi et Crémone; la division qui avait été sous les ordres de La Harpe occupa Como, Cassano, Lucco et Pizzighitone.

Napoléon, en s'adressant à son armée dans un ordre du jour, s'exprime ainsi :

« Soldats, vous vous êtes précipités comme » un torrent du haut de l'Apennin; vous avez

» culbuté, dispersé tout ce qui s'opposait à vo-
» tre marche.

» Le Piémont, délivré de la tyrannie autri-
» chienne, s'est livré à ses sentimens naturels de
» paix et d'amitié pour la France.

» Milan est à vous, et le pavillon républicain
» flotte dans toute la Lombardie. Les ducs de
» Parme et de Modène ne doivent leur existence
» politique qu'à votre générosité.

» L'armée qui vous menaçait avec orgueil
» ne trouve plus de barrière qui la rassure con-
» tre votre courage; le Pô, le Tésin, l'Adda
» n'ont pu vous arrêter un seul jour; ces bou-
» levards vantés de l'Italie ont été insuffisans;
» vous les avez franchis aussi rapidement que
» l'Apennin. Tant de succès ont porté la joie
» dans le sein de la patrie; vos représentans
» ont ordonné une fête dédiée à vos victoires,
» célébrée dans toutes les communes de la répu-
» blique. Là, vos pères, vos mères, vos épouses,
» vos sœurs, vos amantes se réjouissent de vos
» succès et se vantent avec orgueil de vous ap-
» partenir. Oui, soldats! vous avez beaucoup
» fait..., mais ne vous reste-t-il donc plus rien
» à faire?... Dira-t-on de nous, que nous avons

» su vaincre, mais que nous n'avons pas su profiter de la victoire? La postérité nous reprochera-t-elle d'avoir trouvé Capoue dans la Lombardie?..... Mais je vous vois déjà courir aux armes; un lâche repos vous fatigue; les journées perdues pour la gloire le sont pour votre bonheur......... Hé bien, partons. Nous avons encore des marches forcées à faire, des ennemis à soumettre, des lauriers à cueillir, des injures à venger.

» Que ceux qui ont aiguisé les poignards de la guerre civile en France, qui ont lâchement assassiné nos ministres, incendié nos vaisseaux à Toulon, tremblent...... L'heure de la vengeance a sonné; mais que les peuples soient sans inquiétude; nous sommes amis de tous les peuples, et plus particulièrement des descendans des Brutus, des Scipion et des grands hommes que nous avons pris pour modèles.

» Rétablir le Capitole, y placer avec honneur les statues des héros qui le rendirent célèbre, réveiller le peuple romain engourdi par plusieurs siècles d'esclavage, tel sera le fruit de nos victoires; elles feront époque dans la postérité; vous aurez la gloire immortelle

» de changer la face de la plus belle partie de » l'Europe.

» Le peuple français, libre, respecté du monde » entier, donnera à l'Europe une paix glorieuse » qui l'indemnisera des sacrifices de toute espèce » qu'il a faits depuis six ans ; vous rentrerez alors » dans vos foyers, et vos concitoyens diront, » en vous montrant : *Il était de l'armée d'I-* » *talie !* »

L'armée jouit de quelques jours de repos, qu'elle employa à réparer, à compléter son matériel et particulièrement son artillerie. Le Piémont et les Etats de Parme lui avaient fourni déjà de grandes ressources ; elle en trouva de bien plus abondantes dans la Lombardie.

Napoléon était à peine entré dans Milan, que le duc de Modène demanda un armistice et la paix. L'armistice fut signé le 20 mai, avec le commandeur d'Est, frère naturel du duc, qui paya dix millions, fournit des subsistances, des chevaux, des approvisionnemens de toute espèce, et livra les objets d'art les plus précieux qui fussent à sa disposition.

Quant à la paix, les négociations ouvertes à Paris traînèrent en longueur et furent rompues.

Alors le duc, vieil avare, généralement méprisé et haï, se retira avec ses trésors à Venise, où il mourut en 1798.

Ainsi, en dix jours au plus, la Lombardie et l'on peut dire les duchés de Parme, de Plaisance, de Modène, etc., sont envahis et conquis; ce n'est pas le temps nécessaire pour les parcourir. Le général et son armée font une entrée triomphante dans la capitale des Etats autrichiens en Italie, ce qui prouve mieux que tout ce qu'on pourrait dire, à quel point ces derniers étaient battus et réduits, car on ne se donne pas de pareils airs en face d'un ennemi à qui il reste quelques ressources; et cependant cet ennemi avait en Sardes, en Napolitains, en Autrichiens, opposé plus de cent soixante mille combattans, bien équipés et soutenus par une artillerie formidable, à l'armée française, qui, dans le principe, avait à peine trente mille hommes, et qui n'en avait pas quarante mille au moment de la conquête du Milanais.

Dans cette position brillante, le jeune général évita tous les genres de séduction. Il se montra insensible à tous les efforts que firent les plus belles Italiennes pour attirer ses regards.

Le commandeur d'Est lui fit offrir, de la part du duc de Modène, quatre millions en or. Il les refusa, en disant que pour cette somme il ne se mettrait pas à la disposition du duc de Modène.

Ajoutons de suite que plus tard, Venise lui fit offrir sept millions qu'il refusa avec le même mépris.

On sent quelle autorité dûrent lui donner un tel désintéressement et des mœurs aussi sévères. Aussi disait-il : « Il n'y avait pas de beauté sur-» tout qui n'aspirât à me plaire et à me toucher; » mais ce fut en vain. Mon âme était trop forte » pour donner dans le piége; sous les fleurs je » jugeais du précipice; ma position était des » plus délicates; je commandais de vieux gé-» néraux; ma tâche était immense; des regards » jaloux s'attachaient à tous mes mouvemens; » ma circonspection fut extrême : ma fortune » était dans ma sagesse; si j'eusse pu m'oublier » une heure, combien de mes victoires n'eussent » pas tenu à davantage! »

CHAPITRE VI.

Nouvelles fautes du Directoire exécutif. — Progrès de l'élévation de Napoléon.

En même temps que Napoléon rendait compte des succès qui terminaient la campagne du Piémont, et du traité de Chérasco, qui en était le fruit, il mettait sous les yeux du gouvernement, ainsi que je l'ai déjà dit, le plan d'opérations qu'il avait conçu pour la plus grande gloire de la république. Sa lettre, du 18 avril, portait :

« Céva, Coni et Alexandrie sont au pouvoir » de *votre* armée, ainsi que tous les postes du » Piémont au-delà de la Stura et du Tanaro.

» Si vous ne vous accordez pas avec le roi de » Sardaigne, je garderai ces places, et je mar- » cherai sur Turin ; mon équipage de siége va » filer sur Coni, pour se rendre à Chérasco.

» En attendant, *je marche demain* sur Beau- » lieu ; je l'oblige à repasser le Pô ; je le passe

BIBLIOTHÈQUE NATIONALE

» immédiatement après, *je m'empare de toute*
» *la Lombardie, et avant un mois j'espère être*
» *sur les montagnes du Tyrol*, trouver l'armée
» du Rhin, et porter, de concert, la guerre dans
» la Bavière. Ce projet est digne de vous, de
» l'armée et des destinées de la France. »

Il dit ensuite ce qu'il fera dans le cas où la paix avec la Sardaigne n'aurait pas lieu, puis il continue :

« Ordonnez que quinze mille hommes de l'ar-
» mée des Alpes soient à mes ordres et viennent
» me joindre, cela me fera alors une armée de
» quarante-cinq mille hommes, dont il sera pos-
» sible que j'envoye *une partie à Rome*. Si vous
» me continuez votre confiance, et que vous ap-
» prouviez ces projets, *je suis sûr de la réus-*
» *site*, et *l'Italie est à vous.* » Suivent des protestations de zèle et de dévoûment. Toujours adroit, et n'oubliant pas que le Directoire voulait aussi porter la guerre de ce côté, le général fait pressentir qu'il pourrait marcher sur Rome; mais il ne prend point d'engagement.

Le 29 du même mois, il écrivait encore :

« Vous pouvez dicter en maître la paix au
» roi de Sardaigne. Je vous prie de ne pas ou-

» blier la petite île de Saint-Pierre, qui nous » sera plus utile par la suite que la Corse et la » Sardaigne réunies.

» Si vous lui accordez (au roi de Sardaigne) » la portion du Milanais que *je vais conquérir*, » il faut que ce soit à condition *qu'il enverra* » *quinze mille hommes*, pour nous seconder et » garder le pays, après que nous nous en serons » rendus maîtres. Pendant ce temps-là, avec » *votre armée*, je passerai l'Adige et *j'entrerai* » *en campagne par le Tyrol*. Dans cette hy- » pothèse, il faut que nous gardions en dépôt, » jusqu'à la paix générale, les places et les pays » que nous occupons; il faut y joindre que le » jour que quinze mille hommes piémontais » passeront le Pô, le roi de Sardaigne nous re- » mettra la ville de Valence.

» Mes colonnes *sont en marche*; Beaulieu » fuit; j'espère l'attraper; j'imposerai quelques » millions de contributions au duc de Parme; » il *vous fera faire* des propositions de paix; ne » vous pressez pas, afin que j'aie le temps de lui » faire payer les frais de la campagne, approvi- » sionner nos magasins, et renouveler nos cha- » riots à ses dépens. »

Il revient encore sur le roi de Sardaigne, pour le cas où on voudrait le détrôner, et il continue :

« J'enverrai douze mille hommes sur Rome, » lorsque j'aurai battu Beaulieu, et l'aurai obligé » de repasser l'Adige ; lorsque je serai sûr que » vous accorderez la paix au roi de Sardaigne, » et que vous m'enverrez une partie de l'armée » des Alpes.

» Quant à Gênes, je crois que vous devez lui » demander quinze millions en indemnité des » frégates et bâtimens pris dans ses ports ; de- » mander que ceux qui ont fait brûler *la Mo-* » *deste* (frégate française) et appeler les Au- » trichiens, soient jugés comme traîtres à la » patrie.

» Si vous me chargez de ces objets, que vous » gardiez surtout le plus profond secret, *je par-* » *viendrai à faire ce que vous voudrez.* »

Il termine en demandant qu'on lui envoye promptement douze compagnies d'artillerie à cheval, etc.

Dans une autre lettre, aussi du 29, adressée au directeur Carnot, il dit « que par suite de » la suspension d'armes avec le roi de Sardaigne,

» les communications étant devenues de moitié » plus promptes, il pourrait recevoir les ordres » du Directoire et connaître *ses intentions pour » la direction de l'armée.* » Il ajoute aussitôt : « Mon projet *serait de battre les Autrichiens » avant votre réponse,* afin de me trouver en » mesure de marcher sur Turin, sur Naples ou » sur l'Autriche, en passant par le Tyrol. » Il revient sur la nécessité de le prévenir, dans le cas où l'on n'accorderait pas la paix au roi de Sardaigne. « Faites en sorte, insinue-t-il à Car- » not, que ce soit moi qui le lui apprenne, afin » que je sois maître de prendre mon temps, et » que ses plénipotentiaires à Paris ne s'en dou- » tent pas. »

Le général en chef de l'armée d'Italie venait de faire une campagne brillante. Des succès soutenus, multipliés et aussi rapides, annonçaient de rares talens et promettaient à la France un grand capitaine ; il ne pouvait y avoir et il n'y avait en effet sur ce point, qu'une voix. Toutefois, le Directoire, gouvernement composé d'hommes expérimentés et rassis, ne dut-il pas être bien étonné, en lisant dans la correspondance d'un général à peine entré dans la carrière, des paroles telles que celles-ci : *J'oblige Beaulieu à repasser le Pô, je le passe après. — Je m'empare de toute la Lombardie, et dans UN MOIS j'espère entrer DANS LES MONTAGNES DU TYROL. — Si vous approuvez ces projets, je SUIS SUR de la réussite, et l'Italie est à vous. — Si vous disposez du Milanais, que je VAIS CONQUÉRIR. — Je passerai l'Adige, et j'entrerai en campagne par le Tyrol,* etc. Lorsqu'il s'exprimait ainsi, il était encore aux environs de Turin. Beaulieu venait de rallier à Valence, sur le Pô, son armée, de près de moitié plus forte que celle du général français. Il semble qu'il n'y ait que la prescience divine qui ait le droit de parler avec cette confiance. En songeant aux difficultés et aux chances de la guerre, à l'étendue du pays qu'il s'agissait de parcourir, aux ennemis qu'on avait en face, et dont on était entouré, on pouvait aisément croire que ce jeune homme, étourdi, enivré par ses succès, avait tout-à-fait perdu la tête. Aujourd'hui que nous avons vu ces prodiges, nous n'en sommes pas aussi étonnés; mais que l'on se reporte au moment, et l'on jugera si l'on pouvait entendre tenir un tel langage sans une surprise, mêlée de beaucoup de défiance, je dirais volontiers d'épouvante.

J'ai déjà fait remarquer que le général en chef avait dirigé la campagne dans un sens tout-à-fait opposé aux ordres et aux instructions de son gouvernement, ou, comme il le dit, au *mépris* de ses ordres et de ses instructions. Ici, dans sa lettre à Carnot, il demande que, vu la facilité des communications plus promptes, le Directoire lui fasse connaître ses intentions sur la direction à donner à l'armée; mais en même temps il annonce ou il avoue que son projet est de battre Beaulieu avant la réponse. A quoi bon demander des ordres quand on ne veut pas ou qu'on ne peut pas les attendre? Si ce n'est une manière adroite, presque naïve, de prévenir les reproches qui auraient pu lui être adressés plus tard, alors sa justification aurait été toute prête. « De quoi vous plaignez-vous?
» aurait-il dit, ne vous avais-je pas prévenu
» d'avance? »

Le général pouvait avoir raison d'en agir ainsi, et le fait l'a prouvé; mais il n'en est pas moins constant que le subordonné échappait à l'autorité du gouvernement par tous les côtés; qu'il ne reconnaissait réellement aucune autorité, et que le général traitait la guerre comme son affaire propre, et à ses risques et périls.

Ce n'était pas seulement sous le rapport de la direction de l'armée qu'il devait exciter des inquiétudes et du mécontentement. Le général traitait avec Turin, personnellement en quelque sorte et comme de puissance à puissance; le gouvernement ne figurait là que pour la forme.

Le Directoire avait placé auprès de l'armée deux commissaires chargés de suivre ses opérations, sinon de les diriger, au moins de les modérer et de les faire rentrer dans le cercle de ses instructions; en un mot, ils étaient chargés de le représenter. Je n'examine pas ce qu'étaient en eux-mêmes ces commissaires, si leurs fonctions étaient convenablement déterminées; je veux seulement faire observer qu'il était bien impossible à ces agens d'exercer aucune de leurs attributions; le général ne le permettait pas; il avait toujours de bonnes ou de mauvaises raisons de les paralyser ou de les éloigner.

Cependant, lors de l'armistice de Chérasco, Napoléon en soumit les conditions au commissaire du gouvernement Salicetti. Le Directoire lui en témoigna sa satisfaction en lui disant : « Ces sortes de transactions, dans des cas urgens » où le Directoire ne peut être consulté lui- » même, sont particulièrement du ressort du » commissaire du gouvernement près des ar- » mées. » C'était une manière indirecte, bien faible, bien insuffisante, de rappeler au général ses instructions, qui n'avaient d'ailleurs nullement été respectées.

Il y a plus, le général en chef avait établi des correspondances très-actives avec les agens diplomatiques du Directoire, à Gênes, à Rome, à Venise, et je crois aussi en Suisse.

Dans sa correspondance avec le gouvernement, il disait bien *votre* armée, l'Italie est à *vous*; mais dans ses rapports directs, c'était bien *mon* armée, *mes* soldats, et ce qui est plus remarquable, en parlant des Autrichiens, *mes* ennemis; déjà le *moi* et le *mien* avaient un sens positif et absolu dans sa bouche.

Par suite de la révolution, des lois sévères, qu'on avait jugées indispensables, avaient été rendues contre plusieurs classes d'individus; le Directoire se trouvait dans la nécessité de les faire exécuter, et leur rigueur pouvait se faire sentir dans les pays étrangers occupés par nos armées. Que Napoléon, dans des contrées qui n'étaient pas la France, n'exécutât pas ces lois dans toute leur sévérité, ou qu'il les interprétât d'une manière plus favorable à l'humanité, ce pouvait être très-bien; mais il affecta à cet égard une politique en opposition avec l'esprit du Directoire et les mesures des commissaires directoriaux près de son armée; il le faisait sentir pour qu'on lui en attribuât tout le mérite; et ses panégyristes, notamment, n'y ont pas manqué. Le tort du général n'était pas de faire du bien, rôle facile dans sa position, mais de le faire d'une manière propre à déconsidérer son gouvernement et nuisible pour la patrie, en encourageant la malveillance; comme le tort du Directoire envers lui-même, et par rapport au maintien du bon ordre, a été de ne pas parler plus haut que son subordonné, en publiant qu'il avait autorisé toutes les mesures faites pour adoucir des infortunes, chaque fois que la patrie n'en recevait aucun dommage, ce qui devait toujours être l'objet de sa sollicitude.

Il résulte encore de cette observation que Napoléon gagnait en faveur, dans certaine opinion, tout l'odieux qu'il jetait sur des lois dont il n'était pas juge, et sur le gouvernement chargé de les faire exécuter.

Quel était le mobile du général dans cette conduite? Etait-ce esprit d'insubordination, amour de l'indépendance? Je ne le pense pas. Ce sont là des sentimens vulgaires qui ont même quelque chose de bas, et qui appartiennent le plus souvent à des esprits mal faits. Le général était soumis à des passions d'un ordre plus élevé. En étudiant ce caractère par les faits que nous avons seulement sous les yeux, on sentira peut-être qu'il faut attribuer cet entraînement à un instinct irrésistible de domination qui lui fait regarder les hommes et les choses comme appartenant à celui qui sait les dompter et les soumettre; à une volonté forte qui ne connaît point d'obstacles quand il s'agit d'atteindre le but qu'elle a marqué; enfin, à une sagacité, à une supériorité d'intelligence, qui mesure son étendue et sa puissance, sur l'insuffisance et l'incapacité qu'elle remarque dans les autres.

Sans doute un homme, un chef militaire, par de tels sentimens, est loin d'être méprisable; mais il peut devenir fort dangereux, et doit inspirer promptement de justes défiances au gouvernement qui l'emploie, quel que soit ce gouvernement, à plus forte raison si ce gouvernement ne fait que de naître, s'il paraît également extraordinaire et par sa forme et par les hommes qui le composent, s'il est environné d'ennemis dans l'intérieur, et s'il compte pour ennemis à peu près tous les gouvernemens étrangers.

On était, il faut en convenir, enivré par le récit des victoires que Napoléon venait de remporter en Italie, autant qu'on en était étonné. Cette impression devait être d'autant plus forte, et je crois devoir le rappeler, que la situation intérieure était toujours très-pénible. Le gouvernement offrait, à la vérité, de la régularité dans son organisation; mais indépendamment de sa nouveauté, qui aurait été dans tous les temps un sujet d'inquiétude et une cause d'isolement, ce qu'on appelait *Royalistes* d'un côté, et de l'autre *Jacobins*, formait deux masses immenses dans la population, toujours en haleine, toujours épiant le moment d'agir, qu'il était impossible de contenter, que l'on contenait avec peine, que le gouvernement rencontrait partout, et qui lui offraient des obstacles en quelque sorte insurmontables. Nos armées dans le nord, immobiles sur nos frontières, semblaient avoir perdu toute leur énergie; les recrutemens se faisaient mal; je ne sais quelle force d'inertie, résultat à peu près nécessaire d'efforts antérieurs trop violens, paralysait tous les services, auxquels ne pouvait suffire le trésor, tant sa pénurie était grande. Dans cette inquiétude générale, dans ce malaise de tous, les victoires de l'armée d'Italie furent, au moins pour le très-grand nombre, un sujet de consolation et de joie vive. Toutes les espérances, comme tous les suffrages, se portèrent de plus en plus vers le général en chef de cette armée.

D'une autre part, il faut convenir aussi que le Directoire, sans être nullement jaloux des lauriers de son général, comme celui-ci l'en a accusé, tout en partageant l'allégresse commune, devait être affecté d'une manière tout opposée et bien pénible, en lisant la correspondance que je viens de transcrire. Les plans gigantesques de Napoléon, et que le Directoire, à moins qu'il ne se fît illusion, devait regarder comme des résolutions déjà prises, et dans la confidence desquels, toutefois, il ne pouvait mettre le public, étaient bien faits pour l'effrayer, et tempérer la joie que devaient lui causer les succès de l'armée d'Italie.

Un jeune général victorieux, et victorieux en bravant tous les ordres qu'il a reçus ; qui, à son début, a fixé sur lui tous les regards de la France ; dont les projets embrassent toute l'Italie et l'Allemagne ; qui, en demandant des autorisations, annonce qu'il marche toujours en avant ; que rien ne semble devoir arrêter que des revers ; à qui l'on attribuera toute la gloire s'il réussit ; dont les défaites seront un sujet de honte, de reproches et d'accusations sans mesure pour le gouvernement, qu'on ne manquera pas de taxer d'imprévoyance, de faiblesse ou d'une lâche condescendance ; une existence qui se montrait déjà si extraordinaire, devait être considérée comme un danger pour l'ordre établi, et même pour la sûreté de l'État, qui se trouvait presque tout entier sous cette influence.

Tout était également étrange et imprévu dans cette situation, qui se compliquait par la force des choses, par l'ascendant subit que prenait un des généraux de la république, par l'insuffisance du gouvernement ; insuffisance qui, abstraction faite de la capacité des individus dont il était composé, résultait des vices de son organisation, laquelle restait presque toujours désarmée contre tous les genres d'entreprise ; c'est à quoi, quand on écrit l'histoire de cette époque, l'on ne fait pas, à beaucoup près, assez d'attention. Dans les momens de crise, les hommes revêtus du pouvoir n'ont eu trop souvent pour se défendre, et défendre l'ordre dont le maintien leur était confié, que les ressources qu'ils ont pu trouver en eux-mêmes ; de manière qu'ils se trouvaient forcés d'assumer sur leur individualité une responsabilité qui n'aurait dû peser que sur des lois que la défiance et la crainte de toute espèce de tyrannie avaient rendues impuissantes pour leur propre conservation.

J'appelle ici force des choses, cette impulsion que la révolution avait imprimée aux esprits, et qui, quoique adoucie, était loin d'être calmée.

Un gouvernement était organisé, mais dans ses formes matérielles seulement ; les pouvoirs publics se trouvaient hiérarchiquement disposés ; mais cette régularité apparente n'existait que faiblement dans les idées; encore bien moins y avait-il des habitudes de subordination. L'indépendance individuelle, ou mieux la confusion était partout.

Le gouvernement une fois organisé, comme je l'ai déjà exprimé, son premier soin devait être d'examiner quelle attitude il allait prendre, non-seulement au dedans, mais surtout au dehors, puisqu'un des plus grands obstacles qu'il allait rencontrer, était dans la haine des puissances étrangères pour la France régénérée, dans leur coalition armée pour la destruction de ce gouvernement.

Dans cet examen, la première question aurait été de savoir si à une guerre de destruction, on répondrait par une guerre semblable, c'est-à-dire, si on adopterait en principe le renversement de tous les gouvernemens conjurés contre la France, et antipathiques à ses nouvelles institutions; ou bien si on se contenterait de prendre rang parmi eux, en les ramenant de gré ou de force à des sentimens plus équitables et plus pacifiques; en un mot, si on ferait une guerre de révolution et de destruction, ou une guerre de pure défense, comme de puissance à puissance.

En pesant la tâche qu'on se serait imposée, si l'on s'était engagé à détruire tous les gouvernemens existans, en considérant que tous les vœux de la France étaient pour la paix, et que plus la guerre se prolongeait, plus il devenait difficile de la soutenir, il est probable, il est même certain qu'on se serait arrêté à une guerre purement défensive. La première conséquence de cette résolution, c'était de renoncer à tous projets d'exercer la plus légère influence sur le système des gouvernemens étrangers. En replaçant la France seulement au rang des nations telles qu'elles existaient pour le moment, il fallait se soumettre aux principes du droit qui les régit, et respecter ces principes avec d'autant plus de scrupule que nous inspirions plus de défiance et de craintes à leurs chefs.

Une déclaration franche de principes qui aurait posé une ligne visible entre le passé et l'avenir, eût été indispensable. La position du Directoire était bien favorable pour ce changement absolu de système. Ce qui avait été fait avant lui, ne le regardait point. Il se présentait aux nations sous des formes entièrement différentes, sous des formes durables, au moins dans

BIBL...

la volonté et l'espoir de ses fondateurs. Il ne s'agissait que de montrer des intentions analogues à ces formes. Par un surcroît de bonheur pour ce gouvernement, il n'avait plus qu'à conserver et à défendre. Par la guerre, la France venait d'obtenir ses limites naturelles. C'était la juste indemnité de tous les sacrifices auxquels la coalition dirigée contre elle l'avait forcée : le Directoire n'avait à entendre à aucunes prétentions contraires. Les changemens faits en Hollande, outre qu'ils n'étaient pas son ouvrage, n'avaient pas une grande importance aux yeux des autres puissances. Un changement de plus, dans un Etat qui en avait éprouvé de graves à différentes reprises, ne pouvait faire une sensation inquiétante, et il y avait peu de sympathie entre un petit Etat gouverné sous des formes équivoques et variables, avec les grandes monarchies de l'Europe.

Sous la Convention, au moment d'une conflagration universelle, c'était la guerre des peuples contre les rois : la lutte était corps à corps; elle devait être accompagnée de toutes les violences, de tous les excès qui suscitent et accompagnent les guerres d'opinion; et c'est par ces excès seuls, qu'elles pouvaient s'adoucir; mais du moment qu'un gouvernement régulier était organisé, quelque mauvaises que fussent à notre égard les dispositions des gouvernemens étrangers, quelque fortes que fussent leurs préventions, leurs haines, ce n'en était pas moins une nécessité que de procéder d'après des principes fixes; encore une fois, il fallait marcher audacieusement à une réforme générale ou se ranger franchement sous les auspices de la loi des nations, en s'y soumettant.

Malheureusement la pensée ne se plaça pas à cette hauteur, et l'on ne fit ni l'un ni l'autre; ou plutôt on voulait concilier des avantages inconciliables, si avantages il y avait, et qui se détruisaient l'un par l'autre. L'on faisait la guerre comme si l'on n'avait jamais voulu la paix, et l'on proposait la paix au milieu d'un désordre d'idées et de principes qui devaient occasioner la guerre.

C'était, comme avant la mise en activité de la constitution, contre la royauté, contre la tyrannie, et pour la liberté des peuples que l'on combattait et que l'on déclamait dans des discours de tribune ou d'apparat, et cela en présence des *tyrans* de la Toscane, de la Prusse et d'Espagne, avec lesquels on venait de faire la paix; et lorsqu'on annonçait l'intention de la faire avec les *tyrans* de la Sardaigne, de l'Autriche et de la Russie; en même temps l'on mettait en question si l'on révolutionnerait les pays que nous occupions, et on les révolutionnait en effet. Les esprits étaient encore tellement exaltés qu'on ne s'apercevait pas de ce qu'il y avait de contradictoire, d'absurde dans ce langage et cette conduite; de l'appui que l'on donnait au cruel gouvernement de l'Angleterre, pour tenir constamment sous les armes les puissances du continent, qui, sans cette fatale influence et sans ces menaces de notre part, si peu réfléchies, auraient probablement fini, malgré leurs terreurs, par se rendre, sinon par conviction et de confiance, au moins par lassitude.

Pour être juste cependant, il faut dire que les propositions de paix étaient par nous accueillies avec autant d'empressement que de reconnaissance, et que nous observions les traités avec la plus scrupuleuse fidélité.

Napoléon lui-même n'avait point d'idées arrêtées sur ces grandes questions. Nous le voyons

accuser le Directoire « de céder à un appât irré-
» sistible pour les hommes de la révolution, qui
» est de porter leur étendard et de propager leurs
» principes chez les autres peuples. » Mais, tout-à-l'heure, Napoléon employait des formes et des mouvemens révolutionnaires pour épouvanter plus sûrement la cour de Turin, et la déterminer plus promptement à un armistice. Bientôt, dans ses proclamations, il annoncera « la régénération
» de l'Italie et des vengeances, mais dont les peu-
» ples n'auront rien à redouter. Il relèvera les
» statues des Brutus, des Caton, etc..., et rendra
» *la liberté* aux peuples en *châtiant les tyrans.* »

On voit que si dans quelques relations diplomatiques, dont les objets étaient sous ses yeux, il se montre en partie plus avisé que le Directoire, sa politique n'est guère plus avancée, qu'il est également vacillant dans ses résolutions, et qu'il subit à peu près au même degré, le joug de l'opinion dominante de l'époque.

Dans cette absence de principes, dans cette incohérence d'idées, comment un gouvernement pouvait-il régler la conduite de ses agens ? L'autorité n'est pas seulement dans le titre, elle est essentiellement dans la règle. Quelques instructions vagues sur des circonstances futures qui se manifesteront à des distances considérables, ne peuvent pas tenir lieu d'un plan de conduite politique bien arrêté. Il n'y a pas de subordination nécessaire, là où il n'y a pas de règle connue : dans ce cas, tout le monde a toujours raison. Telle était la position du Directoire, telle était celle du général en chef de l'armée d'Italie ; et c'est dans cette position que se trouvera l'une des premières et des plus puissantes causes de l'élévation de ce dernier. Indépendant par le fait d'un gouvernement qui ne savait parler ni à la France, ni à l'Europe, qui n'avait point ostensiblement tracé le cercle dans lequel devaient se renfermer les opérations de ses agens, la France et l'Europe ne pouvaient voir dans les victoires remportées par le général en chef de l'armée d'Italie, que des actions isolées qui n'appartenaient qu'à lui seul ; et comme ses actions étaient pour le moment les seules qui, par leur éclat, pouvaient attirer les regards, il en résulta que Napoléon parut être la véritable autorité qui dominait et soutenait l'Etat.

Ici tout doit être équitablement attribué à l'esprit du temps. Ni le gouvernement, ni son général n'ont aucun reproche à se faire ; ils n'ont été, sur les véritables intérêts du pays, ni plus habiles, ni plus éclairés l'un que l'autre ; mais les résultats et les dangers de leur conduite n'en sont pas moins évidens. Le gouvernement se trouve déconsidéré, et un chef militaire s'élève.

J'ai insisté sur cette circonstance, parce qu'elle est encore un point de départ, et qu'elle ne peut être trop sentie. C'est là un de ces faits les plus généraux que l'histoire doit saisir.

Je crois devoir signaler encore une autre faute qui, à cette époque, fut commune au Directoire et au général de l'armée d'Italie.

Après la conquête du Piémont, le Directoire et son général voulaient faire, avec le roi de Sardaigne, un traité d'alliance par lequel le monarque sarde se serait engagé à fournir à l'armée d'Italie un contingent de quinze mille hommes de troupes auxiliaires.

Est-il prudent, dans une guerre d'opinion et d'existence politique, d'admettre des étrangers dans les armées qui la soutiennent ?

Cette question dépend de la solution d'une autre question non moins importante.

Dans des guerres qui ont ce caractère, les

négociations et les traités ne sont-ils pas à peu près toujours le résultat de la nécessité? Peuvent-ils être considérés autrement que comme des trèves? Peut-on être certain que la conviction et la sincérité y entrent pour quelque chose? Je ne le pense pas, et quoique ce ne soit ici qu'une opinion personnelle, elle naît tellement du fond des choses, elle repose sur des observations si évidentes, qu'elle équivaut à un principe.

Du moment qu'une certitude sur les motifs comme sur les véritables sentimens de la puissance avec laquelle on traite, ne peut être acquise; dans le doute, et je me sers de ce mot pour donner à mon observation toute la force dont elle est susceptible et prévenir toute objection, car les vrais sentimens des puissances étrangères nous étaient certainement contraires, dans le doute, il faut se tenir sur ses gardes. Or, la première précaution que dicte en pareil cas une sage prévoyance, c'est de ne pas préparer à son ennemi les moyens de rentrer en lice et de réaliser une trahison qui deviendrait d'autant plus fatale que ces moyens seraient plus prochains et plus puissans.

N'est-il pas évident qu'en cas de revers, une défection de troupes auxiliaires dans l'armée qui les éprouve, cause un double dommage, et par la diminution de ses forces, et par l'augmentation des forces ennemies, si les auxiliaires tournent leurs armes contre ceux qui ont eu l'imprudence de les admettre dans leurs rangs? L'exemple de la Belgique et de la Hollande ne prouvait rien en faveur de ce genre d'alliance, tant les principes français avaient de partisans dans ces contrées; par la même raison, on eût pu admettre dans les rangs de notre armée d'Italie, des Milanais, des Bolonais, des Ferrarais, etc.; mais des Sardes, des Vénitiens, etc., non.

Admettre des troupes auxiliaires, dans la supposition qu'elles appartiennent à un gouvernement dont les ressentimens sont d'autant plus grands, qu'on ne l'a pas amené, mais qu'on l'a forcé à la paix, c'est maintenir et fortifier parmi les troupes de ce gouvernement l'esprit militaire et l'habitude du maniement des armes; si la tactique et les manœuvres des armées dans lesquelles on les a introduites, sont dirigées d'après des méthodes nouvelles, c'est leur en donner le secret. Leur activité même nourrit des espérances cachées dans le cœur du chef de l'Etat vaincu, et fait naître des projets désastreux contre le vainqueur.

Loin donc, dans une semblable position, de former des alliances, d'appeler les *vaincus* à son secours, tous les soins devraient tendre à les désarmer, à les isoler, à ne leur laisser d'autre sentiment que celui de leur défaite et de leur impuissance.

Le projet d'une alliance avec la cour de Sardaigne est donc une faute et une grande faute commune au Directoire et au général en chef de l'armée d'Italie; mais, dans cette circonstance, le Directoire est bien plus répréhensible. Le général ne voyait, ne sentait que le besoin d'augmenter ses forces, n'importe à quel prix; et le gouvernement ne répondant nullement à ses appels réitérés, il était tout simple qu'il cherchât à en prendre où il croyait pouvoir en trouver; tandis que le Directoire placé à un point de vue plus élevé, lui qui n'était pas aux prises avec le moment, devait sentir que c'était de l'argent et non des hommes qu'il fallait demander au roi de Sardaigne, parce qu'avec de l'argent on a toujours des hommes, et qu'une puissance qui a des soldats sous les armes, quoique employés pour le compte d'autrui, a dans cette force un principe réel d'existence, qu'il est imprudent de lui laisser.

Et pourquoi cette infraction aux règles de la prévoyance la plus commune ? pour obtenir un renfort de quinze mille hommes ; d'où l'on pouvait conclure que la France en était réduite à emprunter un tel secours de l'étranger ou à s'en passer, comme s'il n'eût pas été aussi facile de recueillir cette quantité d'hommes en France, en soldats inoccupés ou mal placés, qu'il pouvait être dangereux de les prendre ailleurs.

Je connais, encore une fois, pour l'avoir vu, tous les obstacles dont le gouvernement était alors environné ; mais ces obstacles ne peuvent le justifier d'une conception fausse, et de ne pas avoir su prendre ses avantages vis-à-vis de son général, lorsque celui-ci proposait d'adopter des ressources qui eussent été le fruit de sa victoire ; le gouvernement devait profiter de l'occasion pour lui remontrer ostensiblement que la proposition de leur emploi ne pouvait être attribuée qu'à son inexpérience, mais en même temps il fallait lui envoyer des renforts.

Le lendemain de la bataille de Lodi, le 11 de mai, Napoléon, en transmettant la nouvelle de sa victoire au Directoire, revient sur ses projets d'invasion en Allemagne, et dit : « Bientôt il est » possible que j'attaque Mantoue. Si j'enlève » cette place, rien ne m'arrête plus pour pénétrer » dans la Bavière. Dans deux décades je puis » être dans le cœur de l'Allemagne. Ne pour- » riez-vous pas combiner mes mouvemens avec » les opérations de vos deux armées ? Je m'ima- » gine qu'à l'heure qu'il est, on se bat sur le » Rhin. Si l'armistice continuait, l'armée d'Ita- » lie serait écrasée. Si les deux armées du Rhin » entrent en campagne, je vous prie de me faire » part de leur position, et de ce que vous espérez » qu'elles puissent faire, afin que cela me puisse » servir de règle pour entrer dans le Tyrol, ou » me borner à l'Adige. Il serait digne de la ré- » publique d'aller signer le traité de paix, les » trois armées réunies, dans le cœur de la Ba- » vière ou de l'Autriche étonnée. Quant à moi, » s'il entre dans vos projets que les deux armées » du Rhin fassent des mouvemens en avant, je » franchirai le Tyrol avant que l'empereur s'en » soit sérieusement douté. »

Ces observations sur la nécessité du concours des armées du Rhin, sont franches autant qu'elles sont justes.

Il écrivait encore le 14 de mai : « On dit que » la suspension d'armes continue toujours à » l'armée du Rhin. J'imagine qu'à l'heure qu'il » est, vous avez porté vos regards sur un objet » aussi essentiel ; il paraît même que les enne- » mis ont publié avec emphase, dans leur camp, » que cette suspension était pour trois mois, » et qu'ils allaient en conséquence recevoir de » grands renforts. » Ces informations étaient vraies, au moins quant aux renforts ; le général ne s'en montra que plus ardent à combattre l'ennemi ; mais dans ce moment là-même, il reçut la réponse du Directoire à sa lettre du 28 avril, lettre où il développait le vaste plan qui embrassait et dominait le théâtre de la guerre. Le Directoire, effrayé du vol que prend Napoléon, cherche dans sa réponse à lui en démontrer les dangers, et lui trace un plan d'opérations qu'il croit au moins plus prudentes, si elles ne sont pas aussi étendues, aussi hardies que celles qu'il rejette.

Que l'on juge de l'impression que dut faire un tel message sur un homme du caractère de

Napoléon, qui va se trouver ainsi arrêté au milieu de sa course glorieuse, qui du même coup voit s'échapper les succès sur lesquels il compte, et le fruit des triomphes qu'il a déjà obtenus. Il en devint furieux. Ses partisans, ses admirateurs et ses panégyristes se sont élevés avec force contre le Directoire, et l'ont, ainsi que Napoléon l'a fait lui-même, accusé d'une affreuse ingratitude, et de n'avoir cédé qu'au plus vil des sentimens, à celui de l'envie.

L'histoire, pour reconnaître ici la vérité et la transmettre, doit faire plusieurs distinctions très-importantes et qui me paraissent indispensables.

Dans la situation de la France, les plans du général de l'armée d'Italie, je dirai plus, la rapidité de sa marche, ne devaient-ils inspirer aucune inquiétude à un gouvernement obligé de tout prévoir dans l'intérêt public, comme dans celui de sa conservation?

L'espèce d'astuce qu'il était facile de remarquer dans la correspondance du général, où, à l'ombre de paroles soumises, il donnait réellement des ordres; la manière dont il s'était placé vis-à-vis du Directoire, devaient-elles porter ombrage à ce dernier, sous le rapport de son autorité?

Certes, il pouvait entrer dans les détermina-tions du Directoire, des motifs qui seraient désavoués par des sentimens généreux et patriotiques; mais ce n'est pas d'après de semblables données que l'histoire peut asseoir ses opinions et prononcer ses arrêts. Il n'est pas permis d'adopter des suppositions injurieuses, quand des faits patens donnent des inductions évidentes.

En avançant avec autant de rapidité et en se portant aussi loin, Napoléon pouvait éprouver un revers; dans le cas d'un revers, d'un seul revers, que devenait-il? que devenait son armée? A quoi tient le sort des batailles? A Montenotte, à Dégo, à Lodi même, et plus tard dans dix autres occasions, que s'en est-il fallu pour qu'il ne succombât lui-même, et que la chance nous fût contraire. Plus le général fait des choses extraordinaires, plus les hasards de la guerre sont à redouter. Puisque un boulet de canon peut emporter un général en chef comme le dernier des goujats de l'armée, alors qui remplacera l'homme unique? qui sauvera l'armée dont il était l'âme, et qui se trouvera engagée de telle sorte, que ce qui avait été préparé par le génie, comme un élément de triomphe, va devenir, dans la main de tout autre, l'occasion du plus affreux désastre? Napoléon, déjà reconnu comme le plus aventureux, le plus impétueux des guerriers de tous les âges, ne devait-il donc pas inspirer au Directoire des craintes d'autant plus vives, que son vol était plus rapide?

Si un malheur fût arrivé à l'armée d'Italie, si peu nombreuse, entourée de tant d'ennemis, ainsi lancée par-delà les montagnes du Tyrol, et laissant entre elle et le Var un espace aussi immense, quel cri ne se serait pas élevé contre le Directoire, qui, par sa faiblesse ou son imprévoyance, aurait ainsi livré les destinées de l'État et la vie de nos soldats, à un jeune aventurier, dont les premiers exploits, quoique glorieux, devaient être un avis sur sa témérité! Le Directoire eût été accablé des reproches les plus épouvantables, et, on peut le dire, les plus justes, les plus mérités, et ces reproches n'auraient pas sauvé l'État! Voilà de ces considérations sur lesquelles il faut être bien fixé en histoire, pour se faire une juste idée des choses. Il n'y a donc pas d'homme raisonnable qui puisse dire que le Directoire devait rester indifférent sur le caractère tout-à-fait nouveau que prenait cette guerre et sur les périls où elle pouvait jeter la patrie.

Les procédés du général, les nécessités dans lesquelles il savait enlacer le gouvernement, les relations qu'il avait établies, soit avec les autres agens du gouvernement dans ces contrées, soit avec les ministres, et même les chefs des divers États de l'Italie, la distance chaque jour plus grande où il tenait les autres officiers de l'armée, son entrée triomphale dans Milan, la cour, car c'était bien une véritable cour, dont il s'y était entouré, toutes ces circonstances, dont il était impossible que le Directoire ne fût pas informé, devaient faire naître dans l'esprit de ses membres des craintes d'un bien autre genre, et lui imposaient des devoirs non moins rigoureux.

Est-il en effet un individu ayant une idée tant soit peu juste des choses, qui puisse nier que tout dans la conduite du général portait le caractère de l'indépendance, et l'indépendance dans cette position n'est-elle pas une usurpation de pouvoir? Le Directoire pouvait-il encore rester indif-

BIBLIOTHÈQUE ROYALE

férent à une semblable tendance? N'aurait-il pas dû la réprimer, rétablir l'ordre, la subordination, prévenir des écarts qui étaient autant d'insultes à son autorité, et qui menaçaient des institutions que son premier devoir était de défendre?

Il faut regarder comme des vérités historiques, que rien n'était plus dangereux pour l'État, que les entreprises volontaires ou involontaires du général; que rien n'était mieux ou plus fondé que les défiances et la sollicitude du Directoire à ce sujet. Soit qu'il se mêlât dans ces défiances de misérables susceptibilités et de méprisables jalousies, ou qu'elles ne s'y mêlassent pas, soit qu'elles ne fussent inspirées que par le plus pur amour du pays et du devoir, reste que le gouvernement se trouvait dans l'obligation de faire cesser des exemples dangereux, et des influences que leur développement devait rendre chaque jour plus funestes.

Mais qu'imagina le Directoire pour accomplir un devoir impérieux dans une position tout à la fois brillante, périlleuse et menaçante, où l'enthousiasme pour le général de l'armée d'Italie était déjà porté fort haut, et où il avait tellement engagé l'armée, que lui seul pouvait la diriger; où l'on ne voyait que l'éclat et les avantages des succès, sans le plus léger soupçon des dangers dont ils pouvaient être la cause; dans un moment où l'on ne pouvait toucher par aucun point à l'auteur de ces succès, sans paraître attaquer les succès eux-mêmes, et seconder par là, de la manière la plus criminelle, les ennemis de notre gloire comme de notre repos.

C'est dans des circonstances aussi délicates que le Directoire adresse à Napoléon une réponse à sa lettre du 28 avril. Après avoir applaudi à ses victoires, il combat le projet de l'invasion du Tyrol; il en démontre les dangers; bref, il le rejette et il trace en même temps le plan de conduite et d'opérations que doit suivre désormais le général en chef. En conséquence, celui-ci se bornera à chasser les Autrichiens de l'Italie. Cette opération terminée, l'armée sera *divisée en deux armées*, dont l'une contiendra les Autrichiens dans les montagnes du Tyrol, tandis que l'autre marchera sur Rome, et au besoin sur Naples. Le Directoire annonce que Kellermann prendra le commandement de la première, et que Napoléon restera à la tête de la seconde. Le Directoire exprime ensuite le désir de voir la Corse, qui avait été livrée aux Anglais par Paoli, rentrer sous la domination française. Il développe, il trace la conduite qu'il veut que l'on tienne avec la Toscane, à Livourne, où il ordonne de saisir les propriétés anglaises, à Lucques, à Rome, et vis-à-vis du roi de Naples.

Dans une autre lettre du 15 du même mois de mai, écrite encore avant la réception de la réponse de Napoléon, le Directoire, après les félicitations les plus extraordinaires sur la victoire de Lodi, s'exprime ainsi : « Votre plan est » le seul à suivre, il ne faut pas quitter Beaulieu » qu'il ne soit anéanti, etc.; » puis il revient à ce qu'il appelle les *bases* des *mouvemens* qui resteront à faire au général en chef, après la déroute de Beaulieu et la conquête du Milanais; il insiste en conséquence sur la division des armées en deux parties, l'une sous ses ordres, l'autre sous le commandement de Kellermann, déjà requis par le commissaire du gouvernement, Salicetti. « L'armée des Alpes, dit-il, renforcée » de toutes les troupes qu'on pourra tirer de l'in» térieur, occupera dans le Piémont toutes les

» places qui ont dû être remises à la France ; et » Kellermann dirigera, si les forces mises à sa dis» position le lui permettent, quelques divisions » et des partis dans les gorges du Tyrol. » Le Directoire recommande à Napoléon de se concerter, pour ces opérations essentielles, avec ce général et le commissaire du gouvernement, Salicetti, avec lesquels il fixera les démarcations entre les deux armées et les arrondissemens attribués au service de chacune d'elles. Le Directoire rappelle à Napoléon qu'il doit porter un coup mortel aux Anglais, en Corse, à Livourne, à Rome, à Naples. L'exécution immédiate de ce plan lui paraît d'un bien plus grand intérêt que l'expédition dangereuse du Tyrol : cependant, selon le Directoire, et ceci mérite la plus grande attention, afin de préparer cette expédition, il ordonna à Napoléon de ne prendre, pour former la nouvelle armée à la tête de laquelle il allait se trouver placé, que la quantité de troupes indispensablement nécessaires pour assurer ses succès : « Le reste, ajoute-t-il, » passera sous les ordres du général Kellermann, » qui poursuivra avec chaleur, *les débris des* » *Autrichiens dans les montagnes du Tyrol*,

» *et poussera de forts partis en Allemagne,* » *aussi loin qu'il le pourra*, tant pour lever » des contributions que pour inquiéter les com- » munications des armées autrichiennes sur » le Rhin. Si l'armée que vous commande- » rez a besoin de renforts, ils seront sur-le- » champ extraits de celle qui sera sous les or- » dres du général Kellermann, d'après la *réqui-* » *sition qui en sera faite par les commissaires* » *du gouvernement*.... Si ce plan s'exécute, » comme le Directoire l'espère, il deviendra » dès lors d'autant plus possible de pénétrer » dans le cœur de l'Allemagne, que nos armées » du Rhin auront pu, à cette époque, frapper » des coups vigoureux..... L'Autrichien, cons- » terné de vos succès, a probablement déjà donné » des ordres pour extraire de ses armées sur le » Rhin des renforts nombreux pour s'opposer » à vos progrès, et de là naît la nécessité de don- » ner au général Kellermann le plus de forces » possible, afin qu'il se trouve toujours dans la » situation de l'offensive dans le Tyrol.... On ne » se bat pas encore sur le Rhin. L'armée de » Sambre-et-Meuse fait avec difficulté ses ma- » gasins... Celle de Rhin-et-Moselle est dans le

» dénûment le plus extrême; sa cavalerie est » absolument nulle, faute de chevaux; elle man- » que aussi de numéraire pour ses services; les » abus et les dilapidations de tous les genres » l'assiégent et la ruinent encore... Si *vous pou-* » *vez envoyer des chevaux* pour remonter les » carabiniers de l'armée de Rhin-et-Moselle, » n'hésitez pas à le faire.... Il en est de même » des moyens de transport et de la pénurie de » numéraire dans laquelle elle se trouve.... Le » moment où l'ennemi distraira des forces de » ses armées sur le Rhin, pour les opposer aux » nôtres de l'Italie, est celui que le Directoire » voudrait choisir pour rompre l'armistice dans » le Nord... Mais il craint que la campagne ne » puisse s'ouvrir avant la moisson, qui donnera » aux troupes françaises les moyens de subsi- » stance dont elles sont privées. »

La résolution de diviser en deux l'armée d'Italie est véritablement inconcevable, et toutes les autres parties de ces deux lettres ne le sont pas moins.

Quels que fussent les motifs du Directoire et quelles que soient les intentions qu'on puisse lui supposer, il est évident que par le fait le général de l'armée d'Italie se trouve destitué de son commandement, et cela au milieu de ses triomphes. On a vu des généraux destitués par suite des défaites qu'ils avaient éprouvées, mais pour leurs victoires! car dans l'opinion on n'eût pas donné une autre interprétation à cette mesure.

Un tel procédé eût irrité l'homme le plus modeste, le citoyen le plus dévoué à la patrie, le militaire le plus soumis au devoir et à la subordination; que l'on juge de l'impression qu'il dut faire sur un caractère impétueux, indomptable, qui, à la conscience de ses forces, joignait celle des preuves qu'il venait d'en donner, et des services que déjà il avait rendus, qui, de son aveu et dans cet instant même, venait d'éprouver les premiers mouvemens de haute ambition, d'après lesquels il se *sentait appelé à jouer un grand rôle dans les affaires du pays;* et dès le premier pas il sent un bras qui prétend l'arrêter. Aussi sa réponse ne se fait pas attendre, et quoiqu'il eût eu l'art d'y prendre un ton modéré, même soumis, on y découvre aisément la profondeur de son ressentiment et de la blessure qu'il reçoit. Cette réponse est ainsi conçue :

Au quartier-général à Lodi, 25 floréal an IV
(14 *mai* 1796).

« Je reçois à l'instant le courrier parti le 18
» de Paris. Vos espérances sont réalisées, puis-
» qu'à l'heure qu'il est toute la Lombardie est à
» la république. Hier, j'ai fait partir une divi-
» sion pour cerner le château de Milan. Beau-
» lieu est à Mantoue avec son armée ; il a inondé
» tout le pays environnant; il y trouvera la
» mort; car c'est le plus malsain de l'Italie.

» Beaulieu a encore une armée nombreuse ;
» il a commencé la campagne avec des forces
» supérieures ; l'empereur lui envoie dix mille
» hommes de renfort qui sont en marche. Je
» crois très-impolitique de diviser en deux l'ar-
» mée d'Italie ; il est également contraire aux
» intérêts de la république d'y mettre deux gé-
» néraux différens.

» L'expédition sur Livourne, Rome et Na-
» ples est très-peu de chose ; elle doit être faite
» par des divisions en échelons, de sorte que
» l'on puisse, par une marche rétrograde, se
» trouver en force contre les Autrichiens, et
» menacer de les envelopper au moindre mou-

» vement qu'ils feraient. Il faudra pour cela, » non-seulement un seul général, mais encore » que rien ne le gêne dans sa marche et dans » ses opérations. J'ai fait la campagne *sans con-* » *sulter personne*, je n'eusse rien fait de bon » s'il eût fallu me concilier avec la manière » de voir d'un autre. J'ai remporté quelques » avantages sur des forces supérieures et dans » un dénûment de tout, parce que, persuadé » que votre confiance reposait sur moi, ma » marche a été aussi prompte que ma pensée.

» Si vous m'imposez des entraves de toutes » espèces; s'il faut que je réfère de tous mes » pas *aux commissaires du gouvernement;* s'ils » ont droit de changer tous mes mouvemens, » de m'ôter ou de m'envoyer des troupes, n'at- » tendez plus rien de bon. Si vous affaiblissez vos » moyens en partageant vos forces, si vous rom- » pez en Italie l'unité de la pensée militaire, je » vous le dis avec douleur, vous aurez perdu la » plus belle occasion d'imposer des lois à l'Italie.

» Dans la position des affaires de la répu- » blique en Italie, il est indispensable que vous » ayez un général qui ait entièrement votre » confiance; si ce n'était pas moi, *je ne m'en*

» *plaindrais pas*, mais je m'emploierais à re-
» doubler de zèle pour mériter votre estime
» dans le poste que vous me confieriez. Chacun
» a sa manière de faire la guerre. Le général
» Kellermann a plus d'expérience *et la fera*
» *mieux que moi* » (il s'expliquera bientôt plus
franchement sur le compte de ce général),
« mais tous les deux ensemble nous la ferions
» fort mal.

» Je ne puis rendre à la patrie des services
» essentiels, qu'investi entièrement et absolu-
» ment de votre confiance. Je sens qu'il faut
» beaucoup de courage pour vous écrire cette
» lettre; il serait si facile de m'accuser d'am-
» bition et d'orgueil! Mais je vous dois l'ex-
» pression de tous mes sentimens, à vous qui
» m'avez donné dans tous les temps des témoi-
» gnages d'estime que je ne dois pas oublier.

» Les différentes divisions d'Italie prennent
» possession de la Lombardie. Lorsque vous re-
» cevrez cette lettre, nous serons déjà en route,
» et votre réponse nous trouvera probablement
» près de Livourne. Le parti que vous prendrez
» dans cette circonstance est plus décisif pour
» les opérations de la campagne, que quinze

» mille hommes de renfort que l'empereur en-» verrait à Beaulieu. »

Sous la même date, il adressait au directeur Carnot une autre lettre, que l'on doit considérer comme un appendice de celle que l'on vient de lire.

Elle est ainsi conçue : « A la réception de la » lettre du Directoire du 18, vos intentions » étaient remplies, et le Milanais est à nous. Je » marche bientôt pour exécuter vos vues sur » Livourne et sur Rome ; tout cela se fera sous » peu de temps. J'écris au Directoire relative-» ment à l'idée de diviser l'armée ; je vous jure » que je n'ai vu en cela que la patrie ; au reste, » *vous me trouverez toujours dans la ligne* » *droite*. Je dois à la république le sacrifice de » toutes mes idées. Si l'on cherche à me mettre » mal dans votre esprit, ma réponse est dans » mon cœur et dans ma conscience.

» Comme il serait possible que cette lettre » au Directoire ne fût pas bien interprétée, et » que vous m'ayez témoigné de l'amitié, je » prends le parti de vous l'adresser, en vous » priant d'en faire l'usage que vous suggèreront » votre prudence et votre attachement pour moi.

» Kellermann commandera l'armée aussi bien » que moi, car personne n'est plus convaincu » que je le suis, *que les victoires sont dues au » courage et à l'audace de l'armée;* mais je » crois que réunir Kellermann et moi en Italie, » c'est vouloir tout perdre. Je ne puis pas servir » volontiers *avec un homme qui se croit le pre- » mier général de l'Europe;* et d'ailleurs, je » crois qu'il faut plutôt *un mauvais général,* » que deux bons. La guerre est, comme le gou- » vernement, une affaire de tact.

» Je ne puis vous être utile qu'investi de la » même confiance que vous me témoigniez à » Paris. Que je fasse la guerre ici ou ailleurs, » cela m'est indifférent. Servir la patrie, méri- » ter de la postérité une feuille de notre his- » toire, donner au gouvernement des preuves » de mon attachement et de mon dévoûment, » voilà toute mon ambition; mais j'ai fort à » cœur de ne pas perdre, dans huit jours, deux » mois de fatigues, de peines et de dangers, et » de ne pas me trouver entravé. J'ai commencé » avec quelque gloire, je désire de continuer » d'être digne de vous..... »

En se montrant aussi soumis, il dut en coûter singulièrement à la fierté de Napoléon, qui, par cette seule circonstance, aurait appris à connaître sa supériorité sur un gouvernement dont les membres se montraient aussi peu avisés; mais il voyait vite et loin; il avait un grand empire sur lui-même; il sentit aussitôt qu'il devait mettre toutes les convenances de son côté, que par ce moyen il se préparait contre le Directoire, dans le cas d'une déraisonnable persévérance de sa part, de terribles armes.

Ses véritables sentimens sont exprimés avec plus de sincérité dans le passage suivant de ses Mémoires : « Les nouvelles successives du pas- » sage du Pô, de la bataille de Lodi, de l'occu- » pation de la Lombardie, des armistices des » ducs de Parme et de Modène, *enivrèrent le* » *Directoire*, qui adopta le plan funeste de di- » viser l'armée d'Italie en deux armées. Napo- » léon, avec vingt mille hommes, devait passer » le Pô, marcher sur Rome et Naples; et Keller- » mann, avec les vingt mille autres, aurait com- » mandé sur la rive gauche du Pô, et couvert le » siége de Mantoue. Napoléon, *indigné d'une* » *telle ingratitude*, envoie sa démission, se re- » fusant à être l'instrument de la perte de l'ar-

» mée d'Italie et de ses frères d'armes. Il dit » que tous les hommes qui l'entouraient dans la » presqu'île seraient perdus ; que l'armée prin- » cipale, confiée à Kellermann, serait insuffi- » sante pour se maintenir, et serait obligée de » repasser les Alpes en peu de semaines. Un » mauvais général vaut mieux que deux bons. » Le gouvernement ouvrit les yeux et rapporta » ces mesures liberticides, et il ne s'occupa plus » de l'armée d'Italie que pour approuver ce que » Napoléon avait fait ou projeté. »

On écrit sur les matières les plus graves, souvent avec une bien grande légèreté et tout naturellement ; la plupart des lecteurs sont encore plus légers et moins réfléchis que les écrivains. On en trouve un exemple frappant dans le passage des Mémoires de Napoléon, que je viens de citer. C'est Napoléon lui-même qui écrit. « *Les nouvelles successives du passage du Pô,* » *de la bataille de Lodi, de l'occupation de la* » *Lombardie, de l'armistice des ducs de Parme* » *et de Modène, enivrèrent le Directoire, qui* » *adopta le plan funeste*, etc... » Quand le Directoire adopta *le plan funeste* et très-funeste, j'en conviens, il était physiquement impossible qu'il eût connaissance des événemens qui, selon Napoléon, l'avaient enivré. Il suffit, pour s'en convaincre, de rapprocher les dates et les distances. Les résolutions du Directoire eurent donc une autre cause.

En second lieu, l'enivrement produit l'enthousiasme, l'exaltation, mais non l'envie et la jalousie. Des historiens de Napoléon se sont emparés de ces assertions, qu'ils ont commentées, étendues, embellies;

Et voilà comme on écrit l'histoire.

La conduite du général devait exciter toute la sollicitude du Directoire et le jeter dans les plus cruelles anxiétés, sans que pour cela il se montrât jaloux de ses lauriers. C'est bien là qu'est le principe de sa détermination; détermination mal calculée, absurde en elle-même, ce qui ne détruit pas la réalité et la justesse de sa cause.

Cette détermination du Directoire de former deux armées en Italie, dont la principale serait confiée à Kellermann, mérite une bien autre attention que celle qu'y donne Napoléon, et exige de plus grands développemens. Il faut s'arrêter avec d'autant plus de soin sur les circonstances très-graves sous tous les rapports, dont il n'a pas voulu se rendre compte, que cette première partie de sa vie enfantera tout le reste de cette singulière et étonnante existence.

Avec une portée d'esprit immense, un caractère et une volonté qu'aucun obstacle ne pouvaient arrêter, Napoléon avait calculé la marche de son armée et ses plans de campagne en maître et en conquérant. Le Directoire ne pouvait se faire illusion sur ce caractère. Déjà ses ordres, bons ou mauvais, avaient été méconnus, ses instructions, bien ou mal conçues, avaient été transgressées, et le général ne paraissait pas plus disposé pour l'avenir, qu'il ne l'avait fait pour le passé, à suivre d'autres inspirations que les siennes; et, chose remarquable, ses inspirations étaient les seules bonnes; mais, ce qu'il faut bien comprendre, c'est qu'elles étaient les seules bonnes dans la position où il s'était placé, et cette position était un fait que l'on n'était plus le maître de changer à volonté, tentative toutefois que faisait le Directoire. C'était donc cette position qu'il ne fallait pas lui laisser prendre. Une fois acquise, il n'était plus possible de la dominer que par de hautes rivalités. Ce qui est inconcevable, et j'en ai déjà fait l'observa-

BIBLIOTHÈQUE ROYALE

tion, c'est que le génie de cet homme extraordinaire et ses exemples n'aient pas donné une secousse analogue tant aux membres du gouvernement qu'aux autres généraux. Qu'un homme qui n'a qu'une mesure d'esprit ordinaire n'invente pas, cela se conçoit, et il n'y a rien à dire; mais quand le modèle est sous les yeux, quand il ne s'agit plus que d'imiter, ne pas le faire, rester dans un cercle d'idées entièrement en désaccord avec des actions qui étonnent et saisissent tous les esprits, il faut en convenir, cette insensibilité morale ne se conçoit pas.

Napoléon a trouvé tout naturellement dans cette insuffisance un grand élément de sa renommée, par conséquent de son élévation.

Napoléon ne se contenta pas de protester de sa soumission et de son dévoûment. Pour qu'on ne pût révoquer en doute la sincérité de sa résignation, répondant sur l'état de pénurie et de misère dont le Directoire lui avait fait le tableau, il écrivait, sous la date du 22 mai : « Vous » pouvez compter sur six ou huit millions, ar» gent ou or, lingots ou bijoux, qui sont à votre » disposition à Gênes. Vous pouvez disposer de » cette somme, étant superflue aux besoins de

» l'armée. Si vous le désirez, je ferai passer un » million à Bâle, pour l'armée du Rhin.... Les » troupes sont satisfaites, elles touchent la moi- » tié de leurs appointemens en argent. Le pillage » est réprimé, et la discipline avec l'abondance » renaissent dans cette glorieuse armée. »

Ainsi, en récapitulant ses principaux services, le général que l'on destituait dans la réalité avait mis en mouvement la seule armée qui fût en activité; il l'avait tirée de la plus affreuse misère, il avait pourvu à ses besoins, il avait constamment battu l'ennemi, il avait conquis un royaume, presque tout le nord de l'Italie, tenant tout le reste en échec, et dans le moment où il se sentait frappé, il venait au secours des autres armées qu'on laissait dans le dénûment et dans l'inaction; car ce ne fut que le 9 prairial an IV (28 mai), que le Directoire s'expliqua sur les observations contenues dans les lettres de Napoléon, du 14. Dans cette réponse, le Directoire paraît fort embarrassé. Il félicite le général sur la prise de Pizzighitone, la possession de Crémone et de toute la Lombardie, laquelle *prépare glorieusement la fête de la Victoire, qui devait être célébrée le lendemain;* ensuite il donne des conseils assez vagues sur la rapidité avec laquelle il faut achever la destruction de Beaulieu, en ne lui laissant pas surtout le temps de se refaire; il autorise le général à *ajourner jusqu'au moment qu'il croira favorable* l'expédition sur Livourne, Rome et Naples. Il arrive enfin au point délicat, et commence par dire : « La séparation » en deux de l'armée d'Italie ne doit avoir lieu » que lorsque Beaulieu sera entièrement hors » d'état de rien entreprendre. » Voilà déjà une bonne partie du procès du général qui est gagnée; mais quelques lignes plus bas, dans cette même lettre, le Directoire s'exprime en ces termes : « Vous paraissez *désireux*, citoyen-général, de continuer à conduire toute la suite » des opérations militaires de la campagne actuelle en Italie. Le Directoire a *mûrement réfléchi* sur cette proposition, et la confiance » qu'il a dans vos talens et votre zèle républicain ont décidé cette question en faveur de » l'affirmative. Le général en chef Kellermann » restera à Chambéry, et fera occuper seulement » les places qui doivent nous être remises par » le traité de paix. L'armée d'Italie continuera » à tenir garnison dans celles où elle est entrée,

» en vertu de l'armistice, ainsi que dans Valence » ou Alexandrie, que nous accorde provisoire-» ment ce traité. »

Vous paraissez désireux de continuer à conduire ; toutes expressions bien singulières, qui seules annonceraient la peine qu'éprouvait le Directoire, l'état de souffrance dans lequel il se trouvait, en se voyant dans la nécessité de livrer la France et lui-même aux conceptions téméraires de son subordonné.

Le Directoire recommande de nouveau l'expédition de Livourne, qu'il a tant à cœur, comme la première à faire; enfin il termine par ces paroles remarquables : « Le reste des opérations » militaires en Allemagne et dans le Mantouan, » est absolument dépendant de vos succès con-» tre Beaulieu. Le *Directoire sent combien il » serait difficile de les diriger de Paris;* il » vous *laisse* à cet égard LA PLUS GRANDE LATI-» TUDE, en vous recommandant la plus extrême » prudence. Son intention est, toutefois, que » l'armée ne dépasse le Tyrol qu'après l'*expé-» dition au sud de l'Italie.* »

Ainsi le grand procès est jugé. Bonaparte sort triomphant de cette lutte. Déjà puissant par sa volonté et parce qu'il a su couvrir les actes qu'on pouvait lui reprocher, par ses victoires, à dater de ce jour il devient plus puissant par la volonté de ceux-là même qui avaient voulu réprimer ce qu'ils regardaient comme son ambition et la fougue de ses conceptions.

Napoléon, dans ses Mémoires, dit encore, pour expliquer la disgrâce qu'on lui avait préparée : « Le Directoire avait été séduit par l'ap» pât irrésistible pour les hommes de la révo» lution, d'arborer le drapeau français sur le » Capitole, et de punir la cour de Naples de ses » nombreuses offenses. » Ailleurs : « Ce sont les » ménagemens qu'il avait mis dans sa conduite » avec le roi de Sardaigne ; ménagemens qui ne » pouvaient entrer dans les têtes de ce temps» là. » Ailleurs encore : « C'est un des membres du » Directoire (La Réveillère-Lépaux) qui, en» touré de ses théophilanthropes, se montrait » impatient de tous les retards qu'on mettait » à abattre la tiare et à renverser le trône pa» pal. »

Aucun de ces motifs n'est admissible. Le Directoire, dans sa correspondance, loin de témoigner de l'impatience de voir renverser l'autorité du saint Siége, lui demandait des prières comme une des premières conditions du traité qu'il s'agissait de conclure avec lui. Ce fut même le sujet de bonnes ou mauvaises plaisanteries. Cette idée, qui put paraître singulière, vu l'époque et l'esprit du gouvernement d'alors, considérée sous de certains rapports, pouvait cependant n'être pas dépourvue d'une sorte de politique. Or, on ne traite pas avec ceux que l'on veut détruire, on ne leur demande pas des grâces.

Le Directoire avait approuvé, dans toutes ses parties, l'armistice avec le roi de Sardaigne, et l'on ne trouve de sa part aucune trace d'observations faites dans un sens contraire. Quel rapport y avait-il d'ailleurs entre les ménagemens que Napoléon aurait pu avoir pour le roi sarde dans le cours des négociations, et une nouvelle direction à donner à la guerre après qu'elles étaient terminées et confirmées?

On ne peut expliquer le ridicule que Napoléon a constamment cherché à attacher au nom de La-Reveillère-Lépaux, en lui attribuant la fondation et les illusions de la théophilanthropie, à moins qu'on ne suppose qu'il n'avait pas d'autre moyen de déconsidérer un homme d'esprit, de sens, un homme d'un beau caractère, et à qui Napoléon ne pouvait adresser d'autres reproches, sinon que, dans une autre grande occasion où Napoléon offrait encore sa démission, La Reveillère lui présenta la plume, et plus tard il refusa constamment de se soumettre à sa fortune.

Ailleurs, Napoléon se plaint que le Directoire est prêt à tout sacrifier pour amener l'Autriche à faire la paix. Son dessein réel, le fond de sa pensée n'était donc pas de tout révolutionner. Le héros lui-même ne fournit donc que des élémens contradictoires de sa propre histoire et de celle de l'époque.

Oui, sans nul doute, les victoires de l'armée d'Italie avaient produit de l'*enivrement*, et un grand enivrement dans la majorité des Conseils, dans toute la nation, même dans le Directoire; mais *l'ingratitude* n'est nullement une conséquence de l'enivrement; ce serait bien plutôt le contraire.

La jalousie, l'envie naissent de la rivalité: quelle rivalité pouvait-il exister entre le Directoire et son général, comme général? Le Directoire ne commandait pas des armées; des victoires étaient le but qu'il se proposait en faisant la guerre ; elles assuraient sa considération, lui donnaient de la stabilité et lui ralliaient la nation en préparant la paix après laquelle elle aspirait ; mais, dira-t-on, c'était une rivalité de puissance : dans ce cas, il y aurait eu insubordination de la part du général, et il n'est pas permis de nommer *jalousie* le sentiment qui, dans un gouvernement, l'aurait porté à réprimer ce qui eût été un grand désordre.

La jalousie, l'envie, produisent l'ingratitude ; mais ce mobile honteux des passions les plus viles peut-il être adopté par l'équitable histoire, lorsque évidemment la position respective des personnages dont elle s'occupe indique des causes qui ne peuvent échapper aux esprits les plus vulgaires, ni être méconnues que par la mauvaise foi ?

Or, les causes qui devaient éveiller toute la sollicitude du Directoire, il faut le répéter sans cesse, étaient dans les marches trop rapides d'une armée trop faible pour l'espace qu'on entendait lui faire parcourir, dans le caractère personnel d'un chef qui ne reconnaissait aucun ordre et ne suivait que ses inspirations ; ces causes étaient fondées, incontestables.

Mais quel était réellement le caractère des mesures prises par le Directoire dans une circonstance aussi grave? quelles pouvaient en être les conséquences, soit qu'elles fussent exécutées, soit qu'elles fussent révoquées; car aucune manifestation de la part d'un gouvernement ne peut être sans résultat? Comment les expliquer, si elles furent dans toutes leurs parties également mal conçues, sans admettre l'influence de quelque passion particulière, de quelque rivalité au moins individuelle?

C'est dans cette recherche des causes secrètes que s'égare trop souvent l'histoire; cependant il est des inductions qu'on peut se permettre quand elles sont puisées dans des faits positifs. Si elles ne paraissent pas sans réplique à tous les esprits, elles éclairent au moins le point sur lequel elles portent, quand ce ne serait qu'en montrant que là doit s'arrêter la curiosité, et que l'investigation ne peut aller plus loin.

Cette unité collective appelée Directoire, composée de cinq membres, s'occupait des questions générales; mais les spécialités formaient autant de départemens qu'il y avait de directeurs; ainsi le Directoire examinait les questions générales de la paix et de la guerre. Une fois la guerre résolue, un des cinq directeurs en suivait particulièrement les opérations, et quoique chaque décision fût prise en commun, on doit sentir quelle devait être l'influence du directeur proposant, tant à raison des connaissances qu'on lui suppose dans la matière, et de l'examen qu'il a dû faire de ce qui est en question, que par suite des égards que les directeurs se devaient réciproquement entre eux, puisqu'ils se trouvaient en avoir un égal besoin.

Or, il était de notoriété publique que le directeur Carnot avait eu en partage le département de la guerre; c'est au directeur Carnot que l'on attribue les premières et les secondes instructions qui furent adressées au général en chef de l'armée d'Italie; c'est encore à lui qu'on attribue l'idée de séparer l'armée d'Italie en deux armées; c'est donc sur lui que doivent peser, avant tout, les reproches que doit faire naître une semblable idée, si elle devait être aussi funeste que le prétend Napoléon.

Il y a trop souvent dans les affaires humaines une fatalité que l'on ne peut pas toujours éviter. Qui donc alors a pu donner du poids et de l'autorité à une semblable idée? l'opinion qu'on avait des talens de Carnot, et sa réputation. Je dois dire ici ce que j'en ai pensé dans tous les temps, et ce que toutes les révélations faites ou à faire confirmeront de plus en plus; et qu'on ne croie pas que je mette dans cette opinion aucune prévention personnelle, aucun souvenir haineux; je briserais cent fois ma mauvaise plume, si je soupçonnais qu'elle écrivît une syllabe qui ne serait pas inspirée par le plus pur amour du bien public et de la vérité.

Il faut donc le dire une bonne fois, l'opinion favorable à Carnot était en grande partie une erreur, et sa réputation était usurpée. C'était un homme laborieux, petitement, fortement passionné, singulièrement opiniâtre en tout; ce qui n'exclut point les vertus civiques, toujours respectables en elles-mêmes.

Les réputations usurpées ou exagérées sont beaucoup plus nombreuses qu'on ne le pense généralement. Je n'ai presque pas vu autre chose dans le cours d'une longue carrière. Un homme, par instinct, par ambition, par goût, se livre au travail; il acquiert nécessairement des connaissances; l'habitude du travail lui donne de la facilité ; ce qui par malheur ne prouve rien, ni pour la rectitude, ni pour l'utilité de ses conceptions. Mais c'en est assez, surtout s'il se trouve dans des positions favorables, pour lui valoir un grand crédit auprès des autres hommes, qui sont, pour le très-grand nombre, ignorans, inappliqués et paresseux ; surtout s'il s'agit de ces applications scientifiques qui tiennent à de longues études, et qui sont autant de mystères pour le vulgaire des esprits, pour ceux qui ne s'y sont pas livrés : c'est ainsi qu'on peut expliquer bien des succès peu mérités.

Napoléon, dans ses Mémoires, s'exprime ainsi qu'il suit sur le compte de Carnot, à qui il rend d'ailleurs, sous d'autres rapports, une entière justice :

« Carnot était entré très-jeune dans le génie.
» Il passait pour original parmi ses camarades... Il était travailleur, sincère dans tout ce qu'il faisait, sans intrigue et facile à tromper... Au comité de salut public il dirigea les opérations de la guerre : il y fut utile, sans mériter les éloges qu'on lui a donnés. Il n'avait aucune expérience de la guerre. Ses idées étaient *fausses* sur *toutes les parties* de l'art

» militaire, même sur *l'attaque et la défense*
» des places, et sur les principes des fortifica-
» tions qu'il *avait étudiées* dès son enfance. Il
» a imprimé sur ces matières des ouvrages qui
» ne peuvent être avoués que par un homme qui
» n'a aucune pratique de la guerre. »

On peut dire, sans crainte de se tromper, que dans les affaires politiques et civiles Carnot ne montra pas plus de discernement.

On a fait honneur au représentant Carnot, membre du comité de salut public chargé de la direction de la guerre, du plan de campagne qui délivra le territoire français, en 1793, de la présence des étrangers; Napoléon a vivement critiqué ce plan : il trouve que rien n'était plus mal entendu, plus dangereux que de faire marcher deux armées en même temps pour le même but, l'armée du Nord et l'armée de Sambre-et-Meuse; qu'en divisant ses forces, c'était les affaiblir, et qu'en admettant des succès, c'était encore manquer le résultat de la campagne, qui était d'anéantir l'ennemi.

Je dois remarquer que c'est encore deux armées que le Directoire, sous la direction de Carnot, met en campagne sur le Rhin, en 1796, et pour le même but, et que c'est toujours au directeur Carnot qu'on attribue la division de l'armée d'Italie en deux armées à la même époque.

Dans les instructions données au général en chef de l'armée d'Italie, les Piémontais devaient seulement être observés ; l'ordre était de diriger toutes les forces contre les Autrichiens, attendu que les Autrichiens défaits, le roi de Sardaigne serait bien forcé à faire la paix.

Outre que Napoléon avait bien jugé que l'on pouvait calculer le terme d'une guerre avec le Piémont, qui ne pouvait recevoir aucun secours sur ses derrières, tandis qu'il était facile aux Autrichiens de faire arriver des renforts à tous les instans, et sans qu'on pût en déterminer le nombre ; déjà, dans son imagination, il franchissait les montagnes du Tyrol, et prévoyait le cas où il faudrait aller chercher la paix dans la Bavière, ou même dans les États héréditaires de l'Autriche, et sous les murs de Vienne. Il avait senti que, même en ne quittant pas l'Italie, il y serait sans cesse attaqué par l'Autriche ; il dut penser que cette position ne serait pas tenable, si les Piémontais restaient armés sur ses derrières. Il conclut de cette première observation, et d'une manière tout opposée aux ordres du Directoire, qu'il fallait d'abord séparer les Autrichiens des Piémontais; écraser ceux-ci, et retomber aussitôt sur les premiers : ce qu'il exécuta avec une grande habileté et un rare bonheur; mais contre les intentions et les ordres du Directoire, ainsi qu'il le dit et s'en vante lui-même.

Napoléon se rend maître du Piémont et presqu'en même temps de Parme, de Modène, etc. Toutefois les armées du Rhin n'avaient pas encore bougé, ce qui n'est ni concevable, ni pardonnable, et le Directoire, ou plutôt le direcrecteur Carnot, a la bonhommie d'écrire au général de l'armée d'Italie que cette inaction vient du dénûment dans lequel se trouvent ces deux armées. Il lui demande d'y envoyer des chevaux et de l'argent, à ce même général qui avait trouvé l'armée d'Italie livrée à la plus affreuse indiscipline, sans pain, sans vêtemens, sans souliers, sans cavalerie et sans artillerie! N'était-ce pas avouer au général son insuffisance et son incapacité? n'était-ce pas lui dire que le sort de la France était entre ses mains, et que le gouvernement s'en remettait à lui du soin de son salut?

Et c'est le même gouvernement qui dans cette même lettre où il expose sa détresse, annonce des résolutions qui vont paralyser l'action de son général, le seul qui fasse sentir à l'étranger que la France est encore redoutable, celui-là même dont il implore l'assistance!

Le Directoire prévoit, toujours dans la même lettre, que l'Autriche va envoyer du Rhin des renforts en Italie, et il choisit cet instant pour diviser en deux l'armée d'Italie et pour neutraliser un plan couronné du succès et au milieu de son exécution, pour lui enlever son général. C'était évidemment perdre l'armée en même temps que l'Italie; et qui le Directoire chargeait-il de ce commandement? qui allait avoir le beau rôle? ce même général Kellermann qui, sur les Apennins et la rivière de Gênes, avait perdu deux ans auparavant les positions conquises d'après les plans du général Bonaparte, et qui aurait été forcé de se replier sur le Var, sans le plan d'opérations tracé de nouveau par le même général Bonaparte, plan qui fut adressé à Kellermann par le comité de salut public.

BIBLIOTHÈQUE ROYALE

Napoléon répond au Directoire que l'expédition sur Livourne et sur Rome, à laquelle il met une si haute importance, et pour laquelle il veut créer une armée, n'est que l'affaire d'un coup de main, et il le prouvera bientôt. Le Directoire pouvait, dans sa sollicitude, être aussi près de la vérité que Napoléon, comme je le ferai voir au chapitre suivant; toutefois, et par le fait, elle ne sera pour lui que l'objet d'une promenade, et quelques détachemens consommeront cette grande entreprise. En ce qui concerne la Corse, des intelligences habilement ménagées dans cette île suffiront pour en préparer et en assurer la réoccupation.

On vient de lire, dans ce que j'ai cité de la correspondance du général, les plaintes qu'il adressait au Directoire sur les attributions exorbitantes qu'il avait données aux commissaires qu'il tenait auprès de l'armée.

Que le Directoire eût des commissaires auprès de l'armée pour maintenir l'ordre dans les diverses parties de l'administration, et aussi, mais sans se laisser pénétrer, pour surveiller le général, pour le maintenir, autant que possible, dans la ligne du devoir, et informer le gouvernement de ses écarts : rien de mieux. Telles n'étaient pas les attributions de ces agens. En même temps qu'elles révélaient toutes les défiances, elles justifiaient toutes les susceptibilités du général et ne pouvaient qu'occasioner des désordres et même des dommages sérieux.

Charger des commissaires d'un mouvement quelconque de troupes dans une armée, de sanctionner ou de révoquer un armistice, c'est soumettre une même chose à deux volontés différentes, c'est établir une rivalité inévitable, c'est paralyser le général ou le forcer à la désobéissance. Le Directoire avait prouvé par cette mesure qu'il n'avait pas compris son général. Cet envoi de commissaires était une imitation de la Convention; mais quelle différence dans la position, le caractère, les attributions et l'effet moral de cette espèce d'agens! Il y avait homogénéité et en quelque sorte identité entre la Convention et ceux de ses membres qu'elle envoyait auprès des armées. Le Directoire ne pouvait imprimer ce caractère à des agens qui, de quelque titre qu'on les décorât, ne pouvaient être considérés que comme secondaires, également en dehors du gouvernement et du service militaire.

Du moment que le général fut entré en campagne, il fut aisé de voir qu'il ne se bornerait pas à conserver des positions et à livrer une bataille quand on le lui prescrirait ou qu'il ne pourrait l'éviter, comme il était à peu près toujours arrivé jusque là.

Napoléon avait conçu d'un même jet un plan d'opérations sur l'échelle la plus étendue, qui embrassait tout l'espace qui sépare les Alpes et les Apennins, des remparts de Vienne. Dès lors tout devait être calculé dans son esprit; les forces qu'on pouvait lui opposer, les difficultés que lui offrirait la nature des différens lieux qu'il aurait à parcourir, les dispositions et les ressources des gouvernemens sur le territoire desquels il fallait passer ou qui se trouvaient dans leur voisinage, comme Rome, Naples, etc. Placez d'autres idées que les siennes au milieu des résolutions qu'il faut prendre à chaque instant, soit sous le rapport de la disposition des forces, soit sous le rapport de la conduite qu'il faut tenir envers les divers Etats avec lesquels on se trouve en contact, et tout est arrêté, ou, pour mieux dire, tout est compromis, tout est perdu.

Ces vastes conceptions n'auraient pas dû échapper au Directoire, puisque le général les lui avait révélées. Du moment que l'exécution en était commencée, et d'une manière aussi brillante, le Directoire ne devait-il pas sentir qu'il lui était impossible de l'arrêter, que c'était une nécessité pour lui de chercher un tout autre moyen de reprendre ses avantages et la hauteur de sa position, vis-à-vis de son général, en face des puissances belligérantes et du monde entier? mais était-ce par de misérables et dangereuses rivalités d'attributions, par des espionnages à découvert, qui n'auraient pu tromper un homme ordinaire, et qui devaient irriter celui-ci, en un mot, par des mesures insensées, qu'on pouvait atteindre ce noble but?

Il y a plus : ce que devaient faire les commissaires, ils ne le faisaient point. C'était de veiller à l'entretien et à l'approvisionnement de l'armée, à la rentrée des contributions de guerre, à la régularité de toutes les parties de la comptabilité; c'était de tenir le gouvernement au courant de la situation des caisses, de manière qu'il pût juger, au moins de concert avec le général, de ce qu'il fallait pour le service de l'armée, et, en cas de superflu, de ce qui devait être employé ailleurs. Je dis que les commissaires ne le faisaient pas, puisque c'est le général lui-même qui offre au Directoire huit millions qui sont, dit-il, *superflus aux besoins de l'armée*, et qui fait passer un million sur le Rhin, au général Moreau, attendu, lui dit-il, que cet *envoi lui fera du bien.* Il est évident qu'ici tout est renversé; c'est le général qui donne, c'est le gouvernement qui reçoit et qui semble être l'obligé : c'est le général qui dispose comme de son bien, d'un bien conquis nécessairement au profit de l'État, par une armée française. On ne peut pas se placer d'une manière plus fausse vis-à-vis d'un subordonné.

Ce qu'il y a de bien plus inconcevable, c'est que le Directoire, dans une position aussi précaire, et pour prévenir des dangers qu'il croit et qu'il doit prévoir en effet, quoiqu'éloignés, s'attaque directement au général lui-même, sans que celui-ci puisse se faire la moindre illusion sur le dessein que l'on a de le paralyser et de l'arrêter au milieu de ses triomphes; bien certainement un échec qui l'aurait renversé dans une entreprise aussi aventureuse, eût causé les plus grands désastres. Mille causes pouvaient à chaque instant amener cet échec. Le général tué ou hors de combat, tout était perdu par rapport à cette armée; mais il pouvait vaincre, comme en effet il a continué d'être victorieux.

Il y avait au moins là un doute; il n'y en avait point dans le parti contraire.

En divisant les forces, en mettant un général faible au poste le plus périlleux, c'était évidemment tout perdre; et dans l'enthousiasme où l'on était des victoires de Napoléon, quelle excuse, quelle justification le Directoire aurait-il pu présenter à une nation irritée, qui n'aurait pu être trompée ni sur la cause ni sur ses véritables auteurs? Que serait devenu ce gouvernement, toujours menacé par les deux grandes factions qui n'attendaient également que des mauvaises nouvelles pour reproduire de nouveaux déchiremens? Que serait devenue la France, au moins momentanément? Par quels efforts, par quels sacrifices serait-on parvenu à réparer de semblables désastres?

Il faut le dire, le Directoire, dans son ensemble, n'était pas aussi stupide que cette conduite; mais telle peut être l'influence de l'homme qui n'a que du métier que l'on s'est accoutumé à prendre pour du talent! Cependant, comme il est impossible que les ordres, tous émanés de Carnot, n'aient pas été communiqués à ses collègues, et qu'il n'était pas permis de se tromper sur la fausseté de leurs principes comme sur les résultats qu'ils devaient produire, il est juste de faire peser sur le corps entier l'accusation et le blâme qu'ils comportent.

De tant de fautes si misérables et si graves tout à la fois, il résulte que Napoléon acquit en puissance, en considération, tout ce que perdit le Directoire; qu'il en prit une plus grande confiance dans ses moyens, et une plus haute idée de lui-même; que son audace s'en accrut: de ce moment il ne fut plus seulement le général, il fut l'*imperator* de son armée, et la distance où il sut se placer des autres généraux, de ceux qui jusque là avaient eu le plus de part à son intimité, annonça un homme en dehors et au-dessus de toutes les autres existences françaises; sa tenue, pendant son séjour à Milan, était celle d'un prince; on ne l'approchait point sans un ordre, on ne parlait à sa table que quand il interrogeait; et s'il arrivait que dans les jardins du palais qu'il y habitait, il consentît à mettre bas l'uniforme, et à déposer les insignes du commandement pour se livrer à quelques jeux d'exercice, aussitôt le signal donné, les jeux cessaient, le général remettait ses habits ; de cet instant, le sourire ne reparaissait plus sur ses lèvres, et on ne parvenait jusqu'à lui qu'au moyen d'une permission expresse.

On a vanté cette indépendance du général, cet ascendant qu'il exerçait sur son entourage, cette supériorité qu'il avait acquise sur le gouvernement ; on a signalé à l'admiration publique, en quelque sorte, qu'il fût parvenu à traiter avec le cabinet du Luxembourg de puissance à puissance, ou mieux encore que ce fût ce cabinet qui fût à ses ordres; il n'y a rien là qui soit digne d'éloges ; c'était pour le moment, et vu l'état des choses existant, une véritable anarchie, et une calamité qui devait en produire bien d'autres ; quel que fût le Directoire, il restait encore le devoir; et l'intérêt de la France, deux autorités qu'il ne fallait jamais méconnaître.

Toutefois, il faut en convenir, si ce grand désordre a éclaté, la faute en est au Directoire qui ne sut ni conserver son rang ni tenir ou remettre son subordonné à sa place ; mais l'on se tromperait grossièrement si l'on croyait que là finissent les conséquences de l'audace de l'un et la faiblesse de l'autre. La facilité avec laquelle s'éleva Napoléon, exercera une cruelle et désastreuse influence sur tout le reste de sa vie. Elle lui donna une trop petite idée des autres, et une trop haute idée de lui-même, à un âge où avec de prodigieux talens il manquait cependant d'expérience. Elle justifiera ces paroles qui sont de lui : *J'ai été gâté, je suis entré trop jeune dans les affaires*. Et dans tous les cas, cette absence de toute résistance habile ne lui permit pas et ne lui a jamais permis de voir qu'au défaut de la force dans les hommes, il y en avait une dans les choses qui se manifeste tôt ou tard et dont on finit par être accablé quand on l'a méconnue.

Cette époque de l'histoire de Napoléon et de la France, est une de celles qui méritent le plus de fixer l'attention de l'historien. C'est ce qui, j'espère, justifiera aux yeux du lecteur la longueur de ce chapitre.

CHAPITRE VII.

L'armée quitte ses cantonnemens et marche vers l'Adige. — Révolte de Pavie. — Son châtiment. — Bataille de Borghetto. — L'armée entre sur le territoire de Venise, passe le Mincio et arrive sur l'Adige. — Blocus de Mantoue. — Armistice avec Naples. — Expédition sur la rive droite du Pô et au-delà des Apennins. — Entrée à Bologne, à Ferrare. — Armistice avec le pape. — Entrée à Livourne. — Révolte de Lugo.

NAPOLÉON regardait comme un principe que, pour conserver l'Italie, il faut occuper l'Adige. La grande faute, selon lui, que l'on avait faite dans toutes les guerres précédentes, venait de ce qu'on n'avait pas conçu cette idée comme une nécessité. En effet, l'Adige, qui descend des montagnes du Tyrol, et se rend directement à la mer Adriatique, forme une ligne de défense d'autant plus facile à garder qu'elle est plus courte et qu'il y a moins d'espace de l'extrémité des montagnes dans lesquelles elle est d'abord encaissée, jusqu'à la mer où elle se jette; mais pour être maître de l'Adige et y prendre position avec sécurité, il fallait prendre Mantoue, la clef du nord-est de l'Italie; et nous n'étions alors que sur l'Adda. Quoique Napoléon n'eût pas reçu du Directoire la réponse à ses observations sur le projet de diviser son armée, et qu'il eût offert sa démission, soit qu'il fût bien convaincu qu'on ne l'accepterait pas, soit par sentiment du devoir et par dévoûment, il n'en suivit pas moins l'exécution de ses propres plans avec la même confiance et la même énergie. En conséquence ses préparatifs furent faits pour passer le Mincio et pour attaquer Mantoue, d'un accès d'autant plus difficile que la ville est placée au milieu d'un lac formé par le Mincio et par le Pô, sur une espèce d'île qu'on appelle le Séraglio.

Les Autrichiens, comptant sur des succès, avaient négligé d'approvisionner et de fortifier cette place. Napoléon avait prévu qu'il en devait être ainsi, et sa première pensée avait été que, sans s'arrêter dans le Milanais, on devait marcher droit sur Mantoue pour la surprendre. Cette résolution fut soumise par Napoléon à plu-

www.ingramcontent.com/pod-product-compliance
Ingram Content Group UK Ltd.
Pitfield, Milton Keynes, MK11 3LW, UK
UKHW020155250726
13967UKWH00003B/1068